陕西省中国特色社会主义理论体系研究中心
西北大学经济管理学院
陕西省社科院《人文杂志》社
陕西宏观经济与经济增长质量协同创新研究中心
教育部人文社会科学重点研究基地——西北大学中国西部经济发展研究中心
本书受西北大学“双一流”建设项目资助

《资本论》与新时代中国特色社会主义政治经济学

DAS KAPITAL

and Socialist Political Economy with Chinese Characteristics in the New Era

任保平　师博　韩海燕○等著

中国经济出版社
CHINA ECONOMIC PUBLISHING HOUSE
北京

图书在版编目（CIP）数据

《资本论》与新时代中国特色社会主义政治经济学／任保平等著．
北京：中国经济出版社，2017.12
ISBN 978-7-5136-5025-0
Ⅰ.①资… Ⅱ.①任… Ⅲ.①《资本论》—马克思著作研究—文集②中国特色社会主义—社会主义政治经济学—文集 Ⅳ.①A811.23-53②F120.2-53

中国版本图书馆 CIP 数据核字（2017）第 308629 号

责任编辑　贺　静
责任印制　巢新强
封面设计　华子设计

出版发行　中国经济出版社
印 刷 者　北京金明盛印刷有限公司
经 销 者　各地新华书店
开　　本　710mm×1000mm　1/16
印　　张　17.25
字　　数　256 千字
版　　次　2017 年 12 月第 1 版
印　　次　2018 年 8 月第 2 次
定　　价　69.00 元
广告经营许可证　京西工商广字第 8179 号

中国经济出版社 **网址** www.economyph.com **社址** 北京市西城区百万庄北街 3 号 **邮编** 100037

本版图书如存在印装质量问题，请与本社发行中心联系调换（联系电话：010-68330607）

序一

在举国上下庆祝党的十九大胜利召开之际，由陕西省中国特色社会主义理论体系研究中心、西北大学经济管理学院、陕西宏观经济与经济增长质量协同创新研究中心、陕西省社科院《人文杂志》社主办的，西北大学经济管理学院承办的“《资本论》与新时代中国特色社会主义政治经济学”研讨会在西北大学隆重召开。会议邀请了各位专家、学者和兄弟院校的老师和同学参加，本书是此次研讨会的成果集合。

西北大学肇始于1902年的陕师大学堂和京师大学堂速成科仕学馆，是一所有着115年历史和文化积淀的综合性大学。一个世纪以来，学校始终依托西部自然和人文资源，追踪世界科学前沿，形成了立足西部、面向世界的学科专业格局。新中国成立以来，学校产生了中国思想史学科中的侯外庐学派、中国五大地质学派之一的地壳波浪状镶嵌构造学说、被誉为“中国的骄傲”——侯氏变换和王氏定理，以及张国伟院士的秦岭造山带理论、三幕式寒武纪大爆发理论等重大理论创新成果。学校先后走出了24位两院院士、4位国际机构院士、6位哲学社会科学学科委员，以及党和国家领导人王岐山、陈宗兴，著名经济学家张维迎、魏杰，著名作家贾平凹、迟子健，著名历史学家王子今、杨圣敏，全国重大先进典型、著名物理学家侯伯宇，全国道德模范、感动中国人物龚全珍等一批卓越人才。不久前，上海软科正式发布了2017世界大学学术排名，展示了全球领先500所研究型大学，中国内地有45所大学上榜，西北大学也首次跻身“世界500强”。

西北大学经济学科具有悠久的历史，早在1912年就设立商科，1937年成立经济系，王亚南、沈志远、罗章龙、季陶达等著名学者先后在此执教。在一代一代经济学人的不懈努力下，经济学科已经发展成为一个特色鲜明的优势学科。在上一轮学科评估中，政治经济学排名全国前十。可以说，目前已经形成了以何炼成先生为代表的西部发展经济学，培养了一批在我国经济学领域具有影响力的专家和学者，为学校赢得了“青年经济学家摇篮”的美誉。

2017年正值马克思主义政治经济学巨著《资本论》出版150周年，可以说从19世纪到20世纪，专家、学者围绕资本主义，围绕社会主义，围绕资本和劳动展开了多次的研讨和争论。大家看一下《资本论》的研究周期就可以发现，大概每过50年，我们所处的研究背景、时代背景和环境就会发生一个大的变化。但是不管怎么样，尤其是在目前，在经济全球化和资本主义生产方式发生剧烈变动的大背景下，如何使得资本主义研究者、经济学人做出符合中国现实的时代解读和思考，无疑是我们的重要任务。我们的研讨会时机选得很好，恰逢《资本论》150周年、西北大学校庆115周年、《人文杂志》60周年，时间代表了历史的延续。习近平总书记说“不忘初心，砥砺前行”，所以走过了这么长时间，不忘过去重要，但是往前走更重要。所以在这个时期、这个时间节点上召开这个会，具有继往开来的作用。更重要的是，党的十九大新确立的习近平当代中国特色社会主义经济思想，或者说中国特色思想，应该说是博大精深，是当代马克思主义在中国的发展，更需要我们去解读，去研究，去阐释。不管是背景还是主题，我觉得选这个都非常好。

西北大学非常愿意和相关高校科研机构、各位同人一起，紧紧抓住中国特色、中国风格、中国气派的建设机遇，认真贯彻落实习近平总书记提出的“要立足我国国情和我国发展实践，揭示新特点、新规律，提炼和总结我国经济发展实践的规律性成果，把实践经验上升为系统化的经济学说，不断开拓当代中国马克思主义政治经济学的新境界”，这是习近平总书记的重要讲话。我们要围绕树立和落实创新，协调绿色、开放、共享的发展理念，发展社会主义市场经济，促进社会公平正义，逐步实现全体人民共同富裕等中国特色社会主义政治经济学研究理论相关问题。我希望专家能够以理论大思维来直面大问题，研究大问题，破解大难题。

西北大学校长
郭立宏　教授

序二

2017年是《资本论》第一卷出版150周年，重温马克思伟大的理论和深邃的思想，更好地推进中国特色社会主义政治经济学理论构建，这是一个任重道远的责任。为此，陕西省中国特色社会主义理论体系研究中心、西北大学经济管理学院、陕西宏观经济与经济增长质量协同创新研究中心、陕西省社科院《人文杂志》社联合举办了“《资本论》与中国特色社会主义政治经济学”研讨会。本书是此次研讨会的成果集合。

《资本论》第一卷的出版，标志着马克思主义政治经济学的确立，是人类思想历史上具有划时代的事件。1843年，马克思开始系统研究政治经济学，历经24年的呕心沥血，1867年9月，《资本论》第一卷德文第一版在德国汉堡出版。到1890年，《资本论》第一卷又经过23年的修改过程，相继出版了德文第二版，法文、德文的第三版，英文版，德文第四版等5个版本。《资本论》第一卷集中代表了马克思对社会科学理论的历史性贡献，大家熟知的两大发现，即历史唯物主义和剩余价值学说，在《资本论》当中得到了密切的结合。《资本论》第一卷诞生以后，相继出版了第二卷、第三卷，《资本论》诞生100多年来，时代的变迁只改变了资本主义发展规律的具体形式，而没有改变规律本身，《资本论》所阐明的基本原理、原则、方法仍然显示，并继续显示出巨大的理论意义和现实意义。在《资本论》中寻找解决现实问题的现成答案是行不通的，历史决定了马克思不可能对社会主义的方方面面都做出精确设计，甚至个别阐述和论断也不可避免地显现出历史的局限性。关于这一点，小平同志在28年前就有过一个明确的阐述，他讲“马克思去世以后100多年，究竟发生了什么变化，在变化的条件下如何认识和发展马克思主义，没有搞清楚。绝不能要求马克思为解决他去世之后上百年、几百年所产生的问题提供现成答案。列宁也同样不可能承担为他去世以后50年、100年所产生的问题提供现成答案的任务。真正的马克思主义者，必须根据现在的情况，认识、继承和发展马克思主义”。2015年以来，习近平总书记多次强调要开拓当代中国马克思主义政治经济学的新境界。认识和理解运用《资本论》对我国社会主义建设的理论指导价值，必须回到马克思主义政治经济学的本来之意。

马克思在《资本论》序言中指出：“我要在本书里研究的是资本主义生产以及和它相适应的生产关系和交换关系，本书的最终目的就是要解释现代社会的经济运动规律。”恩格斯也说过，政治经济学是研究人类各种社会进行生产和交换并相应进行产品分配的条件和形式的科学。由此可见，马克思、恩格斯都强调了政治经济学的研究对象是物质生产资料，包括生产力和生产关系两个方面，两者的矛盾运动构成了马克思主义经济学的主线。马克思主义政治经济学之所以在对生产力研究的同时突出强调了阶级，资本主义经济在生产关系上的剥削性质和必然灭亡的趋势，是有着具体的历史前提的。经历二战以后国际竞争从国家战争的热性手段转变为两种制度的一种冷战的博弈，后起的社会主义国家建立过程的革命手段，让资本主义国家产生了思想上的恐惧、心理上的恐惧，只有除之才能绝后患，因此，资本主义国家是无所不用其极，在意识形态、政治、经济、文化等方面进行各种攻击，乃至肮脏的手段层出不穷。另一方面，那些曾经备受掠夺和欺压的原殖民地社会主义国家，好不容易翻身得到解放，只有全民团结和动员，才能保护胜利的成果。年轻的社会主义国家自主地选择了走上经济计划、政治集中的发展制度和道路。中国作为新生的社会主义国家，独立自主的发展愿望也曾经被裹挟到两大阵营之争，受到了美苏霸权主义的排挤和压制，中国不得不同时准备与美苏在思想、政治和经济领域多场竞争，以及防范潜在可能的战争，因此，经济集中成为当时国家的一个必然选择。在这样的国内外发展环境下，作为指导经济建设的马克思主义经济学承担了相应的历史使命。

改革开放以来，中国共产党人在马克思主义政治经济学的指导下，遵循经济社会的现代规律，坚持社会主义初级阶段的基本路线和方针，建立和完善了社会主义市场经济体制，促进了公有制经济和市场经济的融合，发展并壮大了非公经济。既发挥和发展了社会主义的传统优越性，又拓展和利用了社会主义的特色长处，逐步探索出适应中国国情的经济理论、制度和政策。目前我们正在努力构建中国特色社会主义政治经济学的理论和话语体系，这一切也都充分证明了马克思主义政治经济学的真理性。

时代是思想之母，实践是理论之源。马克思主义是开放、与时俱进的一个理论体系，它并没有终结真理，而是开辟了通向真理的道路。当代中国正经历着我国历史上最广泛而深刻的社会变革，也正在进行着人类历史上最为宏大而独特的实践创新，我国经济发展进程波澜壮阔，成就举世瞩目，蕴藏着理论创造的巨大空间和动力。面对极其复杂的国内外经济形势，面对纷繁多样的经济现象，面对中国特色社会主义进入了新时代，进一步深入学习研究《资本论》所蕴含的基本原理和方法论，认识经济运行过程，总结新经验，概括新材料，形成新理论，构建中国特色社会主义政治经济学，这是经济学人义不容辞的职责，需要每一位都贡献智慧，让我们共同为之努力，为之奋斗！

陕西省社会科学院院长

任宗哲　教授

序三

金秋十月，在党的十九大胜利召开的日子里，由陕西省中国特色社会主义理论体系研究中心、西北大学经济管理学院、陕西宏观经济与经济增长质量协同创新研究中心、陕西省社科院《人文杂志》社联合举办的“《资本论》与新时代中国特色社会主义政治经济学”研讨会隆重召开。

《资本论》是马克思主义政治经济学的光辉巨著，为了纪念《资本论》第一卷出版150周年，同时也为马克思主义政治经济学的创新发展贡献出中国智慧，不断开创马克思主义政治经济学新境界，2017年以来，我注意到全国各地的社科理论界开展了一系列的理论研讨活动。实际上在前期，我们陕西省《资本论》研究会、西北大学经济管理学院已经举办了一系列的理论研讨会。在2017年的4月22日，西北大学经济管理学院就承办了马克思《资本论》出版150周年研讨会，我们省的《资本论》研究会也举办了纪念150周年研讨会。这一次的会议以“《资本论》与新时代中国特色社会主义政治经济学”为主题，深入研讨《资本论》对中国特色社会主义建设的重大影响，推动新时代中国特色社会主义经济学理论的不断创新和发展，为新时代中国特色政治经济学的发展做出贡献。后面就会有一系列的研讨成果，我们期待着这些研讨成果，也期待着有重头的研讨成果。借此机会我把这几家主办单位作简要介绍。

党的十八大以来，党中央高度重视思想理论建设，高度重视意识形态工作，加强了理论工作的四大平台建设，这四大平台就是中央马克思主义理论研究和建设工程、中国特色社会主义理论体系研究中心、马克思主义学院、报刊理论网络宣传重地。2015年中宣部将原来的7家中心扩容为15家，我们省的中特中心非常荣幸地成为这15家之一，成为国家级的研究中心。中心成立以来，我们以中心为平台，凝聚全省社科理论界的专家和学者，开展了一系列重大理论问题、重大现实问题、重大实践经验的总结研究，推出一大批研究成果，举办了一系列的重大研讨会，在省内外形成了广泛的影响。

西北大学经济管理学院是陕西省马克思主义政治学科建设、人才培养的“重镇”，在国内马克思主义政治经济学研究领域具有很重要的影响，培养了一大批人才。

陕西宏观经济与经济增长质量协同创新研究中心，是陕西省15家省级社科重点智库之一。在我们国家宏观经济研究和宏观经济增长质量方面推出了有影响力的成果，在党和政府决策服务中发挥了重要的智库作用。

陕西省《人文杂志》是国家社科基金首批资助的期刊之一，目前陕西省有3家杂志是社科基金资助的，表明《人文杂志》是国家重点期刊，在国内学术界有着比较高的声誉。

本次研讨会由这几家单位联合举办，邀请了来自全国各地的不少资深专家参加，希望大家结合习近平总书记十九大报告精神，深入研讨《资本论》对发展新时代中国特色社会主义的意义和价值。通过这些研讨活动，更好地搭建学术平台，整合相关学术力量，培养学科带头人，为推进体现中国特色、中国风格、中国气派的政治经济学做出新的贡献。

陕西省委宣传部理论处处长

何军　博士

目 录

序一 ………………………………………………………………（1）

序二 ………………………………………………………………（5）

序三 ………………………………………………………………（9）

第一篇 《资本论》与新时代中国特色社会主义政治经济学理论热点

第一章 《资本论》的质量经济理论及其中国特色的质量经济学的构建 ………………………………………………………………（3）

第二章 《资本论》视角下我国劳动关系的现实反思与建设路径 ………………………………………………………………（22）

第三章 马克思资本不平衡发展理论逻辑思考
——兼论资本全球化的不平衡发展格局 ………………………………………………………………（41）

第四章 《资本论》手稿中的空间思想及其对中国特色社会主义政治经济学建构的启示
——以《1857—1858 年经济学手稿为例》 …… (55)

第五章 中国特色社会主义发展新阶段与公有资本 …… (73)

第六章 垄断资本主义理性化改良理论与实践研究 …… (86)

第二篇 新时代中国特色社会主义政治经济学的五大发展理念

第七章 马克思创新思想视角下创新驱动发展战略的实现路径 …… (99)

第八章 为何应及时回归马克思的技术创新观 …… (112)

第九章 马克思恩格斯城乡统筹发展思想对我国城乡发展一体化的启示 …… (135)

第十章 《资本论》生态经济思想的内涵及其对绿色发展的启示 …… (146)

第十一章 绿色发展理念与马克思主义政治经济学 …… (166)

第十二章　从世界市场到“人类命运共同体”：
“一带一路”的理论本源与中国智慧的政治经济学分析
………………………………………………………………（180）

第十三章　“一带一路”倡议下产能合作的内在逻辑：政治经济学视角
………………………………………………………………（194）

第十四章　马克思分配理论视域下共享发展理念的内涵及实现路径
………………………………………………………………（211）

第十五章　《资本论》与中国房地产经济虚拟性分析
………………………………………………………………（225）

第十六章　《资本论》三大理论视域下中国房地产业健康发展问题分析
………………………………………………………………（243）

西北大学成功举办“《资本论》与新时代中国特色社会
主义政治经济学”研讨会
………………………………………………………………（257）

第一篇

《资本论》与新时代中国特色社会主义政治经济学理论热点

第一章 《资本论》的质量经济理论及其中国特色的质量经济学的构建*

任保平**

（西北大学经济管理学院；陕西 西安 710127）

[内容提要] 马克思的《资本论》对质量问题进行了多方面的论述，形成了其质量经济理论。《资本论》中的质量经济学理论在微观方面主要分析的是产品质量问题，在这一方面马克思主要运用劳动价值理论分析了产品质量与使用价值、价值之间的关系问题。对宏观质量的经济分析主要研究生产过程的质量循环链、生产力质量和经济增长质量等问题。梳理马克思《资本论》中的质量经济学理论，对中国特色社会主义新时代提高经济增长质量、产业发展质量和产品质量，实现从数量追赶向质量追赶的转变都具有重要的现实意义。依据马克思《资本论》中的质量经济理论，构建以质量为导向的中国特色社会主义政治经济学，可以为中国特色社会主义新时代的经济发展提供理论指导。同时建立起宏观、中观、微观相结合的中国特色社会主义质量经济学理论，指导中国特色社会主义新时代经济发展质量的提高。

* 本文受国家社会科学基金重大项目“新常态下地方经济增长质量和效益的监测预警系统和政策支撑体系构建研究”（15ZDA012）、教育部哲学社会科学发展报告项目“中国经济增长质量报告”（13JBGP014）资助。

** 任保平，经济学博士，教育部“长江学者”特聘教授，西北大学经济管理学院院长、教授、博士生导师，近年来主要研究中国经济增长质量问题和中国特色社会主义政治经济学。

[关键词] **马克思 《资本论》 质量经济理论 经济新常态**

2017年是马克思的不朽巨著《资本论》第1卷出版150周年，150年来世界经济发生了巨大的变化，但是《资本论》所提供的理论范式仍然是中国特色社会主义政治经济学理论创新的指南，也是中国特色社会主义经济建设的实践指引。纵观党的十八大以来我国经济社会的发展，“质量”成为我们这个时代的最强音。十九大报告进一步指出：“我国经济已由高速增长阶段转向高质量发展阶段，”“必须坚持质量第一、效益优先，以供给侧结构性改革为主线，推动经济发展质量变革、效率变革、动力变革。”现有研究中国质量问题的成果，大多依据西方经济学的质量经济学理论，其实马克思在《资本论》中对质量问题有过多方面的论述，总结和概括马克思《资本论》中的质量经济学理论，构建具有中国特色的质量经济学理论，对中国特色社会主义新时代提高经济增长质量、产业发展质量和产品质量，以及构建以质量为导向的中国特色社会主义政治经济学都具有重要的现实意义。

一、质量经济属性的政治经济学阐释

“质量”在《辞海》中的解释包含两重含义：第一重含义认为质量就是量度物体所含物质多少的物理量，或者是物体惯性大小的量度，这是从质量的自然属性角度来解释的；第二重含义认为质量就是事物、产品或工作的优劣程度，这是从质量的社会属性角度来解释的。从经济学的角度来研究质量，主要采用的是质量的第二重含义，也就是质量是指事物、产品或工作的优劣程度。根据《辞海》中对“质量”的解释，我们知道质量本质上是一种价值判断，经济学范畴内的质量是指对经济事物社会价值的判断，即对某一事物优劣性的判断。随着中国经济从数量时代向质量时代的转变，质量问题就成为一个研究的热点问题，这就需要从经济理论的高度来分析质量的经济属性。

从质量作为价值判断的角度而言，这实际上涉及的是质量的现实性价值判断，即追求经济效率，但没有涉及质量的终极价值判断，没有涉及实现人的全面发展。从广义的质量经济学视角来看，质量的经济属性应当同时涉及质量的现实价值判断与终极价值判断。因此，我们对质量概念的外延应当进一步拓展。从微观的角度来看，质量不仅仅包括产品质量与企业质量，还应包括人口质量与环境质量。从微观经济视角来看，质量的经济属性无论是产品质量还是企业质量，实际上关注的都是投入和产出，要求实现成本最低、收益最高。从中观的角度来看，质量包括产业发展质量、工业化质量、城市化质量、金融发展质量和生活质量。从宏观的角度来看，质量包括经济增长质量、国民经济运行质量、经济发展质量、公共服务质量、对外贸易质量、高等教育质量和经济政策质量。

因此，分析微观、中观、宏观“三位一体”的质量经济属性，就意味着我们要同时关注质量的现实价值判断和终极价值判断。从现实价值判断的角度来看，微观上的质量是要实现生产成本的最小化和效益的最大化，中观和宏观上的质量是要实现经济发展的代价降低，实现经济发展成本的最小化。从终极价值判断的角度来看，微观上的质量经济属性就是使人的幸福水平提升，使人力资本得到提升。中观和宏观上的质量经济属性就是要实现国民素质优化，使经济社会实现均衡发展，最终实现人的全面发展。

二、马克思《资本论》中的质量经济理论

马克思在《资本论》中论述政治经济学的基本理论时抽象掉了商品质量的差别，只是从一般意义上研究商品经济问题及其理论。但是马克思在《资本论》中也从不同角度论及了一些质量的经济问题，形成了马克思《资本论》的质量经济理论。

（一）马克思《资本论》对微观质量经济理论的研究

马克思《资本论》对微观质量的经济分析主要研究的是产品质量问

题，在这一方面马克思主要依据劳动价值理论分析了产品质量与使用价值、价值之间的关系。

1. 质量的劳动价值理论分析

由于质量的经济性是指在投入与产出比较的情况下，用尽可能少的劳动消耗，生产能够满足消费者更多需要的产品，从而获得尽可能多的产出和收益的特征。质量的经济属性必然涉及商品经济中价值和使用价值的关系分析，质量的经济属性分析必然要以劳动价值理论为理论基础。马克思在《资本论》中创立劳动价值理论时，运用了科学抽象法，为了便于分析，抽象掉了产品质量的差异，使用中等质量水平的标准进行研究。这样做是因为："第一，这是马克思抽象方法的运用。他把同最终研究目的（揭示资本主义社会运动的经济规律）没有直接关系的范畴都抽象掉了。第二，马克思处于商品经济发展的数量型经济阶段，质量问题对社会经济活动的影响尚不显著。"[1]例如，马克思在《资本论》第3卷中论述价值的转化形式时所使用的是"生产部门相同、种类相同、质量也接近相同的商品"的概念。这种抽象只是为了便于问题分析进行的科学抽象，目的是更好地突出《资本论》揭示资本主义社会运动规律这一最终目的。尽管如此，马克思依据劳动价值理论对产品质量的经济性质也作过论述，这种论述包括以下方面：

（1）从劳动质量角度来分析产品质量。马克思在《资本论》中首先从简单劳动和复杂劳动的关系入手，分析了劳动质量的差别，同时又在此基础上，分析了劳动质量差别对产品质量的影响。

马克思在《资本论》中分析了简单劳动和复杂劳动的差别，马克思在《资本论》中指出，简单劳动是指不需要经过专门训练的，没有一定技术专长，任何劳动者都可以胜任的劳动。复杂劳动是指经过专门训练以后具有技术专长的劳动，复杂劳动多指智力劳动。马克思认为在复杂劳动计量时："比较复杂的劳动只是自乘的或不如说是多倍的简单劳动，因此，少量的复杂劳动等于多量的简单劳动。"①按照马克思政治经济学原理，商

---

① ［德］马克思．资本论：第 1 卷［M］．北京：人民出版社，2004：645.

品的价值是由“社会必要劳动”决定的，而这种社会必要劳动是以简单劳动为基础计量的。复杂劳动在计量时可以换算成倍加的简单劳动。由此可见，马克思关于简单劳动和复杂劳动关系的区分本质上是分析不同劳动质量之间的差别。

马克思认为产品质量与劳动质量之间是相互影响的，过去劳动的质量影响过去的产品质量，过去的产品质量又影响现在的劳动质量和产品质量，两者之间形成了一种循环影响。因此，正常质量的产品必须与“正常质量的劳动”相一致，使得产品生产的“劳动要具有正常程度的品质与强度”①，正如马克思所认为的“在这里，劳动的质量是由产品本身来控制的，产品必须具有平均的质量”②。关于劳动质量决定产品质量的原因方面，马克思认为在制造产品的过程中，劳动能使产品形成满足人们需要的物质功能。同时，劳动过程是具有目的性的，使所制造的产品符合一定的社会需要。这表明产品要有质量，生产产品的劳动能够使得产品具有一定的物质功能，这种物质功能能够满足社会的需要。

因此，马克思在《资本论》中指出：“只要过去劳动过程的产品作为要素、作为劳动材料或者劳动资料进入一个新的劳动过程，是我感兴趣的，只是过去劳动的质量、劳动产品实际上是否具有它所要求具有的那种合乎目的的属性，这一劳动是好是坏，”“它们作为使用价值的质量、它们在这种特殊消费过程中实际充当的使用价值的程度就只是取决于一种特殊劳动的结果，取决于这种特殊劳动的质量。同在一定的劳动过程中完全一样，劳动之所以引起我们的兴趣，只是由于它是作为具有一定物质内容的一定的有目的活动起作用，只是由于产品的好坏程度以及它实际上所具有的和包括的使用价值（它在劳动过程中应当获得这种使用价值）的程度取决于劳动的质量，取决于劳动的完善程度以及劳动合乎自身目的的性质”③。

① 中共中央马恩列斯著作编译局，编译．马克思恩格斯全集：第49卷［M］．北京：人民出版社，1982：80.

② ［德］马克思．资本论：第1卷［M］．北京：人民出版社，2004：635-636.

③ 中共中央马恩列斯著作编译局，编译．马克思恩格斯全集：第47卷［M］．北京：人民出版社，1979：63-64.

（2）关于产品质量与价值量关系的研究。马克思在《资本论》中认为产品质量决定着社会必要劳动时间的凝结量，而社会必要劳动时间的凝结量又直接影响着产品价值量的高低。因为马克思在《资本论》中建立的关于社会必要劳动时间决定商品价值的原理认为，商品价值量是以“平均样品”为基准来决定的，他认为“作为价值是社会劳动时间的化身，并且只有在劳动时间化为一般社会劳动时间，即同等社会劳动时间自乘的情况下，它们才是包含在自身中的劳动时间的化身”[①]。因此，个别产品中劳动时间与“平均样品”的劳动时间不一致时，所决定的价值是有差别的。如果个别产品的质量高于“平均样品”的标准质量，产品可以凝结较多的价值，因而高质量的产品就具有了比较高的价值量，质量与商品的价值成正比关系。同样的道理，个别产品的质量低于平均样品的标准质量，这样只能形成较少的价值量，低质量的产品所拥有的价值量就少。

（3）关于产品质量和商品经济的一般规律关系的研究。等价交换是商品交换过程中的一般规律，而等价交换规律作用的前提是质量保证。如果商品质量有问题，那么商品等价交换的规律就无法发挥作用，也就是说在市场经济条件下，使用价值与价值是有机联系的，使用价值是价值的物质体现者，价值是体现在具有有用性的具体物质商品中的，消费者、购买者所需要的商品质量是商品交换发生的基础条件，因此商品生产不仅有数量追求，而且有质量要求，质量是所生产的商品必须具有的基本条件。不同质量的商品具有不同的价格，质量高的商品必然价格高，质量低的商品必然价格低，这是商品交换中的一般质量规律。如果质量差，就会在市场竞争中处于不利地位。所以马克思指出：“使自由工人成为比其他工人好得多的工人，因为他像任何商品卖者一样对他所提供的商品负有责任；他的商品必须具有一定的质量，否则他就会被同种商品的另一些卖者从市场上排挤出去，”[②]“在资本主义生产方式的基础上，奴隶制是非正义的；在商

① 中共中央马恩列斯著作编译局，编译．马克思恩格斯全集：第49卷［M］．北京：人民出版社，1982：91.

② ［德］马克思．资本论：第3卷［M］．北京：人民出版社，2004：379.

品质量上弄虚作假也是非正义的。”“自由工人倒是被自身的需要驱使着而劳动的。自由地自己决定自己这种意识，即自由的意识，使雇佣工人成为比奴隶好得多的劳动者，甚至产生责任感，因为他像任何商品卖者一样对他所提供的商品是负有责任的，如果他不想被同种商品的另一些卖者所排挤，他就必须提供一定质量的商品。”[①]

2. 关于质量和使用价值关系的研究

研究质量与使用价值的关系，最为重要的就是研究质量作为单个商品使用价值如何转化为社会使用价值。传统的政治经济学理论把使用价值看作商品的自然属性，否定使用价值的社会属性，因此没有对社会使用价值进行研究。商品经济使用价值的本质是社会使用价值。商品的使用价值是为别人、为社会生产的使用价值，这就使商品的质量成为社会的质量。同时，作为社会质量，必须符合社会的质量要求、质量标准，并且适应这些要求和标准的变化而变化，这就使商品的使用价值在内容上成为社会需要的反映，使用价值的社会质量最终得以体现。

（1）质量是使用价值的重要方面。马克思在《资本论》中认为质量也是提高使用价值量的因素。马克思曾指出：“由于在产品上使用了更多的手工劳动，产品的使用价值不是通过产品量的提高而是通过产品质的提高而提高了。”[②]因此，在质量经济背景下，个体商品的使用价值要转化为社会使用价值，就意味着商品的质量要符合社会必需的质量水平，必须与社会必要的质量相适应。如果单个商品质量与社会必要的质量不相适应，单个商品的使用价值就不能转化为社会使用价值。质量是使用价值的重要方面，超越了社会需要的社会需求和消费水平所决定的质量水平，也不能具有社会使用价值。所以，社会使用价值在量上的规定性是符合一定量的社会需要，而商品质量的变动在其中起着重要的作用。

① 中共中央马恩列斯著作编译局，编译．马克思恩格斯全集：第48卷［M］．北京：人民出版社，1985：10.

② 中共中央马恩列斯著作编译局，编译．马克思恩格斯全集：第46卷（上）［M］．北京：人民出版社，1979：416.

（2）使用价值方面质量的二重性。马克思政治经济学认为“创造越来越多的、质量越来越好的、越来越多种多样的使用价值——大量的社会财富”[①]，实际说明使用价值不仅有数量，而且也有质量问题。马克思认为“产品质量的好坏程度以及它实际所具有和包括的使用价值（它在劳动过程中应当获得这种使用价值）的程度取决于劳动的质量，取决于劳动的完善程度以及劳动合乎自身目的的性质”。[②]在这段话中，马克思主要分析了使用价值角度质量的二重性，“产品的好坏程度”指的是产品的品质或耐久性，这是讲质量的物质属性；使用价值首先是指物质能够满足人们使用的物理属性，这是指质量的物质属性。产品实际上所具有的使用价值的程度是产品的实用性功能，这主要是指产品的物质性能的社会表现，也就是指质量的社会属性，满足社会需要的经济功能。而商品使用价值质量的二重性质取决于生产商品劳动的质量及其完善程度。

3. 质量和价值的关系

从质量与价值的关系来看，价值是具有社会性的，而质量与价值的内在联系就是通过质量的社会性起作用的。

（1）产品质量对价值的影响。从劳动价值论来看，质量对价值的影响是社会必要劳动时间决定商品价值的重要内容。这是因为，一定量的使用价值不仅与一定量的社会必要劳动时间相联系，而且与一定的质量水平相联系。也就是使用价值取决于产品的数量和质量两个方面，在产品数量相同的条件下，使用价值的大小就取决于产品的质量，产品质量越高，单个商品中耗费的劳动时间少于当时社会必要劳动时间，在这种情况下单个商品自身所具有的使用价值就会转化为社会的使用价值，产品实现的社会价值就越大。

（2）产品质量与价值决定的关系。从相对动态的再生产过程中，也可

---

① 中共中央马恩列斯著作编译局，编译．马克思恩格斯全集：第48卷［M］．北京：人民出版社，1985：41-42.

② 中共中央马恩列斯著作编译局，编译．马克思恩格斯全集：第47卷［M］．北京：人民出版社，1979：63-64.

以考察质量与价值的关系。从再生产过程来看，每个生产者的产品质量会发生变化，在劳动生产率不变的条件下，质量变化会影响到商品价值量。如果产品的质量提高，那么再转化为社会价值的过程中，折算为社会平均质量水平的数量就能够增多，在这种情况下同一单位劳动时间生产的使用价值就会增多，但是根据价值决定的规律，仍然需要通过社会必要劳动时间形成价值。那么，与原先同等的社会时间，实质上是代表了更多的社会价值，如果根据这个增大的价值量来补偿同量的劳动耗费，那么质量提高的产品就含有更多的价值量。同样，一种产品的质量下降，意味着同样时间生产的使用价值降低，此时生产的劳动时间要高于社会必要劳动时间，那么根据价值决定规律，这一高出部分无法得到价值补偿，原先同等的劳动时间只能够代表更少的社会价值。根据减少的价值量来补偿同量的劳动耗费，就意味着质量下降的同量产品具有较少的价值量。因此，产品价值随质量提升而增加，随质量下降而降低。

（二）马克思《资本论》中的宏观质量经济理论

马克思在《资本论》中对宏观质量的经济分析主要体现在《资本论》第2卷的生产过程的质量循环链、生产力质量和经济增长质量等问题上。

（1）质量循环再生产的分析。马克思政治经济学认为社会再生产是数量再生产循环和质量再生产循环的有机统一体，在这个有机统一体中，社会再生产既是数量的再生产，也是质量的再生产。社会再生产的有机联系系统是数量循环和质量循环的有机统一，这种统一体就构成了社会再生产过程中的质量循环过程，在这个循环过程中，产品质量水平的提高是通过再生产系统中数量和质量循环的有机统一来实现的。在《资本论》第3卷中，马克思写道“废料的减少，部分地要取决于所使用的机器质量”，“在生产过程中究竟有多大一部分原料变为废料，这要取决于所使用的机器和工具的质量。最后，还要取决于原料本身的质量。而原料的质量又部分地取决于生产原料的采掘工业和农业的发展（即本来意义上的文化的进步），部分地取决于原料在进入制造厂以前所经历的过程的发达程度"[①]。这表明质量是具有循环再生产特征的，生产过程中的质量取决于生产条件的质量，生产条件的质量又取决于提供生产条件的产业的质量。在质量循环的过程中，不同环节和不同部门之间是相互影响的，一些部门、产业和企业的质量问题，又可以在质量循环过程中影响到另外的生产部门、产业和企业的产品质量。

（2）生产力质量的分析。生产力理论是马克思主义政治经济学的主要内容之一，马克思的生产力理论是从数量和质量统一的意义上去研究的。过去我们在理解马克思生产力理论时，仅仅只研究了生产力的数量，而忽视了从质量意义上研究生产力水平。马克思认为"生产力当然始终是有用的具体的劳动的生产力，它事实上只决定有目的的生产活动在一定时间内的效率。因此，有用劳动成为较富或较贫的产品源泉与有用劳动的生产力的提高或降低成正比。相反的，生产力的变化本身丝毫也不会影响表现为价值的劳动。既然生产力属于劳动的具体有用形式，它自然不再同抽去了具体有用形式的劳动有关。因此，不管生产力发生了什么变化，同一劳动在同样的时间内提供的价值量总是相同的。但它在同样的时间内提供的使用价值量会是不同的：生产力提高时就多些，生产力降低时就少些。因此，那种能提高劳动成效从而增加劳动所提供的使用价值量的生产力变化，如果会缩减生产这个使用价值量所必需的劳动时间的总和，就会减少这个增大的总量的价值量；反之亦然。一切劳动，从一方面看，是人类劳动力在生理学意义上的耗费；作为相同的或抽象的人类劳动，它形成商品价值。一切劳动，从另一方面看，是人类劳动力在特殊的有一定目的的形式上的耗费；作为具体的有用劳动，它生产使用价值"[②]。这段话表明生产力是具有质量特征的，生产力质量的标志是生产力的效率，说明生产力效率提高时提供的使用价值量就多些，反之生产力效率低的情况下生产的使用价值数量就少。在生产过程中，衡量生产效率的标准，一般采用单位时

① ［德］马克思．资本论：第 3 卷［M］．北京：人民出版社，2004：117-118.
② ［德］马克思．资本论：第 1 卷［M］．北京：人民出版社，2004：59-60.

间生产的产品数量和单位产品耗费的劳动时间两种方法。同时，马克思还进一步论述了生产力要素中机器的质量、原材料的质量、土地的质量对剩余价值和财富创造的影响。

（3）经济增长质量的分析。马克思的经济增长质量理论主要体现在《资本论》第2卷的扩大再生产理论和《资本论》第3卷的地租理论中。马克思在《资本论》第2卷第八章中，一方面把扩大再生产分为两种类型：外延扩大的再生产和内涵扩大的再生产。外延扩大的再生产是指通过增加要素投入扩大生产规模的方式来实现的扩大再生产，外延扩大的再生产的关键是扩大生产要素的投入数量；而内涵扩大的再生产是指通过提高生产要素的使用效率来实现扩大再生产，其关键是通过技术进步和创新作用的发挥，提高要素的使用效率。一是提高要素的结合效率，通过技术进步提高资本和劳动的结合程度，进而提高生产率，技术进步通过资本有机构成来衡量。二是通过提高资本的使用效率、提高劳动生产率、提高生产资料的效率来扩大生产规模，内涵扩大的再生产的核心因素是技术进步，关键是效率的提高。

另一方面，马克思在《资本论》第3卷的地租理论中论述级差地租时，提出了粗放经营和集约经营两种经济增长方式，他指出“这种比较不肥沃的地区会获得剩余产品，并不是由于土地的肥力高，从而每英亩的产量高，而是由于可以进行粗放耕作的土地面积很大，因为这种土地对耕作者来说不用花费什么，或者同古老国家相比，只花极少的费用”。“这里起决定作用的，不是土地的质，而是土地的量。这种粗放耕作的可能性，自然会逐渐消失，新土地越肥沃，消失得越慢；它的产品出口得越多，消失得越快”①。这种“只需要很少的资本，主要是劳动和土地”为主要生产要素的经营方式“就是粗放型经营”，粗放型经营依赖的是数量，而不是依靠质量。“在经济学上，所谓集约化耕作，无非是指资本集中在同一土地上，而不是分散在若干毗连的土地上”②。依据马克思《资本论》中的这些

① ［德］马克思．资本论：第3卷［M］．北京：人民出版社，2004：756.

② ［德］马克思．资本论：第3卷［M］．北京：人民出版社，2004：760.

论述，一个社会的经济增长方式可以依据要素投入的不同分为粗放型和集约型两种类型。粗放型经济增长方式是通过要素数量的投入增加，从而实现规模扩张来实现的经济增长，粗放型经济增长属于数量速度型增长。而集约型经济增长方式依赖于生产要素的质量和使用效率的提高来实现，在技术进步条件下，实现生产要素组合方式的优化。同时是通过提高劳动者素质，提高资金、设备、原材料的利用率而实现的经济增长。由此可见，集约型经济增长是以提高经济增长的质量和经济效益为核心的。

（4）对外贸易的质量分析。马克思在分析质量问题时，不仅分析了微观上质量与使用价值、价值的关系，宏观上生产过程的质量循环链、生产力质量、经济增长质量，而且研究了国际贸易质量，探讨了产品质量对国际贸易质量的影响。

李嘉图的比较优势学说在国际贸易理论中长期占据统治地位，这一学说是从数量意义上来研究国际贸易的，只强调了国际贸易中的产品数量，而忽视了国际贸易中的产品质量。古典经济学家李嘉图在论述比较优势学说时曾经认为“我们生产工业品并用来在国外购买其他商品，是因为这样做比在国内生产能获得数量更多的商品”。针对李嘉图的这段论述，马克思在“数量更多的商品”后面的括号里加上了一句评论“没有质量的差别!”并运用了惊叹号①。他的意思是李嘉图只强调了国际贸易中的工业品数量，而忽视了国际贸易中的工业品质量。“然而遗憾的是，在马克思之后，质量问题在比较成本理论中一直没有得到重视”[2]，在数量意义上的比较成本学说指导下的国际贸易理论虽然取得了一定的成就，但是在价值链竞争的国际贸易竞争背景下，质量就成为比较成本学说的一个短板。

三、《资本论》中的质量经济理论对中国特色的质量经济学构建的意义

党的十九大报告指出：“建设现代化经济体系，必须把发展经济的着

① 中共中央马恩列斯著作编译局，编译．马克思恩格斯全集：第26卷（Ⅱ）[M]．北京：人民出版社，1973：601.

力点放在实体经济上，把提高供给体系质量作为主攻方向。”因此，新时代中国经济发展的核心问题是提高质量和效益，从数量追赶转向质量追赶，在质量追赶中需要从微观、中观到宏观全面提高质量。因此，马克思《资本论》中的质量经济理论在理论上对构建中国特色的质量经济学，在实践上对新常态下提高我国经济增长质量具有重要意义。因此，我们需要研究马克思《资本论》中的质量经济理论，结合中国特色社会主义新时代的现实需要，“建立起宏观、中观、微观相结合的中国特色的社会主义质量经济学理论”[3]，指导中国特色社会主义新时代经济发展质量的提高。

1. 构建以质量为导向的中国特色社会主义政治经济学，为中国特色社会主义新时代经济发展提供理论指导

在马克思那个时代，由于质量问题没有成为主要问题，马克思的《资本论》主要是以数量分析为核心的。当代中国经济发展已经进入了质量时代，质量问题成为现时代的大问题。在构建中国特色社会主义政治经济学的过程中，需要在马克思《资本论》关于质量问题分析的基础上，沿着马克思《资本论》的理论和逻辑方式，对经典马克思政治经济学进行扩展，构建以质量分析为特征的中国特色社会主义政治经济学。首先，以质量为核心，扩展马克思的劳动价值理论。在价值、使用价值、价格、劳动二重性理论中引入质量分析，为构建质量型的中国特色社会主义政治经济学奠定理论基础。其次，在微观分析中，以提高劳动生产率为核心，引入生产要素质量分析、产品质量分析、企业质量分析等，以微观质量的提高为核心，深化供给侧结构性改革。再次，在宏观经济分析中扩展马克思关于内涵扩大的再生产、集约生产方式、结构分析等内容，为新常态下的结构升级提供理论依据。最后，分析国际贸易质量、生态环境质量问题，为开放发展中提高国际竞争力和落实绿色发展提供理论依据。

2. 建立中国特色的微观质量经济学理论，指导微观经济质量的提高

按照马克思《资本论》的质量理论，建立中国特色的微观质量经济学理论，在提高微观经济质量的过程中，要从使用价值的二重性出发，既要重视质量的物质性，更要重视质量的社会性，把质量的物质性和社会性有机结合起来，使生产结构和需求结构相适应，促进微观经济质量的提高。同时，按照马克思《资本论》的质量理论，产品质量是通过劳动质量的提高来实现的，企业必须通过提高劳动质量来提高产品质量。在当前中国经济进入新常态的背景下，我国经济运行中出现了严重的产能过剩，产能过剩有多方面的原因，也有多方面的解释。从马克思《资本论》的质量理论来看，主要是企业生产中，仅仅只注意了产品使用价值的物质属性的质量，而忽视了产品使用价值的社会属性的质量，生产结构不能满足社会需要而过剩了，也就是缺少社会属性的质量相对于社会需要而过剩了。因此，在中国特色社会主义新时代，首先要重视产品质量的提高，以提高产品质量为基础促进微观质量的提高。

（1）以劳动质量来提高产品质量。马克思《资本论》的质量经济理论认为劳动质量决定产品质量，因此，产品质量的提高依赖于生产要素的质量，包括生产条件的质量、技术进步、人力资本质量和产业发展的质量，通过生产条件的改善、技术进步和人力资本的作用的发挥、产业发展质量的提高，进而提高劳动质量，是提高产品质量的根本性措施。在提高微观经济质量过程中，首先要鼓励和引导企业促进技术研发，加强生产技术改造，实现产品更新换代，提高新技术在企业生产中的利用效率，促进社会的先进科技向企业生产过程的转化。加强人力资源的教育和培训，在技术进步和人力资本开发的基础上，不断应用新材料和新工艺、开发新产品、开辟新市场、发展新产业，依据社会需求的变化和消费的升级努力提高产品的质量。

（2）依据需求端消费水平的升级，使供给端的生产与消费相适应。依据马克思《资本论》中的经济学规律，总需求结构决定总供给结构，总需求结构要与总供给结构保持大体平衡，产品总供给结构和需求结构的变化影响着经济结构和产业结构。随着收入水平、消费水平和消费质量的提高，消费品的功能、档次和质量也需要不断地按照需求提高。中国特色社会主义新时代，我国经济发展进入到了新的消费升级阶段，消费升级对产品的质量要求更高，随着消费从低端消费水平走向中高端消费水平，消费者对产品质量标准的要求不再是经久耐用，也不再是追求消费的数量，而是要更加追求消费的质量，诸如消费的安全性、时尚性、便利性、环保性、健康性和舒适性。因此，依据收入水平不断提高的情况下消费需求的不断升级，需要生产者不断提高产品质量，需要生产高质量和高品质的产品。

（3）依据世界新科技革命和新产业革命的要求，进一步提高企业的发展质量。按照马克思《资本论》的质量理论，企业生产的循环过程也决定着产品质量，产品质量决定于生产过程质量，生产过程质量决定于管理质量，管理质量最终决定于企业人力资源的素质，在提高产品质量的过程中，首先要提高企业发展的质量。企业要树立质量理念，完善质量标准体系，制定严格的企业质量管理流程。把质量看成是企业的第一生命线，落实在每一个生产环节中，贯彻在每一个生产环节中。同时通过创新提高企业的质量，通过企业技术进步、管理的规范化、工艺流程改善，通过提升研发水平、管理水平和提高人力资本素质来提高企业的生产率。优化企业的创新环境，激发企业的自主创新能力，在加快技术进步的基础上提高企业发展质量。同时，实施全面质量管理，把质量管理纳入企业的发展战略之中，以产品质量提高为核心，以管理质量提高为手段，建立起一套科学、高效的质量管理体系，以提高企业的发展质量。

3. 建立中国特色的中观质量经济学理论，促进中观经济质量的提高

进入中国特色社会主义新时代以后，我国经济发展最大的制约因素是经济结构失衡和产业结构的“低端锁定”，这种经济结构失衡和产业结构的“低端锁定”造成了供给结构与需求结构不平衡，这些结构性失衡形成了资源的误配置和资源的不能被有效利用，这样就形成了经济发展中传统产品产能过剩与高端产品供给不足同时存在的矛盾，导致了中观经济质量问题，制约了产品质量社会属性的实现，影响了微观产品质量的提高。因此，需要依据马克思《资本论》中的质量经济理论，建立中国特色的中观质量经济学理论，以产业结构转型升级为目标，促进产业结构的高级化和合理化，促进中观经济质量的提高。

（1）促进产业结构的高级化和合理化。改革开放以后，我们依靠大量农村剩余劳动力转移促进了工业化的发展，通过劳动力禀赋中的比较优势实现了产业结构的多元化。但是由于技术进步的约束，虽然实现了产业结构多元化，但是没有实现产业结构高级化和现代化，在全球价值产业链条中处于低端位置，产业附加值低、环境压力大，“低端锁定”成为中国经济转型升级的主要障碍。因此，建立中国特色的中观质量经济学理论，中观经济质量的提高要在打破产业结构的“低端锁定”上下功夫，以质量提升促进产业结构高级化，形成产业发展新格局，推动产业向中高端迈进，在积极融入全球产业链的基础上，使得我国的产业结构向国际产业价值链的中高端迈进，提高中观产业发展的质量。

（2）以生产力质量的提高带动结构升级。新常态下我们仍然面临着发展生产力的问题，但是当前的主要任务是提高生产力的质量，通过生产力质量的提升形成新的发展动力。目前全球生产力正发生着巨大的变革，新生产力孕育着新一轮技术革命和产业革命，在新技术革命和新产业革命的背景下，新生产力要素中的信息技术成为当前世界经济发展中促进经济发展的主要生产力力量。在当前世界经济发展中，推动经济发展的生产力要素不仅有数量问题，更重要的是有质量问题，要更加重视生产力的质量。我们必须把握世界生产力发展的大趋势，通过创新努力提高生产力的质量，从依赖低质量的生产力要素转向利用高质量的生产力要素，通过生产力质量的提高培育经济发展的新动能，以生产力质量的提高推进我国中观经济学质量的提高。

（3）促进传统产业的提升和整合。在中观经济运行和产业转型升级过程中，产业结构的转型升级依赖于新技术、新产品、新产业、新经济的发展。中观经济质量提高的关键在于结构升级，而结构升级要坚持以创新为支持，以市场为导向，按照技术、安全、环保、能耗等标准进行传统产业的提升和整合。在传统产业升级中，建立产业创新链，提高企业技术改造效率。鼓励推动企业优化产业链和价值链，在产业结构层面，引导传统产业向全球价值链升级，鼓励企业改造供应链关系，提高企业的核心竞争力。在产业组织层面，进行产业组织结构调整，推进行业兼并重组，通过企业之间的合资、合作、股权置换、产权流转等方式，进行产业价值链并购重组，通过带动传统产业转型升级实现中观质量的提升。

4. 建立中国特色的宏观质量经济理论，引导宏观经济发展质量的提高

依据马克思在《资本论》中提出的宏观质量理论，集约型的增长方式是以提高经济增长质量和经济效益为核心的。因此，按照马克思《资本论》的宏观质量理论，建立中国特色的宏观质量经济学理论，要以提高经济增长质量和效益为核心，促进我国宏观经济质量的提高。

（1）以技术创新形成宏观经济质量提高所依赖的技术创新支持体系。依据马克思《资本论》的宏观质量理论，劳动生产率的提高既可以表现为数量的增加，也可以表现为质量的提高。在提高宏观质量的过程中，要以技术创新支持体系的完善推动技术创新，提高经济增长和运行的效率，进而提高宏观经济质量。在这个过程中，关键是通过建立完善的技术创新体系实现协同创新机制，促进技术进步和人力资本在宏观经济运行中发挥真实作用，提高技术进步对经济增长的贡献率。提高宏观经济发展质量的科技创新中要实现创新数量和创新质量的协调，加快由增长激励向创新激励的转变，促进技术创新从模仿创新转向自主创新，提高技术创新的质量，形成经济增长质量提高的完备的技术创新体系。

（2）加强体质创新，为提高宏观经济质量建立激励导向机制。提高宏观经济质量的关键在于突破体制约束，体制具有激励导向功能，在我国宏观经济质量提高过程中，要以体制创新来形成宏观经济增长和发展的质量激励和导向。首先，完善质量型的经济评价体制，突破GDP数量评价的局限性，从数量评价转向质量效益评价，消除提高宏观经济发展质量的体制机制约束。其次，消除宏观经济质量提高中的科技创新的各种体制性约束，让科技创新成为提高宏观经济增长质量的主导因素，让科技创新成为引领产业结构转型升级和宏观经济增长质量提高的新动力。最后，建立质量效益型的宏观调控新体制，实现宏观调控从数量调控转向质量调控，建立起总量调控与结构调控相结合、需求调控与供给调控相结合、短期调控与长期宏观调控相结合，具有质量效益特征的宏观调控新体制。

（3）进行发展战略转型，为提高宏观经济发展质量提供战略支持。从宏观经济质量提高的角度来看，发展战略转型就是依据经济发展资源禀赋

条件的变化，通过发展战略的调整和变革来整合资源，进而形成新的经济发展的战略导向。新中国成立以来，我们实施了追赶战略，改革开放以来我们又延续了这一战略，多年的追赶战略促进了中国经济的发展。进入中国特色社会主义新时代，我们已经成为世界第二大经济体，必须由追赶战略向质量效益战略转型，宏观经济质量提高的战略要从数量追赶战略向质量追赶战略转变，从比较优势向竞争优势转变，发展出具有比较优势的新型产业链，通过质量效益战略提高中国宏观经济的发展质量，实现中国经济的可持续发展。

5. 建立中国特色的国际贸易质量经济学理论，促进开放经济质量的提高

党的十九大报告指出“中国开放的大门不会关闭，只会越开越大”，中国特色社会主义新时代的中国经济要实现开放发展，推动形成全面开放新格局。在世界经济由数量型向质量型转变和新技术革命背景下国际贸易竞争日益激烈的条件下，国际贸易中的质量问题发展为质量竞争并不断上升到首要地位。按照马克思《资本论》的国际贸易质量理论，要建立中国特色的国际贸易质量经济学理论，实现开放发展以提高质量为核心，从比较优势向竞争优势转变，促进我国对外贸易从数量扩张向质量提高转变，从以数量的比较优势向以提高质量的竞争优势转变。

（1）依靠科技创新，提高出口产品质量。选择和培育一批具有开发潜力的出口企业和行业，促进高科技技术产品的出口，提高出口产品附加值，提高出口产品的国际竞争力，实现出口产品由低附加值向高附加值转变。

（2）优化进出口产品结构，提高对外贸易质量。注重对劳动密集型和资源密集型行业的生产技术进行升级改良，提高相关出口产品的科技含量，走集约型的出口增长方式，从而使现有具有出口优势的产品能够在长期的发展过程中，实现产品的换代升级，保持持久的竞争力。逐步改善本国要素资源配置向技术含量较高的产业转移，最终为贸易增长方式的转变提供有利条件。

（3）通过创新制度安排，提升对外贸易质量。通过能源控制和管理，限制甚至有可能要禁止涉及战略意义的矿产资源的出口和贸易，同时减少高能耗产品和行业的重复建设和运营，合理规划产业布局，加大对贸易部门生产技术方面的科研投入。建立严格的环境规制制度，降低贸易部门生产过程中污染的排放，规避“污染天堂”在正常贸易过程中出现。

参考文献

[1] 郭克莎 . 马克思论“质量”的经济问题及其现实意义 [J]. 兰州学刊，1988(1):14-16.

[2] 郭克莎 . 比较成本与比较质量 [J]. 兰州学刊，1989（11）:25-29.

[3] 任保平，魏婕，郭晗 . 超越数量：质量经济学的范式与标准 [M]. 北京：人民出版社，2017.

第二章 《资本论》视角下我国劳动关系的现实反思与建设路径

何爱平　徐　艳*

（西北大学经济管理学院；陕西　西安　710127）

[内容提要]　马克思的《资本论》最先科学地阐述了资本和劳动的关系，对于优化我国社会主义市场经济体制下的劳动关系具有十分重要的指导意义。随着市场化进程的推进和工业革命4.0时代的到来，劳动者的处境面临着极大挑战，劳动关系趋于紧绷状态。本文以马克思《资本论》中的劳资理论为基础，分析了资本主义国家对劳动者的剥削过程，且以此为基础和借鉴对中国劳动关系的现状进行反思，并对中国当前劳动关系存在的问题提出建议，希望能为构建和谐劳动关系做出贡献。

[关键词]　**《资本论》劳动关系　中国特色社会主义市场经济体制**

一、引　言

当前，中国正处于一个增速放缓、从量变到质变转型的关键时期，经济结构不断调整，经济体制不断变革，这些转型中的调整和变革所产生的

* 何爱平，西北大学经济管理学院教授；徐艳，西北大学经济管理学院硕士研究生。

影响和变化非常之大。随着市场化进程的推进，加之党的十八届三中全会明确提出“使市场在资源配置中起决定性作用”，市场经济在中国资源配置中的地位日益提高，以私营企业为代表的非公有制经济在推动社会生产力进步、拉动实体经济发展方面发挥着越来越重要的作用。然而，社会结构的变动和利益格局的调整不可避免地使得经济内在矛盾不断显化，市场经济的发展和私营企业的迅速成长更加剧了矛盾的升级，这不仅使中国劳动和资本的关系越来越复杂，劳动关系的主体更加多元，也使企业内部雇佣关系的冲突和矛盾更加明显[1]。

为贯彻党的十八大和十八届二中、三中、四中全会精神，《中共中央国务院关于构建和谐劳动关系的意见》指出，劳动关系是最基本、最重要的社会关系之一，劳动关系影响着生产力和生产关系，构建和谐的劳动关系具有重大意义，应该努力健全劳动关系协调机制[2]。劳资关系是现代一切社会体系运转的核心，《资本论》作为马克思主义政治经济学的基础，是最先科学论述资本和劳动关系的著作①，对于中国建设社会主义和谐劳动关系具有重要的理论指导意义。习近平总书记曾在全国宣传工作会议上把系统掌握马克思主义基本理论称为“看家本领”，要求中国人民，特别是党的干部把马克思主义作为“必修课”。因此，以马克思的核心著作——《资本论》为基础，剖析中国劳动关系的现状，探究劳动关系协调机制的建设路径，对中国特色社会主义市场经济体制的完善具有重要的现实意义。

随着市场力量的增强和人工智能的趋势发展，中国的劳动关系依然存在问题，虽然资本主义社会的劳资问题与社会主义市场经济体制下的劳动关系有着本质的不同，但依然能够为中国建设劳动关系协调机制提供借鉴。本文以马克思《资本论》中的劳资理论为基础，分析了资本主义国家对劳动者的剥削过程，剖析了劳动者弱势地位形成及恶化的本质原因，并以此为基础对中国劳动关系的现状进行反思，最后针对中国当前劳动关系存在的问题提出建设路径，希望能为构建和谐劳动关系做出贡献。

① 中共中央马恩列斯著作编译局，编译．马克思恩格斯选集：第 2 卷［M］．北京：人民出版社，1972：269.

二、基于《资本论》的劳资关系理论基础

马克思在《资本论》中详细阐述了商品的使用价值和价值、具体劳动和抽象劳动及劳动力商品等概念，并在此基础上分析了资本主义社会中，资本是如何一层一层剥削劳动者的剩余价值的。在资本主义生产初期，资本在劳动过程和价值增殖过程中剥削的是劳动者的绝对剩余价值，工人关于绝对剩余价殖被剥削的反抗表现为工作日时间长短的斗争。当正常工作日时长立法后，资本无法通过延长工作日剥削绝对剩余价值，转为剥削相对剩余价值，而工人关于相对剩余价值被剥削的反抗表现为与机器之间的斗争。因此，本部分从绝对剩余价值生产和相对剩余价值生产两部分对《资本论》中的劳资理论进行梳理。

（一）绝对剩余价值的生产

1. 劳动过程：劳动和资本力量失衡

马克思在《资本论》第1卷中指出："资本不是一种物，而是一种以物为媒介的人和人之间的社会关系。"[①]最初，工人只拥有劳动力，缺乏生产所必须的物质资料，无法进行生产，也无法形成价值满足自身正常运转。正如马克思所提到的"工场手工业工人按其自然的性质没有能力做一件独立的工作，他只能作为资本家工场的附属物展开生产活动"[②]。因此，工人通过出卖自己的劳动力以结合生产资料换取生活所需，劳动力开始成为一种商品，资本家用资本购买劳动力商品和生产资料开展生产活动，以获得生产价值。

"如果我们从劳动过程的观点来考察生产过程，那么个人并不是把生产资料当作资本，而只是把它当作自己有目的的生产活动的手段和材料"[③]，故

---

① ［德］马克思．资本论：第1卷［M］．北京：人民出版社，2004：877.
② ［德］马克思．资本论：第1卷［M］．北京：人民出版社，2004：417.
③ ［德］马克思．资本论：第1卷［M］．北京：人民出版社，2004：359.

仅从劳动过程的角度看，资本的组成部分“是作为客观因素和主观因素，作为生产资料和劳动力相区别的”①。而且，劳动力不仅包括传统的“商业无产阶级”，还包括以脑力劳动为主的“知识分子”。“知识分子”表现为“比社会的平均劳动较高级、较复杂的劳动”，这种劳动力“比普通劳动力需要较高的教育费用，它的生产要花费较多的劳动时间，因此它具有较高的价值。既然这种劳动力的价值较高，它就表现为较高级的劳动，也就在同样长的时间内对象化较多的价值”②。因此，单纯的劳动过程并不存在剥削。

在劳动过程开始前，工人只拥有劳动力，而资本家拥有的资本既可以购买劳动力又可以购买生产资料，所以劳动过程虽未涉及剥削，但工人和资本家的力量从一开始就已经不平衡，尤其在资本主义制度下，劳动过程对于资本家和工人的意义是完全不同的。对于工人来说，单纯的劳动力只有和资本相结合，或者说只有依附于资本，才能发挥作用，并使自己获得持续的补偿，而对于资本家来说，“生产资料立即转化为吮吸他人劳动的手段。不再是工人使用生产资料，而是生产资料使用工人了”③。如果工人停止出售劳动力，劳动力脱离最初结合的资本，工人就会失去生活资料来源，面临极大的生存压力。所以，工人只能周而复始地进行“卖身行为”④，直至劳动力被资本所吸收。从劳动和资本的这场博弈开始，劳动力所有者就处于弱势地位，资本所有者处于强势地位，劳动和资本的地位相差悬殊[3]。

劳动力和生产资料在劳动过程中结合并形成一定价值，所以“劳动过程的实质在于生产使用价值的有用劳动”⑤。在劳动过程中，该运动是从“质的方面来考察，从它的特殊的方式和方法，从目的和内容方面来考察”，而在其价值形成过程中，“同一劳动过程只是表现出它的量的方面。所涉及的只是劳动操作所需要的时间，或者说，只是劳动力被有用地消耗的时间长度”⑥。因此，在价值形成过程中，劳动所形成的价值量和“劳动力被

① ［德］马克思．资本论：第 1 卷［M］．北京：人民出版社，2004：261.
② ［德］马克思．资本论：第 1 卷［M］．北京：人民出版社，2004：248.
③ ［德］马克思．资本论：第 1 卷［M］．北京：人民出版社，2004：359.
④ ［德］马克思．资本论：第 1 卷［M］．北京：人民出版社，2004：684.
⑤ ［德］马克思．资本论：第 1 卷［M］．北京：人民出版社，2004：245.
⑥ ［德］马克思．资本论：第 1 卷［M］．北京：人民出版社，2004：246.

有用地消耗的时间长度”成正比。“在这里，进入劳动过程的商品，已经不再作为在劳动力有目的地发挥作用时执行一定职能的物质因素了。它们只是作为一定量的对象化劳动来计算。无论是包含在生产资料中的劳动，或者是由劳动力加进去的劳动，都只按时间尺度计算。它等于若干小时、若干日等等。但是，劳动只是在生产使用价值所耗费的时间是社会必要时间的限度内才被计算。”①

2. 价值增殖过程：资本强制劳动，剥削剩余价值

价值增殖过程“是超过一定点而延长了的价值形成过程，如果价值形成过程只持续到这样一点，即资本所支付的劳动力价值恰好为新的等价物所补偿，那就是单纯的价值形成过程。如果价值形成过程超过这一点而持续下去，那就成为价值增殖过程”②。马克思在审视劳动力和资本结合所进行的生产活动时又犀利地指出：“作为劳动过程和价值形成过程的统一，生产过程是商品生产过程；作为劳动过程和价值增殖过程的统一，生产过程是资本主义生产过程，是商品生产的资本主义形式。”③因此，资本主义生产过程不仅仅是普通的劳动过程，更是价值增殖过程。

在资本主义生产方式中，劳动过程仅仅是价值增殖的手段，价值增殖过程的实质就是生产剩余价值。资本所有者和工人按照等价交换的原则进行交易，资本所有者支付给工人劳动力商品的价值，并获得劳动力的使用价值，这看似公平合理的交易背后掩盖的是不平等的剥削与被剥削关系，因为劳动力商品其实是一种不同于其他物品的特殊商品，它与生产资料结合进行生产并形成价值时，所能够创造的价值远远超过了补偿自身消耗所需或者与其本身等价的价值。因此，“资本主义生产——实质上就是剩余价值的生产，就是剩余劳动的吮吸——通过延长工作日，不仅使人的劳动力由于被夺去了道德上和身体上正常的发展和活动的条件而处于萎缩状态，而且使劳动力本身未老先衰和过早死亡。它靠缩短工人的寿

① ［德］马克思．资本论：第1卷［M］．北京：人民出版社，2004：228.
② ［德］马克思．资本论：第1卷［M］．北京：人民出版社，2004：227.
③ ［德］马克思．资本论：第1卷［M］．北京：人民出版社，2004：230.

命，在一定期限内延长工人的生产时间”①。在价值的增殖过程中，资本的组成部分“则是作为不变资本和可变资本相区别的”②，此时，无论“资本家占有的劳动是简单的、社会的平均劳动，还是复杂的、比重较高的劳动，是毫无关系的”③，资本家占有的剩余价值“只来源于劳动在量上的剩余，来源于同一个劳动过程”④的时间延长。劳动过程的时间越长，资本家所能占有的绝对剩余价值就越多，所以资本家不会满足于让价值形成过程仅仅只持续到恰好补偿劳动力的消耗为止，相反，他会严格监督工人的劳动，要求工人的工作时间和工作强度超过工人的正常负荷，迫使工人尽可能多地创造剩余价值，然后无情地占有这些剩余价值。于是，“资本发展成为一种强制关系，迫使工人阶级超出自身生活需要的狭隘范围而从事更多的劳动”⑤。这种强制，一方面是资本家对劳动大军的“管理性强制”，另一方面则是市场中优胜劣汰的“竞争性强制”[4]。

在完全的市场经济调控和自由竞争的社会环境下，“作为他人辛勤劳动的制造者，作为剩余劳动的榨取者和劳动力的剥削者，资本在精力、贪婪和效率方面，远远超过了以往一切以直接强制劳动为基础的生产制度”⑥，掌握资本的资本家在资本力量的驱使下，对剩余价值的贪婪和对财富的欲望不断膨胀，具有“绝对的致富欲”⑦。马克思形象地诠释道“资本是死劳动，它像吸血鬼一样，只有吮吸活劳动才有生命，吮吸的活劳动越多，它的生命就越旺盛”⑧。资本家的过度压榨和剥削迫使工人展开反抗活动，“在资本主义生产的历史上，工作日的正常化过程表现为规定工作日界限的斗争，这是全体资本家即资本家阶级和全体工人即工人阶级之间的斗争”⑨，但这种斗争的结果往往并不能真正地为工人赢得任何得自主权，

---

① ［德］马克思．资本论：第 1 卷［M］．北京：人民出版社，2004：325.
② ［德］马克思．资本论：第 1 卷［M］．北京：人民出版社，2004：261.
③ ［德］马克思．资本论：第 1 卷［M］．北京：人民出版社，2004：248.
④ ［德］马克思．资本论：第 1 卷［M］．北京：人民出版社，2004：248.
⑤ ［德］马克思．资本论：第 1 卷［M］．北京：人民出版社，2004：377.
⑥ ［德］马克思．资本论：第 1 卷［M］．北京：人民出版社，2004：377.
⑦ ［德］马克思．资本论：第 1 卷［M］．北京：人民出版社，2004：701.
⑧ ［德］马克思．资本论：第 1 卷［M］．北京：人民出版社，2004：287.
⑨ ［德］马克思．资本论：第 1 卷［M］．北京：人民出版社，2004：290.

相反，“资本为压制这种反抗所施加的压力也必然增加”①，工人的处境只会更加艰难。如果工人无法忍受压迫而寻找新的雇主，漫长的搜寻过程会使工人因难以维持生计而更加痛苦。即使工人可以顺利找到新雇主，其受压迫的处境也不会得到改善，因为在资本主义国家，全社会的企业主和工厂经营者都居于强势地位，无论在哪个工厂，只要存在雇佣关系，就存在着资本家的剥削，换雇主的本质其实只是换个地方被剥削而已。所以，即使资本家施加更大的压力，实施更加严苛的制度，也依然会有工人为了生存而与资本家进行交易。资本主义社会中的这种劳动关系的对立已经成为资产阶级和无产阶级之间的对抗和仇视，在资本主义私人占有的体制下难以进行调和[5]。

（二）相对剩余价值的生产

马克思把“通过延长工作日而生产的剩余价值”定义为绝对剩余价值；把“通过缩短必要劳动时间，相应地改变工作日的两个组成部分的量的比例而生产的剩余价值”定义为相对剩余价值②。在资本主义社会中，“当法律使资本永远不能延长工作日时，资本就力图不断提高劳动强度来补偿”③。从手工场中的分工协作到机器大生产，一切提高劳动生产力的目的，都是“为了缩短工人必须为自己劳动的工作日的部分，以此来延长工人能够无偿为资本家劳动的工作日的另一部分”④，同时，提高生产力也会“使商品便宜，并通过商品便宜来使工人本身便宜”⑤。所以，“一方面，资本主义生产方式表现为劳动过程转化为社会过程的历史必然性；另一方面，劳动过程的这种社会形式表现为资本通过提高劳动过程的生产力来更有利地剥削劳动过程的一种方法”⑥。

随着工业革命的爆发，机器在现代工厂中被普遍使用，虽然使工厂手

① ［德］马克思．资本论：第1卷［M］．北京：人民出版社，2004：384.
② ［德］马克思．资本论：第1卷［M］．北京：人民出版社，2004：384.
③ ［德］马克思．资本论：第1卷［M］．北京：人民出版社，2004：498.
④ ［德］马克思．资本论：第1卷［M］．北京：人民出版社，2004：391.
⑤ ［德］马克思．资本论：第1卷［M］．北京：人民出版社，2004：389.
⑥ ［德］马克思．资本论：第1卷［M］．北京：人民出版社，2004：407.

工业的技术基础、等级制度和局部工人之间的差别消失了，但是主要工、辅助工、维修工等的分工不仅没有被消灭，而且它还作为剥削劳动的手段得到了系统的恢复和巩固。在现代工厂制度下，工人终身专门服侍一台局部机器，并变成局部机器的一部分，所以已经不是工人使用机器，而是机器支配工人。“如果说机器是提高劳动生产率，即缩短生产商品的必要劳动时间的最有力的手段，那么，它作为资本的承担者，首先在它直接占领的工业中，成了把工作日延长到超过一切自然界限的最有力的手段。”①在机器生产条件下，工人在劳动过程中丧失了主体地位，劳动的分工由机器主导，工人之间相互竞争，产生了大量廉价劳动力。由于工人在机器生产条件下没有质的区别，专业化劳动能力逐渐丧失，工人为了生存，只能甘愿被机器控制。同时，机器的普及应用还造成了人口的相对过剩，“工人阶级的一部分就这样被机器转化为过剩的人口，也就是不再为资本的自行增殖所直接需要的人口，这些人一部分在旧的手工业和工场手工业生产反对机器生产的力量悬殊的斗争中毁灭，另一部分则涌向所有比较容易进去的工业部门，充斥劳动市场，从而使劳动力的价格降低到它的价值以下”②。

马克思进一步指出，资本家通过资本既支配着工人的行为，也支配着工人的劳动成果。工人只能完全按照资本家的意志和要求进行生产，“资本成为对劳动，即对发挥作用的劳动力或工人本身的指挥权。人格化的资本即资本家，监督工人有规则地并以应有的强度工作”③。雇佣劳动的最可悲之处在于，劳动力不仅“从这种敌对权力那里取得就业手段，即取得生活资料”，还不断地“生产着对它起支配作用的他人财富，也就是说生产着同它敌对的权力——资本”④。随着资本主义生产和再生产过程的循环往复，资本无休止地进行积累，资本家拥有的资本越来越多，资本处于强势的地位越来越强，工人处于弱势的地位越来越弱。

---

① ［德］马克思．资本论：第1卷［M］．北京：人民出版社，2004：481.

② ［德］马克思．资本论：第1卷［M］．北京：人民出版社，2004：513.

③ ［德］马克思．资本论：第1卷［M］．北京：人民出版社，2004：377.

④ 中共中央马恩列斯著作编译局，编译．马克思恩格斯选集：第1卷［M］．北京：人民出版社，1995：348-349.

从表面上来看，机器的发展，这一人类社会科技的伟大进步，似乎“给同它竞争的工人阶层造成慢性的贫困”①，似乎“消灭了工作日的一切道德界限和自然界限”②，但其实不然。马克思尖锐地指出，造成这种机器毁灭工人假象的本质原因正是由于资本主义的生产方式，“因为机器就其本身来说缩短劳动时间，而它的资本主义应用延长工作日；因为机器本身减轻劳动，而它的资本主义应用提高劳动强度；因为机器本身是人对自然力的胜利，而它的资本主义应用使人受自然力奴役；因为机器本身增加生产者财富，而它的资本主义应用使生产者变成需要救济的贫民”③。在资本主义生产方式下，资本家被“高额的利润激起对更多利润的贪欲”④，使“机器的每一改进变成一种加紧吮吸劳动力的手段”⑤，使“资本尽可能多地自行增殖，也就是尽可能多地生产剩余价值，因而也就是资本家尽可能多地剥削劳动力”⑥。而资产阶级作为市场经济运行中居于支配地位的社会集团、利益主体和生产经营的组织者，在没有触及自身阶层利益的情形下并未对此采取有效的解决方案，由此资本主义社会的劳资关系严重失衡，劳资冲突越发激烈。

三、基于《资本论》劳资理论的现实反思

任何政治形态的产业社会，为了发展生产力，都必然存在着工人和经营者以及由此引发的劳资关系[6]。从上述《资本论》的劳资理论中可以看出，资本主义的生产方式使劳资力量自劳动过程伊始就已经失衡，并将价值形成过程扭曲为价值增殖过程，剥削劳动者的绝对剩余价值，随后又扭曲了机器生产的根本目的，把机器变为自己剥削相对剩余价值的手段，引发了劳动和资本的仇视与对立。而在中国特色社会主义市场经济体制下，

① ［德］马克思．资本论：第1卷［M］．北京：人民出版社，2004：514.
② ［德］马克思．资本论：第1卷［M］．北京：人民出版社，2004：487.
③ ［德］马克思．资本论：第1卷［M］．北京：人民出版社，2004：526.
④ ［德］马克思．资本论：第1卷［M］．北京：人民出版社，2004：486.
⑤ ［德］马克思．资本论：第1卷［M］．北京：人民出版社，2004：498.
⑥ ［德］马克思．资本论：第1卷［M］．北京：人民出版社，2004：402.

劳动和资本的地位是平等的，商品的生产过程是劳动过程和价值形成过程的统一，不存在扭曲，也不存在资本对劳动剩余价值的剥削。社会主义的公有资本不属于任何个人，资本的权利是属于全体人民的，所以会更加关注劳动人民的整体利益与经济发展的长远收益，本质上也更有利于实现分配的公平性和民主性[4]。因此，从制度层面看，中国特色社会主义制度有利于劳动关系的长期和谐发展。但是，中国当前仍处于社会主义初级阶段，面临经济结构的全面转型，劳动关系不可避免地存在一些问题。

（一）收入分配不合理，劳动者收入占GDP的比重下降

资本主义社会中，掌握资本的资本家具有“绝对的致富欲”①，“在精力、贪婪和效率方面，远远超过了以往一切以直接强制劳动为基础的生产制度”②，劳动产生的剩余价值几乎全部被剥夺。而中国的私营企业主和工厂主，在中国社会主义市场经济体制和相关法律制度的约束下，知识结构和发展理念与资本主义社会的资本家完全不同，其逐利心理也会在一个合理范围内，不会像在资本主义社会中那样达到无法控制的巅峰而毫不顾及工人的利益。但尽管如此，中国的收入分配仍然不合理。

劳动者报酬是中国居民劳动收入的最主要来源，党的十七大报告提出，要求逐步提高居民收入在国民收入分配中的比重，提高劳动报酬在初次分配中的比重。但是图1显示出，中国居民人均收入占人均GDP的比重逐年下降，中国普通劳动者的工资收入和劳动报酬收入没有能够从经济增长中获得同步提高。劳动报酬份额呈总体下降趋势，很大一部分是由于中国经济发展初期实行的投资驱动的发展模式，各级政府为招商引资制定了大量优惠政策，压低劳动收入，使资本可以获得超额的回报[7]。从中可以看出，中国收入分配制度中以按劳分配为主体的分配方式并没有得到充分落实，居民收入分配不平等的问题也一直没有得到有效改善[8]。图2表明，2000—2015年，中国劳动争议案件受理数中，由于解除终止合同而引发的

① ［德］马克思．资本论：第1卷［M］．北京：人民出版社，2004：701.

② ［德］马克思．资本论：第1卷［M］．北京：人民出版社，2004：377.

劳动争议案件数所占比例，自2008年颁布《劳动合同法》之后大幅降低，2011年该比例有所回升并趋于稳定，而由劳动报酬引发的争议案件数所占比例却一直处于缓慢增长状态。由此看来，法律手段在一定程度上可以为劳动者权益提供保护，但《劳动合同法》却也增加了企业人工成本黏性，提高了投入人工的风险，反而促使企业用机器设备来替代劳动力，可能会导致劳动关系出现新的问题和争议[9]。

劳资收入分配不公通常会为经济危机的爆发埋下种子，美国两次大的金融危机发生前，劳资收入的差距都处于历史最高值[10]，劳动与资本关系失衡是金融危机爆发的根本原因之一[11]，我们应该对该问题有足够的重视。值得注意的是，知识生产部门在金融危机中受到的影响和冲击较小。美国制造业中，研发密集型产业的增长仅从2000—2007年的27.9%略微降低到2000—2009年的26.6%，而非研发密集型产业的增长从2.4%降低到-23.1%[12]。同时，还有研究表明，对于高素质劳动力密集型的知识生产部门而言，不仅资本与劳动的关系逐渐走向合作共赢，而且劳动力已经由“贫困累积”的简单再生产转变为不断扩大的再生产，这为解决中国当前面临的劳动关系问题提供了思路[13]。

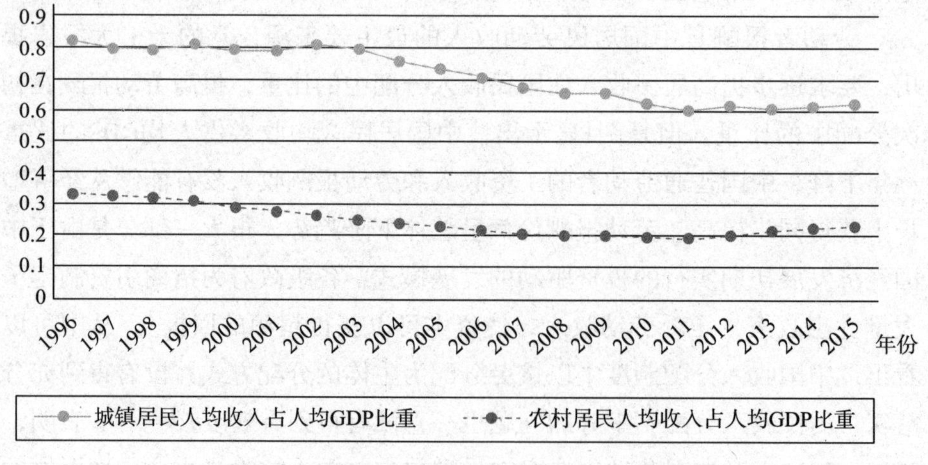

图 1　居民人均收入占人均 GDP 比重趋势

数据来源：国家统计局。

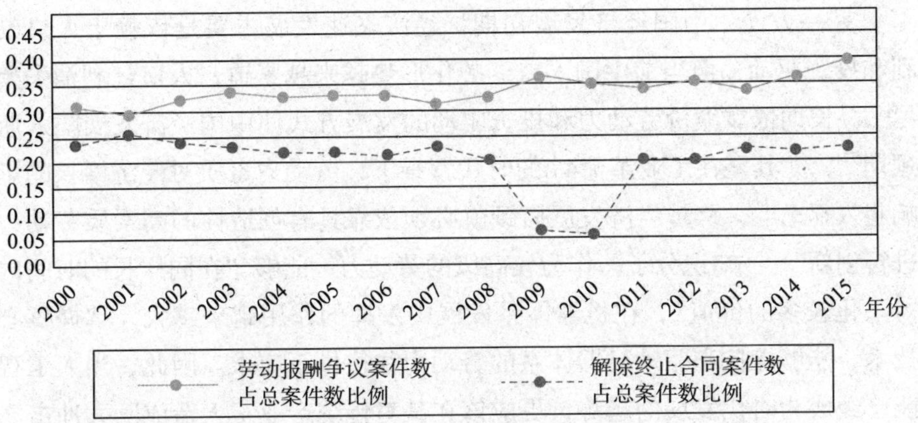

图2 各原因引发劳动争议案件数占比趋势

数据来源：国家统计局。

（二）人工智能时代来临，机器和工人的竞争与冲突加剧

马克思指出，随着资本主义社会工业革命的爆发，机器成了工人竞争的主要对手，使工人大量失业，机器的资本主义应用不仅是排挤工人的手段，而且是资本家用来压制工人的武器，工人的处境越发艰难。当前，人工智能时代来临，科技竞争日益激烈，中国只有正确应用这些科学技术，才能避免机器与工人、人工智能与普通劳动力之间的冲突。

一方面，随着人工智能和信息技术的飞跃发展，智能化的机器体系会逐渐替代低技能的重复劳动[14]，使得传统人力资源过剩，尤其是无人超市、无人车等技术日益成熟并陆续投入试验和使用，给传统行业工人带来了极大的挑战。2017年夏季达沃斯论坛结束后，创新工场创始人兼CEO、人工智能工程院院长李开复在《纽约时报》专栏发表了题为“人工智能对人类社会的真正威胁”的文章，指出人工智能将渗透到人类生活的方方面面，并导致人类大规模失业和贫富差距。在可以预见的未来，整个劳动密集型的产业都将面临极大的挑战和威胁，尤其是那些可替代性强、重复操作多、决策力和创造力少的工作，从事这类工作的劳动者在失业和生存的压力下，话语权会被严重削弱，处境将会更加艰难。

另一方面，中国经济发展初期，经济飞速发展主要是依赖于人口红利和投资驱动，但当前中国人口老龄化形势越来越紧迫，人口红利消失殆尽[15]，长期依靠廉价劳动力和投资驱动的发展方式使中国经济发展陷入瓶颈期[16]，尤其是在工业革命4.0的时代背景下，劳动力素质对经济增长的影响越发显著[17]，跨越经济发展瓶颈就必须依靠具有创造性的高素质劳动力进行创新[13]。“知识分子”作为较高级的劳动力，能够“在同样长的时间内对象化较多的价值”，在机器体系发展中发挥的作用越来越大，掌握核心技术、能够操控和驱动机器体系的劳动力往往供不应求。因此，当人工智能已经成为时代发展的趋势，更应该在其对传统产业工人造成巨大冲击之前，进行“劳动力再生产”，通过循环提升劳动者价值进而扩大再生产，增加高素质和高技能劳动力[18]，即提高“知识分子”在“总体工人”中的占比，从而提高劳动者在新时代的地位。

四、基于《资本论》的劳资关系建设路径

（一）充分发挥政府职能

近年来，资本主义国家也在进行改良，多数国家在完全的市场经济中增强了政府调控的力度，由此可见，建设和谐的劳动关系离不开政府的力量[19]。针对中国的现实情况，政府可以从以下几个方面进行调控。

首先，政府应该加快混合所有制改革进程。当前中国社会主义市场经济还不完善，由社会转型而引发的劳资冲突是无法避免的，尤其是私营经济部分的劳动关系亟待缓和。党的十八届三中全会着重提出了混合所有制经济，混合所有制经济既可以接受公有制经济的入股，也可以吸纳非公有制经济投资，通过多元出资来发挥各种资本的优势，通过建立均衡的法人治理结构来实现资源配置和竞争环境的公平，以国有经济的内在性质和控制力改善私营经济的雇佣关系，从而对整个私营经济中的劳动关系进行调整。因此，从宏观层面，我们应该积极深入推进混合所有制改革的进程，

明确各个行业混合所有制企业中公有资本与非公有资本的股权占比，帮扶混合所有制企业提高治理效率[20]。

其次，应该不断完善相关法律法规建设。法律制度是规范和约束企业行为的有力保障，政府应该增加制度供给，把帮扶弱势劳动人民上升为国家意志，利用有效的法制和政策举措来切实保护劳动者权益[21]，维护个体劳动合同关系，矫正现阶段已经出现的劳动关系失衡的境况，从而使劳动者能够与资方处于相对平等的地位。从法律上保障劳动者权益，包括制定并完善《集体合同法》《社会保险法》《劳动法》等法律，尤其应该加快工资立法。当前中国居民人均收入占人均GDP的比重逐年下降，按劳分配的原则没有落实，社会主义的制度优势难以体现，这些问题仅靠市场机制是很难解决的。中国政府应该全面贯彻以按劳分配为主的原则，制定科学、合理的工资分配制度，让劳动者能够参与企业剩余价值的分配，如可以通过提高个人所得税起征点的方式，为劳动者减轻税负，或者通过适当减轻企业未分配利润的税收，来支持企业提高员工工资和福利水平。

除此之外，还应该加强执法力度，严格执法。虽然中国已经颁布了《劳动合同法》等法律，但每年仍有很多由劳动报酬引发的争议案件，所以政府在不断加强法制建设和制度供给的同时，还应该提高法律法规的可操作性，加大法律监管和执法力度，削弱地方保护主义对监管和执法的阻碍，简化劳动争议处理的程序，让法律规定落到实处。

（二）推进企业内部机制改善

对于劳动关系的调节，政府和法律对企业的约束仅仅是外部力量作用，与此相比，从企业内部出发、对企业组织结构和运行机制进行改善、调动企业内部力量、自发调节劳动关系，就显得更为有效。

首先，企业可以通过对企业内部薪资结构和晋升方式的调整和改革来调节劳动关系，缓解劳动和资本的对立[22]。关于劳动报酬和剩余价值分配的问题，始终是缓解劳资冲突的关键一环，政府的减税、再分配等措施都没有触及利润分配的根源，只有从企业内部薪资结构的改革出发，才能从根源上推动按劳分配原则的落实。企业可以采取所有权或决策权等模式的激励机制，如股票分类投票权制度、员工持股计划等，这些机制不仅能有效激励员工，更让员工成为占有公司生产资料的主人，让员工觉得很大程度上是给自己工作，有效避免了资本占有剩余价值的剥削问题。同时，应注意到当代劳动者在就业中已经不仅只考虑薪资水平，他们更多地还会考虑自己的个人发展和晋升空间，所以企业内部建立公平公正的晋升机制也是十分必要的。

其次，应该提高工会组织的独立性和有效性，强化企业内部工会组织的力量，避免工会组织流于形式。中国的工会组织，不仅代表了工人的权益，而且还起着维护社会稳定的重大作用[23]。有研究表明，员工进行劳动关系评价时，对成立工会的企业评价显著高于没有工会组织的企业，且对工会服务越好，员工劳动关系评价越高[24]。但是，中国很多企业的工会组织都受到企业主操控，选举的职工代表往往不能代表工人利益，没有充分发挥出工会在调节劳动关系中的作用。当产生劳动冲突时，如果没有一个强有力的工会组织存在，单个劳动者有限的力量将无法制衡资方，难以为自己争取到合理权益，容易被迫采取极端、激进的方式表达自己的意愿和反抗，最终造成悲剧。而如果企业中存在有效的民主协商机制，工人就可以借助群体的力量优势与企业进行及时、有效的沟通与谈判，使得劳动纠纷在企业的内部管理中得以恰当处理，避免矛盾的激化和悲剧的发生。因此，应该加强对企业内部董事会和监事会的监督，保证企业能够建立有效的工会组织，增强工会在调节劳动关系中的力量和作用[25]。建立有效工会组织的关键，就是要提高工会组织的独立性，保证工人代表选举的公平性和公正性，避免其受到雇主的威胁利诱，这样，工会组织才能够充分代表劳动者的权益，约束资方的压迫行为，切实起到维护职工权益的作用。

（三）全社会范围的“劳动力再生产”

人工智能的普及和应用已经成为时代发展的趋势，国务院于2017年7月印发了《新一代人工智能发展规划》，提出要在中小学阶段设置人工智能相关课程，推动人工智能领域一级学科建设，不断完善人工智能教育体系，把高端人才队伍建设作为人工智能发展的重中之重，这有利于逐步实现劳动力控制人工智能技术，从而支配、指挥资本发挥作用。目前中国的劳动力市场总体上是供大于求，但是高技能、高素质的劳动力却供不应求，国家已经从人力资本的初等教育抓起，来改善人力资本的结构失衡，而那些当前依然从事传统行业的普通工人如果不跟上时代的脚步，不及时转变自己的知识结构，提高自己的综合素质，就会面临被时代淘汰而永久失业的危险。因此，通过对劳动者再培训、提高劳动力技能，从而提高劳动者的话语权和地位是十分必要的。

提高传统行业劳动者的素质，不仅能让劳动者免受行业颠覆所致的失业威胁，提高劳动者的收入水平，而且能为劳动者赢得真正的社会尊重，从而提高劳动者的社会地位。帮助劳动者成为时代变迁中的强者来提高其谈判力，远比把劳动者当作弱势群体，给予同情帮助而为其赋予一定的话语权，更能有效改善劳动者的处境，增强劳动者的幸福感和国家主人翁意识。因此，政府应该提前对从事可替代性强、重复率高的工作的劳动力进行培训，尤其是机器无法替代的相关技能的再培训。具体来说，需要创新性、规划能力、思考能力、人际交往能力等类型的工作短期内难以被人工智能替代，同时，这些也是高素质劳动力所必备的能力。因此，无论是劳动者自发学习和提高自身素质，还是政府对劳动者进行再培训，都应该从这些技能出发。除此之外，禀赋较低的劳动者在提高自身技能素质的同时，还可以逐步向服务业、非贸易部门转移，这些部门中很多难以被机器程序化的工作依然是低技能的工作[26]。

应对人工智能时代的变革，仅仅提高劳动者的素质是远远不够的，我们还应该从雇主入手，强化企业家的社会责任意识。在社会主义市场经济体制下，企业主对劳动关系的处理受到全社会和全行业的监督和制约，只有处理好企业内部的劳动关系，才能获得全社会更大范围的信赖与认可，才能激发劳动者更大的生产积极性和企业归属感，并提高自身劳动效率，企业也才能由此而进一步发展壮大。因此，企业在追求利润的同时，也应该尽可能多地承担对劳动者权益的社会责任[27]。只有企业主的社会责任感和工人的综合素质共同提高，才能在新时代建立长久可持续的和谐劳动关系。

参考文献

[1] 赖德胜，李长安．经济新常态背景下的和谐劳动关系构建 [J]. 中国特色社会主义研究，2016（1）:42–46.

[2] 新华社．中共中央国务院关于构建和谐劳动关系的意见 [M]. 北京：人民出版社，2015.

[3] 韩喜平，徐景一．马克思劳资关系思想解析 [J]. 当代经济研究，2012（8）:1–5.

[4] 荣兆梓．生产力、公有资本与中国特色社会主义——兼评资本与公有制不相容论 [J]. 经济研究，2017(4):4–16.

[5] 周长城，陈群．集体谈判：建立合作型劳资关系的有效战略 [J]. 社会科学研究，2004（4）:80–83.

[6] 陈雄飞，林毅．收入分配差距与我国劳资所得关系的实证分析 [J]. 西南民族大学学报（人文社科版），2012，33（1）:104–108.

[7] 张车伟，赵文．中国劳动报酬份额问题——基于雇员经济与自雇经济的测算与分析 [J]. 中国社会科学，2015（12）:90–112.

[8] 李晓宁，马启民．中国劳资收入分配差距与关系失衡研究 [J]. 马克思主义研究，2012（6）:48–58.

[9] 刘媛媛，刘斌．劳动保护、成本粘性与企业应对 [J]. 经济研究，2014（5）:63–76.

[10] 胡靖春．论劳资分配失衡——经济危机形成的一个重要原因 [J]. 马克思主义研究，2010（11）:68–78.

[11] 杨静，张开．劳动与资本、政府与市场关系的再认识——2008年经济危机的新阐释 [J]. 中国特色社会主义研究，2014（5）:53–58.

[12] 刘志国，李丹．供给侧改革与我国经济的有效增长策略 [J]. 马克思主义研究，2016（3）:73–82.

[13] 张平，郭冠清．社会主义劳动力再生产及劳动价值创造与分享——理论、证据与政策 [J]. 经济研究，2016（8）:17–27.

[14] 宁光杰，林子亮．信息技术应用、企业组织变革与劳动力技能需求变化 [J]. 经济研究，2014（8）:79–92.

[15] 童玉芬．人口老龄化过程中我国劳动力供给变化特点及面临的挑战 [J]. 人口研究，2014，38（2）:52–60.

[16] 阳立高，谢锐，贺正楚，等．劳动力成本上升对制造业结构升级的影响研究——基于中国制造业细分行业数据的实证分析 [J]. 中国软科学，2014（12）:136–147.

[17] 钞小静，沈坤荣．城乡收入差距、劳动力质量与中国经济增长 [J]. 经济研究，2014(6):30–43.

[18] 沈尤佳．资本积累与劳动力再生产:探讨增长战略的可持续性 [J]. 政治经济学评论，2012，3（4）.

[19] 马芳．影响和谐劳资关系建设的因素及对策 [J]. 经济纵横，2012（2）:46–49.

[20] 杨红英，童露．论混合所有制改革下的国有企业公司治理 [J]. 宏观经济研究，2015（1）:42–51.

[21] 胡乐明，彭五堂．劳动者权益保护的理论思考 [J]. 当代经济研究，2008（5）:7–11.

[22] 赵健梅，任雪薇．我国国有上市公司高管薪酬结构和粘性研究 [J]. 经济问题，2014（10）:57–61.

[23] 王永丽，郑婉玉．双重角色定位下的工会跨界职能履行及作用效果分析 [J]. 管理世界，2012（10）:130–145.

[24] 罗明忠，罗发恒．企业特性、工会服务与员工劳动关系评价 [J]. 经济经纬，2015，32（1）:84–89.

[25] 张翼，汪建华．经济下行背景下劳动关系的变化趋势与政策建议

[J]. 中国特色社会主义研究，2017（1）:37–44.

[26] 谢富胜，周亚霆 . 知识经济与资本主义劳动过程 [J]. 教学与研究，2012，47（3）:63–71.

[27] 程延园 . 我国劳动争议的发展变化与劳动关系的调整 [J]. 经济理论与经济管理，2003（1）:57–61.

第三章　马克思资本不平衡发展理论逻辑思考

——兼论资本全球化的不平衡发展格局

吴　靖*

（华南师范大学；广东　广州　510631）

[内容提要]　马克思资本不平衡发展理论具备严格的内在逻辑，亦是理解当今资本全球化不平衡发展格局的关键。要想把握马克思资本不平衡发展理论逻辑，首先要厘清马克思资本不平衡发展逻辑的实质，准确定位时空延伸的基点，进而概览资本全球化及其表现形式，描述资本全球化的不平衡发展格局，最后从资本体系弹性与马克思资本不平衡发展逻辑的延伸中解读这一现象的机制。

[关键词]　**资本不平衡发展　资本内在结构　资本外在条件　逻辑思考**

一、引　言

资本内在结构与外在条件共同构成了资本体系，资本体系则是在19世纪英国产业资本运动基础上逐步形成的。然而，资本运动发展至今，无论

*　吴靖，女，华南师范大学马克思主义学院教授。

是资本呈现的形态、资本运动的规模还是资本运动的路径，都较以往更为复杂，资本全球化已成为当代资本运动的常态。那么，马克思资本不平衡发展逻辑理论能在何种程度上回应资本全球不平衡发展的现实情形，从而有助于理解其背后的运行机制？本文尝试回答这一理论问题。

二、马克思资本不平衡发展逻辑的延伸

（一）资本体系：资本内在结构与外在条件的辩证关系

梳理《资本论》第一、二卷中资本不平衡发展的逻辑，不难发现，在马克思宏大的资本理论中确实存在着这一逻辑，因而应审慎看待学术界以往所作的资本扩散主义评价。对此深究下去，可能会产生疑问：资本内在结构和外在条件存在什么关系？这种关系具有何种性质或意义？具体来说，需要探讨资本内在结构与外在条件（市场流通、技术更新、社会空间）作为一个体系运转时，内外之间是否发挥程度相当的双向作用。

资本内在是一个二元权力不对称的结构，物质生产资料相对于劳动力的优势地位，更深层原因在于资本所有权关系，这是资本主义社会的基本法则，也是马克思批判的基本点。但当资本主义（资本自身产生动力促进社会扩大再生产）转变为社会经济生活的主导时，自然而然便产生了适应性问题：简化抽象的模型融入大量商品生产与交换的资本主义社会现实，必然产生“变形”，其作用也更具限制性，资本内外之间的相互作用更为复杂。资本内在结构的权力等级性并不总为人所感知，也并非在任何阶段都显示出对外在条件的绝对吸纳能力。同理，资本外在条件（市场流通、技术更新、社会空间）也不会一直被吸纳。从《资本论》第一、二卷的论述中总能窥探到马克思较明显地表示了这层含义。如在工场手工业为主的资本主义早期，资本外在条件尚未发育成熟，劳动生产率主要靠工人的娴熟程度以及操作生产设备的能力，以经验为主的劳动力在资本增殖中仍然

占据较有利的位置。此阶段资本内在结构仅仅初步成型，日渐显示出吸纳外在条件（市场流通、技术更新、社会空间）的需要。随着工业革命的产生，技术更新作为显性的外在条件，成为资本增殖的主要工具。以技术更新为基础的机器设备极大地提高了工人的劳动生产率，资本对劳动力的需求相对减少，导致物质生产资料（即不变资本）越发强势，这就是马克思所说的资本积累一般规律的出发点。反过来，少数资本家凭借自身拥有的技术优势，获取更多剩余价值，除了在产业不同部门引起资本积累量的不平衡，还加剧了资本家与工人在剩余价值分配上的不公平性。所以，技术更新对资本内在结构具有一种潜在的破坏力，并非完全被资本所规训。马克思认为，市场流通与竞争机制的社会化是流通领域对生产领域的“逆袭”，它们把资本内在结构隐形化，突出资本主义商品流通与激烈的市场竞争表象。大小资本间的竞争引起资本积聚与集中，这一机制既为竞争性资本主义模式的转型提供基础，也成为后来国际资本竞争的固有现象。可见，资本主义大工业的发展，技术更新与市场流通不仅被资本所吸纳，而且表现出对资本内在结构的辩证法，反向程度渐强。至于社会空间与资本内在结构的逻辑关系，马克思倾向于社会空间的资本主义化——资本所有制关系的确立，无疑巩固了资本内在结构的等级性。另一方面，他也提及资本主义外围的不发达地区，如在当时的英国殖民地爱尔兰，资本运动遇到障碍，这是对资本内在结构权力等级性的破坏。遗憾的是，马克思在此有所保留，他尚未认识到，随着世界市场的形成，资本主义将制造新的社会空间等级，重构资本和劳动力的空间差异。尽管如此，从马克思关于资本生产过程到资本流通过程的论述中，可以看出他对两者关系的基本观点：资本内在结构与外在条件的关系随着资本主义的发展而趋向复杂化，从资本主义早期资本外在条件被资本单向吸纳，到资本主义大工业时期资本外在条件能独立作用于资本内在结构，反向程度随着它们发展（如发达的市场经济）而趋于明显。换言之，资本吸纳外在条件的动力——资本内在结构的权力等级性趋于模糊，资本外在条件则相对显性，资本内在结构与外在条件不对称的相互关系，是马克思资本不平衡发展逻辑的实质。

（二）资本扩张与资本集中：可能性

在资本主义发展进程中，资本内在结构的权力等级性趋于模糊，但并不意味着失去了作为资本运动初始动力的作用，相反，在与外在条件的相互作用中，资本的吸纳能力得到提升，这是由资本的自身特性所决定的。马克思从各种具体资本形态中抽象出资本的概念及特征，只要符合资本增殖的逻辑、履行资本职能的实体都属于资本的外延，这意味着资本具有极大的包容性，资本扩张乃是资本自身特性使然。这部分解释了为什么马克思对资本的研究限定在19世纪英国竞争性资本主义时代，但他对资本主义世界市场形成的趋势、资本全球化流动的判断比同时代大多数人都要准确。事实上，资本运动和资本扩张都有一定的方向，因为资本必须在不同的具体形态或空间中转换，资本停留在哪种具体形态、流动到哪个地理空间，是以尽可能多地获取剩余价值为基本原则，反映了资本的选择性。另一方面，马克思在《资本论》第一卷中研究资本积累时，提出在市场优胜劣汰的竞争机制作用下，资本将通过积聚和积累的方式增大资本量（资本的规模效应）。换言之，在竞争性资本主义里，资本集中也是正常使然。

综合以上分析可知，资本同时具有流动性与选择性，资本扩张和资本集中并行出现。那么，资本扩张和资本集中作为资本运动的趋势，将对资本体系和资本主义进程带来什么变化？尚需进一步探讨。马克思对此作了简化处理，他认为资本扩张和资本集中将引起资本自身矛盾的激化——资本社会化与资本私人所有制的对立，从而使资本主义危机提前到来。问题在于他侧重于两者对资本主义的破坏力，而忽略了两者共存对资本体系重构的可能性。资本向世界范围扩张和集中，资本体系以新的形式继续运转。但无论是资本内在结构还是资本外在条件，在获得更多内容、形式补充的同时（如世界市场的一体化与分割、技术创新与垄断），资本不平衡发展逻辑并没有消失，资本内在结构的权力等级性与外在条件的不对称关系反而进一步加强，且资本的另一面——资本的“国籍”性凸显。

（三）对马克思资本不平衡发展逻辑的补充：资本的“国籍”性

马克思系统论证了资本主义的发生历史和运行机制。在他成熟的资本理论中，贯穿着一条资本不平衡发展的逻辑：以资本内在结构和外在条件所构成的资本体系，体系的初始动力来自于资本内在结构的权力等级性，体系的进程依靠资本内在结构与外在条件（市场流通、技术更新与社会空间）不对称地相互作用。这条逻辑展示了关于资本形成和资本运动的基本要素：用于扩大再生产的生产资料、劳动力、市场流通条件、技术更新和社会空间，体现为资本体系的等级结构以及不对称的相互作用关系。可见，马克思是从资本自身不平衡发展的逻辑来回应资本主义不平衡发展问题，因而是间接的形式。

国内外学术界普遍认为列宁是马克思主义学者中研究资本主义不平衡发展的先驱，持这一观点的原因是马克思的资本主义分析模式是以一国内部资本形成和运行机制为基础，他把注意力集中在资本主义体系固有的矛盾上，揭示引发矛盾的条件，因而没有明确资本主义不平衡发展这一过程性问题。而列宁则填补了这一空缺，他在《论欧洲联邦口号》《无产阶级革命的军事纲领》中引入国家变量，对垄断资本与国家之间的政治关系进行考察，提出垄断资本输出、帝国主义国家对世界市场的争夺会加剧彼此间实力的不平衡，资本增殖体系被国家力量所干涉，从而加速资本主义的自我毁灭。[①]可见，学术界的这一观点还是公正的。在列宁那里，资本主义不平衡发展表现为：以国家为边界的资本积累效率呈现出明显差距，即资本主义政治经济不平衡。这与马克思从资本自身体系的不平衡发展来论证，还是有很大区别的。区别的意义并不在于列宁的理论更正确（列宁的帝国主义理论在资本主义发展的现实看来同样具有时代局限性），而是列宁明确提出资本的“国籍”性——资本的主体不仅是资产阶级，而且是带有各自国家利益的资产阶级，因而在列宁那里构成了“资本—国家—阶级”的资本主义分析模型，具有外向的国际性特征。

① ［苏］列宁．列宁专题文集·论社会主义［M］．北京：人民出版社，2009：1-5，6-17.

从资本主义发展历史来看，资本的国籍性日益凸显。早期资本生产和再生产集中在英、法等几个西欧国家，资本流动范围相对狭小，资本的国籍性并不明显。但自19世纪末西方主要资本主义国家相继进入垄断资本主义时代，直至20世纪80年代以来的资本全球化时代，资本流动范围日趋广阔，资本的国别身份愈加明显。资本的国际扩张和集中不仅反映了资本之间竞争、合作或吞并的关系，资本家和当地劳动者的雇佣关系，还反映了资本母国与东道主国（即资本流入国）的经济与政治关系。资本增殖既为资本家带来经济利益，也关系资本母国和东道主国的经济与政治利益。由此可见，马克思资本不平衡发展逻辑的空白点在于对资本及其社会关系的国家维度分析，这是19世纪资本主义大工业时代局限所致（理论立场的唯物史观也含有这一局限）。因而，当今需要用一种发展的眼光审视马克思的资本不平衡发展逻辑。如前所述，马克思对资本特性和资本运动机制的抽象，仍是资本增殖体系最基本的原理，是观察当今资本全球流动的一个入口。若要对资本不平衡发展逻辑进行时空延伸，就应补充资本的“国籍”。那么，当资本不平衡发展逻辑（资本内在结构的权力等级性与外在条件不对称地相互作用）与“国籍”相融合时，我们就会看到资本全球化之下国别资本的不平衡发展以及由此衍生的等级格局。

三、马克思资本不平衡发展逻辑的现实演进：资本全球化的不平衡发展格局

（一）资本全球化及其表现形式

1. 资本全球化的概念界定：资本全球化的内涵

马克思之后西方资本主义经历了一系列变化，资本主体形态从商业资本、工业资本转变为金融垄断资本、跨国资本乃至跨国垄断资本，资本流动由局部国别间转变为全球地域间，资本全球化确实成为资本主义发展

的新形势。与更为直接的贸易全球化、生产全球化相比，应如何解释资本全球化？从马克思主义立场看，资本全球化是“经济主体为达到资本增殖最大化的目的，借助市场经济及世界市场机制，使资本达到最大空间的运行，即进行全球化的运作，并在最短的时间、最大的空间内使资本达到最大规模的增殖”①。它主要体现为资本全球性自由流动和全球资本融资高度一体化。这个定义是中肯的，但概括的是资本全球化的表层现象。事实上，资本全球化具有3个层次的含义：首先，资本全球化涉及地理空间概念，即资本流动在空间上扩张至世界范围，资本自由化和资本国际化现象互为加强。其次，是一个总量概念，资本的大范围流动意味着资本积累量的迅速增长。因为在资本国际竞争和地区竞争日趋激烈的情况下，资本积聚和积累共同作用，资本集中的数量更为庞大。最后，也是经常为资本总量所掩盖的实情，即资本自由流动与资本数量集中的背后，资本全球化包含一个国别资本积累不平衡的结构性概念。依据剩余价值最大化的目的，资本在全球范围内有选择地流动和积累，而并非在全球各地均衡分布。事实是在资本数量庞大的前提下，资本全球化意味着各个国家都可能形成竞争关系，为吸引资本而竞争，无论其经济实力如何（发达资本主义国家、发展中国家或最贫困的边缘国家）。因而，资本全球化的实质建立在国别地理空间的各种差异（如经济基础、自然资源、劳动力、生产条件、政策环境等方面）上，资本流动有利于消化和吸收各种差异并迅速实现资本的大规模集中，从而加剧国别资本的不平衡积累；国别资本的不平衡积累反过来又会强化国别地理空间的差异，形成资本全球化不平衡发展的格局。

2. 资本全球化的主力军：跨国公司与金融资本

资本全球化是资本主义的当代表现。它既保留了以往资本的具体形态及资本一般增殖形式，也催生出新的资本形态和资本增殖形式。新变化首先表现为以跨国公司为载体的国际直接投资的迅猛增长。20世纪70年代末至80年代初，随着撒切尔夫人和里根总统上台，英、美政府开始在国内

① 栾文莲. 全球的脉动：马克思主义世界市场理论与经济全球化问题［M］. 北京：人民出版社，2005：231.

大力推行新自由主义政策，实行一系列包括私有化、放松政府管制、削减社会福利、减免企业税收、实行紧缩的财政政策等措施，尤其是对公共服务和基础行业进行私有化改革（如出售大量国有企业），大力推进金融领域一体化。新自由主义浪潮刺激了英、美国内新一轮投资需求，为资本自由化注入了活力。实力雄厚的英、美大公司不仅在国内进行资本兼并与资本集中，而且与其他发达国家大公司一起交叉投资与资本兼并。随着苏联解体，原东欧国家也纷纷推行私有化改革，为跨国公司带来了新的投资机遇。由于美国、西欧和日本积聚了数量庞大的资本，激发了新一轮跨国公司兼并热潮。联合国跨国公司研究中心发表的《1993年世界投资报告》中提到，当时存在的37000家跨国公司实际控制着206000家子公司。随后的报告也指出最跨国化的前100家集团掌握了世界对外直接投资总额的1/3，这一比例近10年保持不变，并且这些集团的总资产中约有40%分布在原籍以外地区。[①]尽管20世纪90年代至今世界经济经历了不少波折和危机，但是以跨国公司为主体的国际直接投资稳步增长，即使在危机中也收缩有限，危机后回升迅速并带动国际生产和海外销售，可见资本国际扩张和集中趋势从未消退。据《2011年世界投资报告》估算，全球跨国公司的“外国子公司在全球的销售额和增值分别达到了33万亿美元和7万亿美元。其出口额超过6万亿美元，约占全球出口总额的1/3。2010年，全球跨国公司在国内和国外创造的增值约为16万亿美元——约占全球GDP的1/4”[②]。从历史发展及现实数据来看，跨国公司是资本全球化的主力军，以跨国公司为主体的对外直接投资是当今资本全球化的重要形式。与流通层次的贸易全球化相比，资本全球化影响更为深远，带来的是生产领域与生产关系的变革，将资本母国和东道主国的技术、市场和社会环境纳入资本体系中。跨国公司资本使用权层层分解，然而资本所有权则越趋集中，资本扩张和资本集中的选择性也越明显：以美国、西欧和日本为首的“三极中心”地带

① ［法］弗朗索瓦·沙奈．资本全球化［M］．北京：中央编译出版社，2001：89.
② 2011 年世界投资报告概述（中文版）［R］．联合国贸易和发展会议，2011，5.

往往具有国际正投资惯性[①]。可见，资本全球化并没有消除资本不平衡发展的内在逻辑，而是根据国别差异不断重构世界经济等级结构。

当今资本全球化的另一表现形式——金融资本全球化，即以资本市场为基础的现代金融体系跨国发展，全球金融活动趋于同一规则运行，大量的金融资本通过国际金融中心在全球范围内跨地区、跨部门流动。1973年全球外汇市场日交易量仅为150亿美元，到1995年外汇市场的日交易量达到12000亿美元。全球外汇交易额大于世界市场进出口总价值的60倍，每日金融交易与实物贸易有关系的不超过2%，金融衍生产品种类已达到1200多种。[②]资本全球化流动规模巨大并以虚拟经济的形式表现出来，主要源于新自由主义政策的普遍推行。发达资本主义国家不仅打通彼此间的金融市场，还利用各种经济协议迫使东道主国（尤其是发展中国家）放松对国内金融市场的管制，以此推动金融资本全球化、一体化。新自由主义政策措施极大地提高了资本流动和集中的效率，为跨国公司的大规模并购提供了源源不断的资本。

金融资本最显著的特征是不经过商品生产领域（生产资料与劳动的结合）而直接从金融债券交易中增殖，其成立的前提是经济主体对未来经济形势以及生产能力的乐观估计。一方面，金融资本以其快速的循环及增殖形式，为跨国公司的国际并购和国际生产活动带来融资便利和效率。它既为生产资本的国际扩张提供金融支持，也在扩张自身范围——形成一个庞大的充满投机性的全球金融资本市场。另一方面，金融资本无须经过生产领域活动而获利，其虚拟性、投机性（有价证券脱离价值生产领域而被无限放大）易引发经济泡沫，为世界经济带来不稳定因素。可见，金融资本全球化既能有效配置国际经济资源，也带来了很大的风险。金融活动中资本雄厚一方往往更懂得资本增殖的技巧，更具抗风险的能力，因而这一进程中发达国家凭借其雄厚的经济实力成为金融市场的游戏规则制定者，可以把风险和损失转嫁给弱势国家，维持资本全球不平衡分布，强化资本全

① 王珏．贸易与资本流动：理论范式与中国的实践［M］．北京：中国经济出版社，2007：88.
② 王中保．经济全球化与我国利益关系的变动［M］．上海：复旦大学出版社，2007：136.

球化的等级格局。

（二）资本全球化的不平衡发展格局："三极中心"与"三级鸿沟"

二战后世界经济格局发生了深刻变化，最突出的是美国代替英国成为世界最强大的经济体。20世纪50—60年代，通过实行"马歇尔计划"和建立布雷顿森林体系，美国掌握了世界货币体系和金融市场的领导权。尽管之后经历了石油危机和布雷顿森林体系解体，美元丧失了国际货币支付体系上的优势地位，但是依靠其强大的综合国力，特别是世界领先的科技产业和大量实力雄厚的跨国公司，美国仍然在国际金融体系和国际生产活动中占据优势。与此同时，战后德国和日本发挥国家资本主义的优势，一边接受美国大量的经济援助，一边发展电子工业、汽车制造业等关键产业，实施出口导向型发展战略，培养科技人才队伍，经济实力和资本存量跃升世界前列。20世纪70年代之后，英、美等发达资本主义国家进入"滞胀"期，于是在新自由主义政策的刺激下资本自由化加强，表现为以跨国公司大量并购、国际生产体系日趋细化为特征。20世纪90年代末至今，虽然世界经济波动，美、日、欧盟等国国内经济增长放缓，但凭借战后几十年经济高速发展所积累的资本、技术、人才等优势，世界经济的"三极中心"——美国、日本、欧盟已形成。它们既是国际金融中心，也是国际直接投资中资本流出和流入的主力国，在数量与质量上占据了绝对优势。2009年全球区域直接外资流量统计中，以"三极中心"为主导的发达经济体直接外资流入量占全球的50.8%，直接外资流出量占全球的74.5%，跨国并购交易的2/3以上仍涉及发达国家。美国显示出强大的资本实力，2008年经济危机过后，美国在直接外资流入量和流出量中仍排第一位。[①]与发达国家直接外资流入量普遍下滑的趋势相比（特别是欧盟的巨大跌幅和日本的下跌），美国的直接外资流入量强势逆转，在2010年增长了40%以上。可见，在资本全球化背景下，美、日、欧是资本运动的中心地带，也是资本

① 2010年世界投资报告概述（中文版）[R]. 联合国贸易和发展会议，2010，5.

集中的主要区域。

资本全球化格局并非一成不变，其中一大变化是发展中国家在吸引外资和对外投资能力上分化并渐成鸿沟。新兴经济体国家吸引外资能力越强，其对外投资能力也越强，面对危机也越具弹性，反过来又巩固了它们与“三极中心”的相互依赖关系。从地理位置来看，几个主要新兴经济体国家都分布在“三极中心”附近，形成了世界经济结构的第二层级。至于弱小的不发达经济体国家，无论在直接外资流入还是流出上都处于劣势，危机后的经济复苏能力也更弱。资本越来越青睐新兴经济体国家，忽略弱小经济体国家，因而两类经济体的差距也越来越大。资本全球化下国别和地区间资本不平衡发展格局大体显现——更形象地说是“三级鸿沟”：美国、日本、欧盟组成的“三极中心”，与“三极中心”形成紧密联系的新兴经济体国家以及徘徊在全球资本体系边缘的弱小经济体国家。在这一体系中“三极中心”占主导地位，它们内部交叉投资频繁，对新兴经济体国家的投资有增无减；处于上升期的新兴经济体国家外向直接投资活跃，资本运动显示出增强的趋势；弱小经济体国家处于资本运动的边缘位置，与前两者的差距越来越大。资本流向和资本集中程度在国别地理空间上极不平衡，这是资本运动选择性的具体表现。

（三）资本全球化的不平衡发展格局：资本体系弹性与马克思资本不平衡发展逻辑的延伸

资本全球化的实情是资本在全球范围内选择性流动和集中，带来国家间和地区间资本运动的“三极中心”和“三级鸿沟”，这与当今全球生产活动、市场导向和财富分配的集中趋势是一致的。某个地域越能吸引资本运动，其创造财富的机会越大，社会生产关系越发达，技术聚集效应越明显，反过来又会增强该地域对资本的吸引力，激发资本运动的活力。这是资本不平衡发展的现实逻辑，反映了资本运动与其外在条件的动态联系。以往不少学者从不同学科视角解释造成资本不平衡发展的原因，回答为什么资本选择往这些国家或地区流动和集中的问题，给出的大多是具体的甚至是技术层面的答案。马克思曾对19世纪大工业时期的资本及资本主义生产体系进行了系统研究，对资本全球流动及世界市场的形成作出过正确预测，那么他的资本不平衡发展逻辑能回应什么呢？

资本全球化的不平衡发展格局不可避免，源于资本增殖的要求——资本内在结构使然。资本不平衡发展逻辑表明资本内在结构是资本运动的初始动力。资本利用生产领域中物质生产资料和劳动力有差别的、制度性（资本主义私有制对私有财产的绝对保护）的不平衡地位，为其增殖提供了空间，找到了资本运动的初始动力。这暗示我们，资本内在地要求并制造一种隐性的、经济性的秩序和权力结构，资本运动所到之处都会分离并再造这种秩序和结构。在今天看来，马克思对资本内在结构的二元阶级分析方面存在过于简化的局限性，但并不能否定他对资本运动规律的正确判断。资本全球化带来了资本与雇佣劳动关系的国际化，意味着资本增殖不仅仅包含资产阶级对工人劳动力的无偿占有，而且涉及雇佣劳动关系国际化带来国家间新的矛盾，如反全球化运动中欧美发达国家工人阶级抗议本国生产日趋“空壳化”，反对本国跨国公司将国内就业岗位大量转移给发展中国家工人，反对生产国际化挤压他们的就业机会。这些抗议反映了雇佣劳动关系国际化所具有的复杂性，发达国家与新兴经济体国家劳动力具有潜在的竞争关系。然而这仅是问题的冰山一角，隐藏其后的是跨国资本的理性选择，跨国资本利用国家间劳动力价格的差异，制造出国家间劳动力的竞争，加强了资本对生产领域的主导权，所以资本增殖仍需资本内在结构的权力等级性来驱动。所变化的是马克思理解的二元权力对比以更复杂的形式表现出来——不是直接的劳资对抗或斗争，而是转嫁为劳动力国家间的竞争关系、跨国资本的竞争关系，其中实力雄厚的跨国资本在多方竞争角逐中获利并巩固对劳动力的支配权。当今劳动力的国别差异虽不是资本运动的唯一标准，但仍是资本流向选择时要考虑的基本要素之一。为了实现增殖，资本会寻找和利用各种差异，在资本全球化时代则演变为寻找和利用国家以及区域的差异，捕捉对劳动力以至生产领域、流通领域各类要素的相对优势，重组资本增殖所需的权力等级结构——表现为国家间在资本流动和资本集中能力上的“三级鸿沟”，因而资本全球化的等级格局是资本不平衡发展逻辑的当代表现之一。

资本全球化的不平衡发展格局处于动态中，随着资本体系的扩张、资本内外不对称的互动关系趋于明显，这是资本体系的辩证法，也是马克思资本不平衡发展逻辑的实质。回顾资本主义发展史，自资本主义在欧美国家先后确立，欧美等国一直占据世界经济政治地位前列，从英国、法国、德国，到美国、日本，资本主义中心从西欧扩散到美国、日本，逐渐形成资本全球化的“三极中心”。这个过程中资本体系不断扩张并显示出弹性——利用资本生产和流通条件的国别差异，资本流向新兴经济体国家并且引进市场、技术和资本主义生产关系，新兴经济体国家与资本“三极中心”日趋相互依赖。资本全球体系不能再以“中心—外围”进行划分，曾被依附论学者所强调的发达国家与不发达国家之间的剥削与依附关系，也不适应资本体系的弹性变化——新兴经济体国家从众多发展中国家中分离，资本实力和经济发展水平明显提升，这是其主动适应资本“三极中心”的结果，资本主义外围地区已经分化并形成新的鸿沟。

马克思资本不平衡发展逻辑的意义是，资本体系的辩证法——资本内在结构与外在条件不对称的相互作用，不仅加强了市场、技术和社会空间的聚集效应，隐蔽了资本的生产领域，而且将这种趋势延伸到资本流向的新兴经济体国家。不难看出，世界市场、技术、社会空间呈现出新的分割状态——与资本“三极中心”“三级鸿沟”相一致。资本吸引力弱的国家仍处于边缘，而新兴经济体国家资本全球流动的形势，已建立起与资本“三极中心”相互依赖的关系。

资本全球化的不平衡发展格局并非绝对，缘于资本内在结构及其外在条件的内涵均在时空中扩展。资本体系利用资本生产和流通领域的地理差异，塑造了新的层级式资本关系，资本体系的辩证法仍会继续下去。这是马克思的理论带给我们理解资本全球化不平衡发展的基本思路。正如弗朗索瓦·沙奈所言：“资本全球化既没有消除各民族国家的存在，也没有消除国家间政治上的统治与依附关系。全球化只不过改变了造成国家之间等级化的各种因素，同时重新划分了国家间等级关系格局并进一步加强了等级程度。”①

参考文献

[1]［苏］列宁．列宁专题文集·论社会主义［M］．北京：人民出版社，2009：1–5，6–17.

[2] 栾文莲．全球的脉动：马克思主义世界市场理论与经济全球化问题［M］．北京：人民出版社，2005：231.

[3]［法］弗朗索瓦·沙奈．资本全球化［M］．齐建华，译．北京：中央编译出版社，2001：89.

[4] 2011年世界投资报告概述（中文版）［R］．联合国贸易和发展会议，2011，5.

[5] 王珏．贸易与资本流动：理论范式与中国的实践［M］．北京：中国经济出版社，2007：88.

[6] 王中保．经济全球化与我国利益关系的变动［M］．上海：复旦大学出版社，2007：136.

[7] 2010年世界投资报告概述（中文版）［R］．联合国贸易和发展会议，2010，5.

①［法］弗朗索瓦·沙奈．资本全球化［M］．齐建华，译．北京：中央编译出版社，2001：16.

第四章 《资本论》手稿中的空间思想及其对中国特色社会主义政治经济学建构的启示

——以《1857—1858 年经济学手稿为例》

王志刚 *

（江苏大学马克思主义学院；江苏 镇江 212013）

[内容提要] 《资本论》的经济学手稿《1857—1858 年经济学手稿》从总体性视野出发，阐明“现实的个人”不仅是社会性、历史性的存在，而且是空间性的存在。人的发展的三大社会历史形态就是不断打破空间界限，由“地域性的存在”向“世界历史性存在”转变的空间化过程。这种空间性变迁背后闪烁的是资本的魅影。马克思用“时间消灭空间”等经典命题对资本关系展开了空间批判，并且在资本的“创造性破坏”逻辑以及“流动性”与“自我固定化”的空间性矛盾中，看到了解放的希望，提出“全世界无产者联合起来”的革命口号。但相比“空间”而言，“历史”无疑是马克思理论体系中更为根本的维度。在后金融危机时代“空间”被更多地赋予了自主性力量的今天，如何正确地处理好时间与空间、生产辩证法

* 王志刚，法学博士，江苏大学马克思主义学院副教授，硕士生导师。主要研究方向：马克思主义空间理论。

与空间辩证法、历史解放与空间解放之间的关系，如何建构一种以历史唯物主义为基础的空间理论，对于回应西方激进左翼的理论诉求、建构中国特色社会主义政治经济学都有着积极的意义。

[关键词] **现实的个人　时间消灭空间　资本关系　空间解放**

《大纲》作为资本论研究的经济学手稿，在马克思思想发展史上具有十分重要的地位。以往理论界对它的关注主要集中在经济学和哲学层面，这是毋庸置疑的。但事实上，《大纲》涉及了超越经济学视界的历史学、社会学和空间政治学等众多宝贵的思想资源。近年来，左翼思想家大卫·哈维（David Harvey）与艾伦·M. 伍德（Ellen M. Wood）在帝国分析的模式上展开了激烈的争论，其中哈维在《新帝国主义》中预设的那种权力的“领土逻辑”与“资本逻辑”并重的全球资本主义，其理论资源主要依赖的就是马克思在《大纲》中所阐述的全球市场体系及其殖民危机问题。在某种意义上，《大纲》有关“时间消灭空间”等论述，开启了批判地理学和后殖民主义的理论视域。这充分证明了《大纲》等文本具有独特的魅力，是“能够引起重大关注的著作”。[①]本文试图阐明《大纲》中的空间思想及其对当代资本主义批判和中国特色社会主义政治经济学建构的意义。

一、“现实的个人”与空间

人的生存与发展需要一定的时空条件，离开了空间的人类生活是不可想象的。但是在不同的时代，人们对空间的认知存在着一定的差异。在审视当代人类生存与发展的境遇时，人们日益发现空间在生产生活中的基础性和总体性地位，它日益从一个对象性的实体范畴转变为一个带有方法论意蕴的理论范畴。美国著名的后现代地理学家索亚（Edward W. Soja）将社会理论研究中空间性的重新发现，并成为与历史性、社会性同等重要的基

① ［意］马塞罗·默斯托．马克思的《大纲》[M]．北京：中国人民大学出版社，2011.

础性范畴这种现象，称为“空间转向”。但值得提出的是，在空间主题理论化的过程中，诸如索亚、哈维、史密斯（Neil Smith）等都指责马克思并没有严格意义上的空间（地理）理论。索亚认为“空间”在马克思那里，“从未得到过一种有效的唯物主义解释”。[①]哈维则提出“空间”是马克思主义的未完成因素，“马克思经常在自己的作品里接受空间和位置的重要性，但是地理的变化被视为具有不必要的复杂性而被排除在外”。[②]事实上，“空间”并不是马克思的理论空场。在《共产党宣言》《德意志意识形态》《大纲》及《资本论》等文本中，空间虽然不是最核心和基础的概念，但并没有被简化为一种拜物教和虚妄的意识，相反始终被作为一个重要维度来对待。甚至可以说，马克思哲学革命的关键之所在，就是其“克服了对历史的进化论式的庸俗化理解，确立了一种具体总体性的视野，这个视野有一个特定的维度即空间性”[③]。

就《大纲》的方法论思想而言，马克思十分重视从总体性的视野——结构（空间）与历史两个维度来讨论问题。在《大纲》的“导言”中，马克思对其政治经济学研究的方法作了说明。我们以为，马克思科学方法论的特质是，既注重对社会及其众多内在因素的历时性考察，也注重对社会进行共时性的结构考察，即对其中各个要素相互关系进行唯物主义的说明。这种把社会各个要素作为相互联系的整体，阐明生产在一切要素中起决定作用的结构分析，在确切的意义上就是一种典型的空间分析。“导言”的开篇中，马克思表明其政治经济学的出发点是“现实的个人”的社会生产。这种社会的物质生产是人类历史存在的前提和基础，同时，生产发展所带来的分工规模的扩大以及交换空间范围的扩展，使得“现实的个人”的解放呈现为“地域性的个人”向“世界历史的个人”的空间化转变——人类活动空间的社会性重构过程。在《德意志意识形态》中没有得到充分阐释、只是作为隐性逻辑

① ［美］爱德华·W. 苏贾．后现代地理学——重申批判社会理论中的空间［M］. 北京：商务印书馆，2007：192.

② David Harvey. *The Geopolitics of Capitalism*.in Gregory and Urry (eds).Social Relations and Spatial Structures[M].London:Macmillian，1985：141-143.

③ 刘怀玉．历史唯物主义为何与如何面对空间化问题［J］. 天津社会科学，2011（1）.

存在的空间向度，在《大纲》中开始显现出来。笔者以为，马克思的“现实的个人”及其三大社会历史形态其实都与空间存在着密切的关联。

首先，“现实的个人”不仅是历史性的存在，也是空间性的存在。这种区别于纯粹自然物理空间的空间性是“人化自然”的物质生产实践中形成的“社会生活空间”。马克思之前的许多哲学家都讨论过人的存在问题，但是他们的缺陷在于悬置了人的具体生存发展条件，总是以抽象的人性假设作为其哲学的出发点，把人的存在命题诠释为一种形而上学的思辨。而在马克思看来，“现实的个人”不是纯粹虚构的观念，不是想象中的个人，不是“处在某种虚幻的离群索居和固定不变状态中”的人，[①]而是一定社会历史条件下的个人。“被斯密和李嘉图当作出发点的单个的孤立的猎人和渔夫，属于18世纪的缺乏想象力的虚构。”[②]与其他所有事物一样，人的生存发展需要一定的空间范围及条件。这种“空间”首先是自然空间的存在。但纯粹的物理空间并不能直接满足人的生存和发展的需要，必须经过人类实践加以改造，形成“人化的自然空间”，才能成为人现实的生存空间。并且人类实践活动所涉及的范围越广，“人化空间”也就越大，同样，人类改造活动的程度越是深刻，所形成的“人化空间”也就越符合人的需要，空间的具体形式越是摆脱自在状态。以至于列斐伏尔（Henri Lefebvre）拒绝区分物理空间与社会空间，在他看来“（物理）自然空间正在消失”[③]，空间就是社会空间。

其次，“现实的个人”的空间性存在是一种社会关系存在，它呈现为人们在物质生产和社会关系生产与再生产过程中所建构起来的相对静止的“空间性社会结构”。马克思哲学是以“现实的个人”为出发点，这样的个人并非抽象的无社会性的个人，在其现实性上“是一切社会关系的总和”。

---

① 中共中央马恩列斯著作编译局，编译．马克思恩格斯选集：第1卷［M］．北京：人民出版社，1995：73.

② 中共中央马恩列斯著作编译局，编译．马克思恩格斯全集：第30卷［M］．北京：人民出版社，1995：22.

③ Henri Lefebvre. *The Production of Space*［M］.Translated by Donald Nicholson-Smith. Oxford UK & Cambridge USA:Blackwell，1991：30-31.

而社会本身可以说就是“处于社会关系中的人本身”，[①]即社会与个人是同体的。因此，作为个人生存与发展的空间性也自然地会烙上社会关系的印迹。现代社会批评理论认为，空间并不是人类活动发生于其中的某种固定的背景，“并非先于那占据空间的个体及其运动而存在，却实际上为它们所建构”。[②]也就是说，空间总是社会性的空间，体现着社会关系的结构性因素。

马克思在《大纲》中讨论了土地（空间）作为劳动资料和劳动对象的社会属性。与前资本主义社会中“土地”只作为劳动者的“天然实验场”、为创造使用价值服务不同，进入资本主义的生产领域后，由于地理（空间）位置的差异而形成级差地租，“土地”成为生产剩余价值的中介和手段，空间里弥漫的是社会关系。再如作为生产要素“空间聚集”场所的城市，在马克思那里也是作为资本主义机器大生产的重要条件而存在的。马克思说：“人数较多的工人在同一时间、同一空间（或者说同一劳动场所），为了生产同种商品，在同一资本家的指挥下工作，这在历史上和概念上都是资本主义生产的起点。”[③]早在农业文明社会中城市空间就开始形成，但其建构主要是基于政治因素考量，“中心—边缘”的空间结构反映的是古典宗法社会的生产关系和意识形态要求。而现代工业文明下城市与乡村分离的空间构型，则是资本关系推动的结果，更多地反映了资本及其意识形态的需要。

最后，“现实的个人”历史发展的三大社会形态就是不断打破地域空间的局限，由“地域性存在”变为“世界历史性存在”的空间化过程。《大纲》对三大社会形态几个时段的划分，即“对人的依赖性和自身的非独立性”阶段——“以物的依赖性为基础的人的独立性”阶段——个人全面发展基础上的“自由个性”阶段，[④]在实质上表明人类解放是一个漫长的历史

---

① 中共中央马恩列斯著作编译局，编译．马克思恩格斯全集：第31卷［M］．北京：人民出版社，1998：108.

② ［英］丹尼·卡瓦拉罗．文化理论关键词［M］．张卫东，等，译．南京：江苏人民出版社，2006：187.

③ 中共中央马恩列斯著作编译局，编译．马克思恩格斯文集：第5卷［M］．北京：人民出版社，2009：374.

④ 中共中央马恩列斯著作编译局，编译．马克思恩格斯全集：第30卷［M］．北京：人民出版社，1995：374.

过程，一般会经历“政治解放”“经济社会解放”和“人的自我解放”等阶段，而“空间”在此进程中扮演着重要角色。

马克思说：“我们越往前追溯历史、个人，从而也是进行生产的个人，就越表现为不独立，从属于一个较大的整体：最初还是十分自然地在家庭和扩大成为氏族的家庭中；后来是在由氏族间的冲突和融合而产生的各种形式的公社中。只有到18世纪，在‘市民社会’中，社会联系的各种形式，对个人说来，才表现为只是达到他私人目的的手段，才表现为外在的必然性。但是，产生这种孤立个人的观点的时代，正是具有迄今为止最发达的社会关系（从这种观点看来是一般关系）的时代。”[①]可见在《大纲》中，马克思将人的发展概括为“片面发展”走向“全面发展”的历史进程，其实就是人的交往由孤立的地域空间走向全球空间的过程。在“人的依赖关系”状态下，人的空间被限定“在狭窄的范围内和孤立的地点上”，人的交往范围受制于一定的“空间壁垒”，如部落、氏族和国家等。在人类社会的第二个时段，人的交往空间的范围有所扩大，逐步走向世界历史的时代，如马克思所言，是“迄今为止最发达的社会联系的时代”。然而，资本主义社会关系的普遍异化，必然导致“空间的异化”与个人异常的孤立。唯有到了第三种社会形态，即“建立在个人全面发展和他们共同的、社会的生产能力成为从属于他们的社会财富这一基础上的自由个性”阶段，[②]才能扬弃物化空间，营造真正属人的社会生活空间。

二、“用时间消灭空间”：空间的资本逻辑批判

对于现代的社会经济发展而言，资本无疑是最有效的发展方式，它以雇佣劳动为基础，使人摆脱了政治的、地域（空间）的人身束缚，通

① 中共中央马恩列斯著作编译局，编译．马克思恩格斯全集：第30卷［M］．北京：人民出版社，1995：107-108.

② 中共中央马恩列斯著作编译局，编译．马克思恩格斯全集：第30卷［M］．北京：人民出版社，1995：25.

过交换而不是暴力的方式，创造了一个新的社会阶段，“与这个社会阶段相比，一切以前的社会阶段都只表现为人类的地方性发展和对自然的崇拜”[①]。正是资本本性——“创造越来越多的交换地点的补充趋势”[②]，最终导致世界市场的形成，使得人的交往活动范围扩展到全球层面，交往关系也因此高度地丰富化和社会化。

然而，资本的本性在于最大限度地占有剩余价值，实现自身的增殖。这种本质的历史狭隘性，使得资本主义社会下交往空间的扩展及其交往关系的丰富化对人的自由全面发展的意义是有限的，因为交往更多地表现为受物的力量支配下的人的联系。这种“物役性”力量当然也包括空间。人们用双手生产出来空间，却往往被空间抛到场外，“现实的人”的发展呈现出“单向地被社会空间决定”的状态。马克思在《德意志意识形态》中，对城乡空间对立的描述在一定意义上表达了空间隔离与异化的意涵。恩格斯在《英国工人阶级的状况》《论住宅问题》等文本中，也批判了城市空间内部的异化、排斥及其对人的尊严的践踏。作为工人阶级营造出来的城市空间，那些位置优越、环境适宜、交通便利之地理往往是资产阶级居住的空间，自身则被排斥在城市的中心之外。实质上，资本逻辑最终建构了城市空间的区域和功能划分，创造了一个等级化的居住空间。因此，在资本主义社会条件下，要想破解空间的秘密，必须深入到对资本关系的批判性考察中。

《大纲》中，马克思基于空间视角对资本关系展开批判，最为直接的表述就是“用时间消灭空间”这个命题。在考察资本流通过程的时候，马克思指出，流通本身表现为包含在生产过程内的过程。流通时间表现为资本价值自行增殖过程的障碍或限制。因此，为了实现更大的增殖空间，“资本一方面力求摧毁交往的一切地方限制，征服整个地球作为它的市场，另一方面，它又力求用时间去消灭空间”[③]，即把商品从一个地方转移

① 中共中央马恩列斯著作编译局，编译 . 马克思恩格斯全集：第 30 卷［M］. 北京：人民出版社，1995：107.

② 中共中央马恩列斯著作编译局，编译 . 马克思恩格斯全集：第 30 卷［M］. 北京：人民出版社，1995：390.

③ 中共中央马恩列斯著作编译局，编译 . 马克思恩格斯全集：第 30 卷［M］. 北京：人民出版社，1995：388.

到另一个地方所花费的时间降低到最低限度。“资本越发展，从而资本借以流通的市场，构成资本流通空间道路的市场越扩大，资本同时也就越是力求在空间上更加扩大市场，力求用时间去更多地消灭空间”[①]。并且，为了力求超越一切空间界限，资本必须不断生产“时间消灭空间”的物质条件——交通运输工具。从资本的角度来看，正像作为生产过程的条件而需要的一切劳动一样，交通运输工具是需要加以克服的限制。哈维用“时空压缩”一词十分深刻地描述了当代空间的特征，他说：“我将经常提及‘时空压缩’的概念。……我使用‘压缩’这个词语是因为可以提出有力的事例证明：资本主义的历史具有在生活步伐方面加速的特征，而同时又克服了空间上的各种障碍，以至世界有时显得是内在地朝着我们崩溃了”[②]。事实上，空间障碍日益被消除，花费在跨越空间上的时间越来越少的“时空压缩”现象在马克思当年已经出现了，地球日益成为一个全球村落，资本生产和流通更加便利，增殖的速度成倍增长，这是“时间消灭空间”最直接的后果。

“时间消灭空间”的后果之二是，空间在资本生产中逐渐成为重要的生产要素。“时间消灭空间”并不意味着空间的消弭，相反，空间越来越重要，资本正是通过占有空间以及将空间整合进资本主义的逻辑而得以维持与延续。马克思说：“不仅人口的增加，以及随之而来的住宅需要的增大，而且固定资本的发展（这种固定资本或者合并在土地中，或者扎根在土地中，建立在土地上，如所有工业建筑物、铁路、货栈、工厂建筑物、船坞等），都必然会提高建筑地段的地租。……在这里，要考察两个要素：一方面，土地为了再生产或采掘的目的而被利用；另一方面，空间是一切生产和一切人类活动所需要的要素。从这两个方面，土地所有权都要求得到它的贡赋。对建筑地段的需求，会提高土地作为空间和地基的价值，而对地体的各种当作建筑材料用的要素的需求，同时也会因此增加。”[③]这里

① 中共中央马恩列斯著作编译局，编译．马克思恩格斯全集：第30卷［M］．北京：人民出版社，1995：358.

② ［美］大卫·哈维．后现代状况——对文化变迁之缘起的探究［M］．阎嘉，译．北京：商务印书馆，2004：300.

③ 中共中央马恩列斯著作编译局，编译．马克思恩格斯选集：第2卷［M］．北京：人民出版社，1995：573.

马克思想表达的是，在前资本主义时代，生产力及其存续主要是来自“历时性”的积累。而现代资本则把不断突破空间壁垒、征服和占有空间作为实现价值增殖的重要方式和克服内在积累危机的重要途径。确实，“如果没有内在于地理扩张、空间重组和不平衡地理发展的多种可能性，资本主义很早以前就不能发挥其政治经济系统的功能了”。[①]

“时间消灭空间”的后果之三是，资本成为支配一切的经济权力，成为“普照的光”和“特殊的以太”。相比前资本主义社会，资本塑造了一个同质化的全球空间，它使得卷入资本生产和流通过程的一切元素，无论是土地/空间、矿产等自然物质资源还是劳动主体本身，都作为资本而存在。并且一旦这些领域被资本的同一性力量所吸纳，面临的就是永不休止的破碎和重组。18世纪产业革命带来人口向城市的空间集聚，其背后正是资本的力量，马克思指出资产阶级使农村屈服于城市的统治，因此获得了大量人口和生产资料的空间聚集。不仅如此，由于生产工具的迅速改进，由于交通的便利，资产阶级把一切民族甚至最野蛮的民族都卷到文明中来了。正像它使农村从属于城市一样，“它使未开化和半开化的国家从属于文明的国家，使农民的民族从属于资产阶级的民族，使东方从属于西方”[②]。总之，资本“按照自己的面貌为自己创造出一个世界”。[③]在这个意义上，城市化和全球化、世界历史都是同质的概念，都是资本打破地域界限在空间层面的拓展。正如哈维所指出的，城市空间在本质上就是一种人造环境（Built Environment），“是资本本身的发展需要创建一种适应其生产目的的人文物质景观的后果”。[④]而“‘全球化’这个词表示任何有关近期历史地理的东西，那它则最有可能是资本主义空间生产这一完全相同的基本过程的一个新的阶段”[⑤]。

① ［美］大卫·哈维．希望的空间［M］．胡大平，译．南京：南京大学出版社，2006：23.

② 中共中央马恩列斯著作编译局，编译．马克思恩格斯选集：第1卷［M］．北京：人民出版社，1995：277.

③ 中共中央马恩列斯著作编译局，编译．马克思恩格斯选集：第1卷［M］．北京：人民出版社，1995：266.

④ 张应祥，蔡禾．新马克思主义城市理论述评［J］．学术研究，2006（3）.

⑤ ［美］大卫·哈维．希望的空间［M］．胡大平，译．南京：南京大学出版社，2006：53.

“时间消灭空间”的后果之四是，资本在塑造同质化全球空间的同时，也使整个空间充满了对立和矛盾，即不平衡地理发展构成了资本全球积累的前提、结果和重要机制。在资本主义原始积累时期，资本更多地依靠城市对乡村、宗主国对殖民地的暴力掠夺，而现代资本更多地借助于国家、区域、部门的不平衡发展来实现。这种不平衡性集中表现在，资本主义生产方式在生产出城市空间内部两级化的空间构型、一定区域内的城乡分裂（一部分人变成了城市动物，另一部分人则变成了乡村动物）；又在全球空间范围内生产出发达国家和欠发达国家断裂性（“中心—边缘”）结构的空间性体系。马克思说：“世界贸易中心在古代是泰尔、迦太基和亚历山大，在中世纪是热那亚和威尼斯，在现代，到目前为止是伦敦和利物浦，而现在的世界贸易中心将是纽约和旧金山、尼加拉瓜的圣胡安和利奥、查理斯和巴拿马。”[①]尽管由于资本的流动特质，“中心—边缘”的结构体系常常处于变动之中：一旦资本从中心流出，中心很快就蜕变成边缘；一旦资本汇聚郊区，边缘瞬间就可以成为新的中心。但可以确定的是，欠发达国家在“中心—边缘”结构的边缘地位在当前国际政治经济秩序中并不会有所改变。列宁的帝国主义理论，卢森堡的“资本积累理论”，伊曼纽尔（Arghirl Emmanuel）、阿明（Samir Amin）的“不平等交换”以及多斯桑托斯（Theotonio dos Santos）和弗兰克（Andre G. Frank）的“依附理论”都深刻地揭示了这一点。

三、阶级斗争与解放政治的空间维度

《大纲》表明资本积累本身具有完整的时空意义。实质上，作为“时间消灭空间”结果之同质化全球化空间与不平衡地理发展现象的背后是资本逻辑的主导作用。资本的秘密在于它既有流动性，更需要一种自我固定化。固定性是资本总得附着于某一地域空间，而流动性却具有“去地域化”的创造性破坏力量，这构成了资本的深层悖论。正是在资本的空间性

① 中共中央马恩列斯著作编译局，编译．马克思恩格斯全集：第 7 卷［M］．北京：人民出版社，1959：263.

矛盾中，马克思看到了解放的希望。资本主义城市化使生产资料和劳动力得到了空间的聚集，无产阶级恰恰在这种聚合的城市空间里意识到了共同利益，而现代交通体系则把地方性的阶级斗争汇聚成全国性的斗争。并且，生产的普遍发展和人们的普遍交往的建立，逐步消灭着“地域性的共产主义”，因此，马克思提出了“全世界无产者联合起来”的革命口号。在确切的意义上，马克思的解放理论本身蕴涵着空间/地理维度。

在当代语境下，空间与政治更为紧密地结合在一起，集中体现在空间日益成为资本主义维系自身统治及意识形态控制的工具，并且更多地经由对日常生活、微观身体等领域的“殖民”施行着一种隐形的、非暴力的统治，“逃避批判视线，并不断地生产出地理空间上的不平衡发展”。[①]列斐伏尔、哈维等左翼空间学者的贡献在于指出了空间既是压迫的重灾区，也是弱者抵抗的武器。谁要想扩大自身力量，就必须夺取空间的控制权，即支配空间的优势开始成为阶级斗争的重要内容，甚至可以说没有空间革命，任何意义上的社会革命都不可能获得成功。

左翼激进学者们对马克思的资本空间批判精神的继承以及剖析现实空间问题上彰显出来的理论竞争力，“促使我们重新思考和发掘马克思资本批判思路中被长久压抑的空间视域，释放历史唯物主义与生俱来的空间批判与研究的潜能”，[②]这是我们讨论《大纲》空间思想的一个主旨。但同时，我们必须警惕的是对空间维度的过度诠释。如福柯认为，空间关系已经取代了时间关系成为把握人类现实的核心范畴；列斐伏尔试图用“空间生产”替换马克思的物质生产，声张一种空间辩证法，以及索亚的“第三空间”及其后现代地理学理论，都过分地夸大了空间在历史唯物主义中的基础性与总体性意义。空间不仅是社会生产关系的历史性结果，更具有了本体论的内涵。事实上，“空间生产”的凸显并不代表资本主义已经发生实质性的变化，而只是意味着当代后福特主义生产方式中资本逻辑表现形式的

① ［美］爱德华·W. 苏贾 . 后现代地理学——重申批判社会理论中的空间［M］. 北京：商务印书馆，2007：76.

② 林密 . 马克思资本主义生产方式批判的空间视域［J］. 天津社会科学，2011（1）.

调整。以列斐伏尔为例，其“空间的生产”理论所推崇的“生产”，更多的是一种梅洛庞蒂和尼采式的“身体化、生命化的生产”。这种身体并不是经典马克思主义作为资本积累策略的身体，而是一种剩余能量与激情的表现。在列氏看来，只有剩余的能量才具有创造力，才能让生命从苟延残喘的状态中挣脱出来，才能导致新空间的诞生。这无疑是对经典马克思主义“生产”和“空间”理论图式的越界式阐释。

左翼空间学者认为，阶级斗争在今天发生了“空间的转向”。斗争主体由传统的劳资双方日益转向为被资本主义空间剥削、压迫和边缘化的人群——“没有土地的农民和无产阶级化了的小资产阶级、妇女、学生、少数民族等”[①]。斗争的内容也发生了变化，更多地围绕“城市空间”展开，即以争夺“城市权”和对日常生活的支配权为焦点，而非以传统的工资和利润为中心。经典马克思主义的问题是资本主义的生产“用时间消灭空间的限制”，而从“后马克思哲学”视角看来，所谓“消灭空间的限制”其实就是“创造出新的空间”。列斐伏尔的“差异性日常生活空间”、德塞图（de Certeau）的“大众沉默抵抗的生活诗学”以及哈维2010年的新著《反抗的城市》（*The Rebellion City*）中提出的“空间正义”口号，都是试图从权力以及权力范围的空隙处，谋求一种新的解放政治。但在笔者看来，这种空间革命表达的是对边缘立场的偏好，是一种基于新文化政治背景以激进姿态反抗霸权的边缘空间想象。左翼坚信，在边缘立场中可以获得一种特殊的中心地位和永久的全局性地位，但事实上采用边缘空间作为斗争的落脚点，并不能实现解放政治的诉求，因为革命的基本动力仍然来自于物质生产环节，而不是发挥边缘作为一个地点的决定性力量。并且，更大的问题在于他们给予了空间自主性的结构力量，有意无意地忽略了空间是社会生产出来的产物。

就《大纲》而言，空间与历史似乎是两个并行不悖的视角，但两者之中历史无疑是更为重要的维度。正如分析马克思主义学者德布拉·萨

---

① ［美］爱德华·W. 苏贾. 后现代地理学——重申批判社会理论中的空间［M］. 北京：商务印书馆，2007：140.

茨（Debra Satz）所言："历史唯物主义是马克思社会理论的硬核。不是马克思关于市场、哲学方法、国家和社会制度的观点，而是历史唯物论将马克思的观点与政治哲学中的其他传统区别开来。"[①]在马克思那里，历史性才是世界万物的本质属性，以至于他说："我们仅仅知道一门唯一的科学，即历史科学"[②]。《大纲》对资本主义社会所作的政治经济学研究，从方法论来看，首先是把它放在人类社会的历史发展中来把握，强调它的各种经济现象都是历史发展的产物；其次才是把它作为空间性的存在，研究其中各要素之间的结构关系。历史辩证法强调一切事物都在流动，一切都是历史的结果，任何存在都是一个历史的过程。对于空间的认识也当如此。"空间既是在历史发展中生产出来，又随历史的演变重新结构和转化。"[③]马克思批评费尔巴哈等直观的唯物主义在社会空间生成的问题上缺乏历史敏感性，他说费尔巴哈"没有看到，他周围的感性世界绝不是某种开天辟地以来就直接存在的、始终如一的东西，而是工业和社会状况的产物，是历史的产物"[④]。"每一代一方面在完全改变了的环境下继续从事所继承的活动，另一方面又通过完全改变了的活动来变更旧的环境。"[⑤]

马克思的历史性主要指涉的是现实的生产与生活关系，他多次强调，构成其理论出发点的是特定生产方式主导下的物质生产，因此，人与人、人与自然的关系之谜都必须在对特定生产方式主导的生产关系的研究中去寻找答案。"现实的人"的解放也只有在社会关系的变革中才能实现。马克思提出："代替那存在着阶级和阶级对立的资产阶级旧社会的，将是这样一个联合体，在那里，每个人的自由发展是一切人的自由发展的条件。"[⑥]"自

① ［加］罗伯特·韦尔，凯·尼尔森．分析马克思主义新论［M］．鲁克俭，等，译．北京：中国人民大学出版社，2002：308.

② 中共中央马恩列斯著作编译局，编译．马克思恩格斯选集：第1卷［M］．北京：人民出版社，1995：66.

③ 包亚明．现代性与都市文化理论［M］．上海：上海社会科学院出版社，2008：110-111.

④ 中共中央马恩列斯著作编译局，编译．马克思恩格斯选集：第1卷［M］．北京：人民出版社，1995：76.

⑤ 中共中央马恩列斯著作编译局，编译．马克思恩格斯选集：第1卷［M］．北京：人民出版社，1995：86.

⑥ 中共中央马恩列斯著作编译局，编译．马克思恩格斯选集：第4卷［M］．北京：人民出版社，1995：730.

由人的联合体”既代表了一种社会制度，也代表了人与人之间一种新的关系。在这种关系下，人不再受物（包括空间）的奴役，而是重新驾驭了物的力量，人与人的关系不再表现为各自独立、相互利用，而表现为相互联合、共同发展。这种要求从社会制度本身消除异化的社会现实的历史解放理论，既不同于传统政治哲学的永恒正义论，也不同于现代哲学内在自由平等体验式的“无知之幕”，更不同于后现代解放政治非理性的“草根”情怀，它体现着马克思解放政治独特的理论图式。

四、对建构中国特色社会主义政治经济学的启示

如马克思的《资本论》及其众多手稿是对当时的资本主义生产关系、经济制度的分析和批判，那么在建构中国特色社会主义政治经济学的过程中，我们也要关注当代资本主义的最新发展状况，在《大纲》创作150多年后的今天，资本主义的生存与发展更多地建立在空间殖民化基础上。更加关键的是，资产阶级凭借生产过程在空间的分散、在地理上瓦解工人阶级的力量，使得“劳动力在地理上更加分散，在文化上更加异质，在种族和宗教上更加多样，在人种上更加层次化，在语言上更加分裂”，[①]从而难以组织统一的工人运动。这种资本主义的新变化，要求我们在思考方式上进行彻底的转变——努力将空间作为不可或缺的核心要素植入辩证法思想体系中，建构一种能够包含对各种规模层面的剥削和压迫与反抗形式进行整体分析的社会主义政治学，以回应资本的地理策略和地缘政治战略。在某种意义上，《大纲》只是初步展开了资本主义空间关系的概念框架，也难以把握当代资本主义地理复杂的不平衡发展及其规模政治问题，这就需要我们正确处理好时间与空间、生产辩证法与空间辩证法、历史解放与空间解放的关系，结合当代资本主义发展的现实情境，建构一种以历史唯物主义为基础的空间理论，以增强马克思主义对现实问题的解释力。

① ［美］大卫·哈维．希望的空间［M］．胡大平，译．南京：南京大学出版社，2006：44.

建构中国特色社会主义政治经济学需要做一系列基础理论工作，我们要去廓清一些基本概念，如生产、消费、需求、分工，要去构建一些理论框架，发现一些基本的视角。现有学者讨论中国特色社会主义政治经济学时，还处于初创阶段，学者们只是对社会主义本质理论、社会主义初级阶段理论、社会主义改革开放理论、四个全面战略布局、五大发展理念的综合和阐释，需要学界作进一步的历史梳理，也需要发现一些新的视角。《资本论》及其手稿中的空间思想启示我们从历史地理学（历史地理唯物主义）的视角去讨论《资本论》及其手稿中的空间思想对中国特色社会主义政治经济学建构的启示与意义。

西方学者把历史和地理空间结合起来，主张一种历史地理唯物主义理论框架，我们这里不去讨论其合法性和意义，想表达的是，在建设中国特色社会主义理论体系以及政治经济学的过程中，我们需要从地理空间的视角去看待日益发展的中国社会，去发现问题、认识问题和解决问题。中国特色社会主义“特”在哪里？“特”在我们的理论、制度，“特”在我们的文化。如果从历史地理学视角看，中国特色“特”在这是在东方、在中国大地上的社会主义政治经济学。

当前党中央的治国理政思想，立足的是当代中国的地理/空间实际，是为推动解决当代中国面临的治理矛盾和问题而生发的地方智慧。“五大发展理念”和“中国方案”等都从空间视域彰显了治国理政新思想、新理念、新战略的方法论意义。以“五大发展理念”之“协调发展”为例。发展不协调是西方现代化模式的一个突出弊端，一些国家普遍出现发展的可持续性下降、社会矛盾频发等问题，这正是城乡、区域、经济、社会、生态发展的不平衡和不协调所导致的。就国内而言，帝国主义入侵使得近代中国成为政治经济极不平衡的国家，这是近代中国基本的国情，也使得“红色政权”能够在“白色恐怖”的包围中存活下来，建立农村革命根据地，进行工农武装割据，实现了“星星之火燎原之势”。新中国成立之后，毛泽东为了改变中国地理发展不平衡的状况，在《论十大关系》中提出了一系列平衡发展的政策主张，展示了一种独具特色的空间经济辩证法。到了邓小平时期，为了实现自然资源的合理配置，“两个大局思想”试图扭转过渡平衡的状态，沿海和内地之间又有了一种新的不平衡。以江泽民和胡锦涛为核心的中央领导集体注重区域发展，试图通过一系列统筹措施，减轻东西部之间的不平衡。以习近平为总书记的新一代中央领导集体要求协调发展，既是对以往政策的延续，也提出了新要求，致力于实现一种符合空间正义的社会经济发展。

解决发展问题的“中国方案”，也是一个典型的地理/空间话语。他说：“全党同志必须牢记，我们要建设的是中国特色社会主义，而不是其他什么主义。历史没有终结，也不可能被终结。”“中国方案”表明的是我们得出的是一个地方性的解决问题的方案（模式），这种方案源于马克思主义理论与中国特色社会主义实际的融合，源于我们自身对中国发展道路、理论、制度以及文化的自信。我们所说的“空间”，不仅是单纯的自然地理条件的概念，而且是一种社会空间及关系空间，是一种社会关系的再生产过程及其结果。即列斐伏尔提出的不是在空间中的生产，而是空间的生产本身。在20世纪七八十年代“空间”这个主题理论化的过程中，除了列斐伏尔、卡斯特（Manuel Castells）和哈维、卡茨尼尔森等马克思主义城市社会学者试图通过“城市”“地方”和身体等不同规模的空间概念再度回应资本主义幸存秘密这个议题。在他们的理论进路中，资本主义城市空间变迁链接、反映并调节着资本主义的基本矛盾，与资本积累、资本循环、集体消费和劳动力再生产等资本主义再生产过程息息相关。资本主义的存在活力或者说幸存的秘密，是资本在用时间消灭地域性的自然空间的同时，也制造了一种新的有利于生产关系生产和再生产的社会空间。资本积累在通过市场交换实现空间均质化的同时，又生产着空间的差异性、地理上的不平衡性以维持自身的存在。

实际上，早在《资本论》及其手稿等经典著作中，马克思、恩格斯不仅通过历史唯物主义对资本积累展开空间化批判，而且落脚于全世界无产阶级的联合（空间革命），实现整个社会生产体系的全面变革。换言之，作为描述人类经验的基本维度，空间与传统的时间视角一样，始终内含在马克思主义的历史叙事、政治经济学批判成果以及其晚年的东方社会理论中，为我们今天讨论空间政治问题奠定了坚实的思想基础。

所以利用空间、马克思主义文本中的空间思想，以及现代空间实践去讨论，对于我们“从农村包围城市、最终夺取城市”的中国共产党来说，城市治理和空间关系布局能力是一步一步提升的。从充满经验和教训的路径走来，今天需要在前无古人的超大规模人口流动的空间关系布局和建设上，满足最广大人民群众安居乐业、有一个生态良好、环境宜居宜业的家的梦想，迅速从单纯实践探索到全盘顶层设计、战略规划和实施，考验着执政党和国家的空间治理能力。这是“强国梦”必须要回应的重大课题。空间关系与人居环境的重大转变，走出一条新型城镇化和城乡一体化道路，迫切需要执政党全面提升总体治理水平。从改革开放初期不到20%的城镇化率，到2015年历史性地跨越到57%，“乡村中国”正在转变为“都市中国”。城乡空间关系的大变动，考验着国家的空间治理能力。

参考文献

[1] [意] 马塞罗·默斯托. 马克思的《大纲》[M]. 北京：中国人民大学出版社，2011.

[2] [美] 爱德华·W. 苏贾. 后现代地理学——重申批判社会理论中的空间 [M]. 北京：商务印书馆，2007：192.

[3] David Harvey. *The Geopolitics of Capitalism* in Gregory and Urry (eds).Social Relations and Spatial Structures [M].London:Macmillian，1985：141-143.

[4] 刘怀玉. 历史唯物主义为何与如何面对空间化问题 [J]. 天津社会科学，2011（1）.

[5] 中共中央马恩列斯著作编译局，编译. 马克思恩格斯选集：第1卷 [M]. 北京：人民出版社，1995：73.

[6] 中共中央马恩列斯著作编译局，编译. 马克思恩格斯全集：第30卷 [M]. 北京：人民出版社，1995：22.

[7] Henri Lefebvre. *The Production of Space* [M].Translated by Donald Nicholson-Smith. Oxford UK & Cambridge USA:Blackwell，1991：30-31.

[8] 中共中央马恩列斯著作编译局，编译 . 马克思恩格斯全集：第 31 卷 [M]. 北京：人民出版社，1998：108.

[9] [英] 丹尼·卡瓦拉罗 . 文化理论关键词 [M]. 张卫东，等，译 . 南京：江苏人民出版社，2006：187.

[10] 中共中央马恩列斯著作编译局，编译 . 马克思恩格斯文集：第 5 卷 [M]. 北京：人民出版社，2009：374.

[11] [美] 大卫·哈维 . 后现代状况——对文化变迁之缘起的探究 [M]. 阎嘉，译 . 北京：商务印书馆，2004：300.

[12] 中共中央马恩列斯著作编译局，编译 . 马克思恩格斯选集：第 2 卷 [M]. 北京：人民出版社，1995：573.

[13] [美] 大卫·哈维 . 希望的空间 [M]. 胡大平，译 . 南京：南京大学出版社，2006：23.

[14] 张应祥，蔡禾 . 新马克思主义城市理论述评 [J]. 学术研究，2006（3）.

[15] 中共中央马恩列斯著作编译局，编译 . 马克思恩格斯全集：第 7 卷 [M]. 北京：人民出版社，1959：263.

[16] 林密 . 马克思资本主义生产方式批判的空间视域 [J]. 天津社会科学，2011（1）.

[17] [加] 罗伯特·韦尔，凯·尼尔森 . 分析马克思主义新论 [M]. 鲁克俭，等，译 . 北京：中国人民大学出版社，2002：308.

[18] 包亚明 . 现代性与都市文化理论 [M]. 上海：上海社会科学院出版社，2008：110-111.

[19] 中共中央马恩列斯著作编译局，编译 . 马克思恩格斯选集：第 4 卷 [M]. 北京：人民出版社，1995：730.

第五章　中国特色社会主义发展新阶段与公有资本

曹　睿*

（西安交通大学；陕西　西安　710049）

[内容提要]　公有资本范畴在中国特色社会主义的发展中形成。当前中国特色社会主义已进入一个“超常性”的发展新阶段，发展不平衡是当前阶段面临的新问题，共享化发展的实现是发展的新趋向。由公有资本的增殖属性和制度属性决定，其在整个公有制经济活动的生产、交换及其收益分配过程实现了资本再生产、劳动力再生产以及消费力再生产，体现出高度的生产性；而公有资本范畴建构的制度性、公有资本参与市场竞争的目标以及公有资本所有、分配方式则体现出公有资本广泛的分享性。确认和把握公有资本的高度生产性和广泛分享性是中国特色社会主义新阶段实现共享化发展的现实指向。

[关键词]　**中国特色社会主义新阶段　公有资本　衍生特征　发展共享化**

随着中国特色社会主义的发展，公有资本范畴在社会主义市场经济中逐步被提出和确立，公有资本理论创新和实践探索也持续推动着中国特色社会主义的发展。中国特色社会主义已经进入发展的新阶段，在此前

*　曹睿，西安交通大学马克思主义学院博士研究生。

提下，要坚持从发展的实际情况出发，把握公有资本的本质属性和衍生特征，促成公有资本主导的经济新增长，进一步完善公有资本理论、发挥公有资本的作用，从而推进全面共享发展的实现、全面小康社会的建成。

一、公有资本范畴在中国特色社会主义的发展中形成

社会主义公有资本在中国经历了排斥、接受、深入发展几个阶段，中国特色社会主义理论也继邓小平理论后，逐步形成了"三个代表"重要思想、科学发展观和习近平总书记系列重要讲话精神等标志性成果。可以说，改革开放30多年来，中国特色社会主义一直从理论和实践上在对市场经济进行选择、建构和调试，在这一过程中，社会主义公有资本范畴也在中国特色社会主义市场经济中逐步发展形成。

（一）邓小平理论的形成与公有资本运行模式的初步探索

新中国成立后，基于当时落后的国民经济状况、国际国内政治格局、马克思主义意识形态以及苏联实行计划经济体制的示范作用等因素的特定组合，以毛泽东同志为核心的党的第一代中央领导集体在社会主义改造中选择了以过分单一的公有制经济特别是国有（营）经济为基础、排斥市场的计划经济体制。

20世纪70年代的中国面临经济困境。一方面，国内经济在人民公社和"文化大革命"两场冒进的实验中受挫，处于缓慢发展和停滞状态，甚至到了崩溃的边缘；另一方面，世界范围内蓬勃兴起的新科技革命推动着世界经济以更快的速度向前发展，日本战后的快速发展、"亚洲四小龙"的崛起等都对我国形成了外部压力。为走出传统社会主义模式的困境，以邓小平同志为核心的党的第二代中央领导集体在实践中借鉴外国成功经验，在理论上对原创社会主义理论进行了发展与创新，在改革实践中选择了社会主义和市场经济相结合的社会主义市场经济，开始了对社会主义公有资本运行模式的探索。

“中国农业体制改革所建立的家庭联产承包责任制是中国公有资本运行模式的最初形态。”[①]家庭联产承包责任制将公有制和资本运行模式相结合，一方面，地方政府、村集体作为土地资本的管理机构定期分配土地使用权；另一方面，农户作为独立的生产经营单位进行自主性农业生产。此后，公有资本运行模式还明显推动了农业生产力的提高，因此，公有资本运行模式的多样形式逐步在工业和服务业领域衍生出来。后来，邓小平在1992年南方谈话中指出，计划经济和市场经济不是区分社会主义和资本主义的根本标准。打破了传统社会主义观念对人们的思想禁锢，释放了长期被体制机制束缚的创造欲望，加速了对公有资本运行模式的探索。中国将社会主义和市场经济相结合，将公有制和资本运行相结合，公有资本运行模式逐步形成和发展起来，这些也成为邓小平理论的标志性成果之一。

（二）“三个代表”重要思想的提出与公有资本范畴的确立

改革开放以来，随着社会主义市场经济的逐步确立，中国特色社会主义建设呈现出加速发展的态势。在财富总量快速增加、生产力水平迅速提高的同时，也出现了收入分配领域的差距拉大和社会结构方面的阶层分化。后来江泽民时期，社会主义市场经济面临这样的困局：一方面要通过适当限制市场机制的作用来遏制民营经济的发展势头来实现共同富裕；另一方面，又需要通过市场经济进一步释放市场活力以解放和发展生产力。实践中的问题催生出社会主义市场经济继续在实践和理论层面的又一次创新——以江泽民同志为核心的党的第三代中央领导集体吸收市场经济中的理论和实践成果，提出内含资本一般属性和公有制的制度属性这一极具中国特色的公有资本概念。党的十五大报告给予了明确表述：“要坚持和完善社会主义公有制为主体、多种所有制经济共同发展的基本经济制度，”“国家和集体控股，具有明显的公有性，有利于扩大公有资本的支配

① 陈鹏．社会主义公有资本运行模式是对资本主义私有资本运行机制的扬弃［J］．马克思主义研究，2017（4）．

范围，增强公有制的主体作用”。[①]这是我国第一次在中央文件中将“资本”与“公有”联系在一起，正式提出“公有资本”这一概念。“公有资本”正式出现在党的重要文献中，标志着它正式成为社会主义市场经济理论体系中的一个经济范畴。

为了适应社会主义市场经济在生产关系层面作的调试，“三个代表”重要思想从社会政治关系层面认同了社会主义市场经济所引发的人们利益地位和经济关系的变化，要求始终以“中国先进生产力的发展要求、中国先进文化的前进方向、中国最广大人民的根本利益”为指引，“坚持解放思想、实事求是、与时俱进，从理论和实践的结合上不断研究新情况、解决新问题，做到自觉地把思想认识从那些不合时宜的观念、做法和体制中解放出来”[②]，扫清了社会主义公有资本发展的思想和行动障碍。此后，政治经济学理论界围绕公有资本范畴的产生机制、内涵、属性、作用和意义等基本问题进行了总结和研究，市场经济实践中也对公有资本，尤其是国有资本的运营机构、管理方式，如公有资本产权分割、公有资本人格化、公有总资本结构优化等具体问题进行了探索和创新，公有资本范畴在社会主义市场经济的理论和实践中逐步被确立起来。

（三）科学发展观的提出与公有资本运行机制的优化

以胡锦涛同志为总书记的党中央通过发展理念和基本要求的转化来贯彻和落实科学发展观，在坚持市场经济基本架构的基础上，体现社会主义的目标和要求，以人为本，纠正“GDP崇拜”，遏制收入差距扩大，在市场经济中实现了“公有制带着资本走”。2002年党的十六大报告明确使用了“国有资本”“社会资本”“资本运营”等范畴，提出了确立劳动、资本、技术、管理等生产要素按贡献参与分配的原则，确认了公有资本作为生产

① 江泽民．高举邓小平理论伟大旗帜 把建设有中国特色社会主义事业全面推向二十一世纪——在中国共产党第十五次全国代表大会上的报告［M］．北京：人民出版社，1997：3.

② 胡锦涛．在“三个代表”重要思想理论研讨会上的讲话［M］．北京：人民出版社，2003：26-27.

要素“参与分配”的权利；在2003年党的十六届三中全会《中共中央关于完善社会主义市场经济体制若干问题的决定》中提到，“要适应经济市场化不断发展的趋势，进一步增强公有制经济的活力，大力发展国有资本、集体资本和非公有资本等参股的混合所有制经济，实现投资主体多元化，使股份制成为公有制的主要实现形式”①，探索了公有资本在混合所制经济中的实现方式；在2007年党的十七大报告中，胡锦涛就指出：“加快建设国有资本经营预算制度。完善各类国有资产管理体制和制度”，②防范了公有资本管理经营、运动增殖中存在的风险；在十八大报告中又继续强调，“加快完善社会主义市场经济体制和加快转变经济发展方式，要毫不动摇地巩固和发展公有制经济，推行公有制多种实现形式，推动国有资本更多投向关系国家安全和国民经济命脉的重要行业和关键领域”③，承认了公有资本在国民经济中极其重要的作用。这些理论和政策都是在公有资本范畴已经形成的基础上，从国有企业尝试制度创新，从促进公有经济局部改革到整体突破，实现了对公有资本运行机制的优化。

二、中国特色社会主义新阶段的新实际

习近平同志明确指出，坚持和发展中国特色社会主义是贯穿党的十八大的一条主线。经过十八大以来的5年间对中国特色社会主义的一系列重大理论和实践问题的坚持和发展，当前，我们已经到了决胜全面建成小康社会、夺取中国特色社会主义伟大胜利、实现中华民族伟大复兴中国梦的关键时刻。基于这样的现实情境，习近平总书记做出了以下判断：“在新中国成立特别是改革开放以来我国发展取得的重大成就基础上，党和国家事

① 胡锦涛．中共中央关于全面深化改革若干重大问题的决定［M］．北京：人民出版社，2013：19.

② 胡锦涛．高举中国特色社会主义伟大旗帜 为夺取全面建设小康社会新胜利而奋斗［M］．北京：人民出版社，2007：33.

③ 胡锦涛．坚定不移沿着中国特色社会主义道路前进 为全面建成小康社会而奋斗［N］．人民日报，2012-11-19（1）.

业发生了历史性变革，我国发展站到了新的历史起点上，中国特色社会主义进入了新的发展阶段”[①]。

（一）新阶段展现“超常性”发展的新特征

同党的十一届三中全会标志的具有“转折性”的发展新阶段的开始相比较，党的十八大成为中国特色社会主义进入新的发展阶段的历史起点，这个新的发展阶段具有“超常性”[②]。党的十八大以来，以习近平同志为核心的党中央，围绕党、国家、社会与市场功能充分发育与彼此之间内在有机化的形成，进行了顶层设计，提出了具体方案，以超常改革力度、治理深度和发展速度实现了由量变到质变的“历史性飞跃”，使我们党和国家发生了超常的巨大变化。

从经济社会发展水平来看，我国经济发展向中高端水平迈进。2013—2016年，我国国内生产总值年均增长7.2%，高于同期世界的2.5%；“中国制造2025”加快实施，工业化和信息化深度融合；新型城镇化扎实推进，2016年年末，常住人口城镇化率为57.35%，比2012年年末提高了4.78个百分点；京津冀协同发展有序推进，雄安新区启动设立。2017年上半年，中国经济增长6.9%，新增城镇就业735万人。[③]从人民需求满足的角度看，人民群众获得感显著增强。党和政府千方百计地增加居民收入，到2016年，全国居民人均可支配收入23821元，比2012年增加7311元，年均实际增长7.4%；精准扶贫、精准脱贫深入实施，2016年农村贫困人口4335万人，比2012年减少5564万人；直面居民看病难、看病贵问题，持续深化公立医院改革，2016年年末，全国医疗卫生机构数达到98.3万个，其中医院2.9万个，比2012年年末增加0.6万个，2016年年年末，参加基本养老、城镇

---

① 习近平．高举中国特色社会主义伟大旗帜 为决胜全面小康社会实现中国梦而奋斗［N］．人民日报，2017-07-28:（1）．

② 石仲泉．中国特色社会主义进入新的发展阶段［J］．人民论坛，2017:（22）．

③ 数据参见中华人民共和国国家统计局．新理念引领新常态 新实践谱写新篇章——党的十八大以来我国经济社会发展成就辉煌［EB/OL］.［2017-10-10］.http://www.stats.gov.cn/tjsj/sjjd/201706/t20170616_1504091.html.

基本医疗、失业、工伤和生育保险人数分别比2012年年末增加9981万人、20751万人、2864万人、2879万人和3022万人；回应百姓对食品安全的关切，修订《食品安全法》；取消和下放多项行政审批事项。[①]

（二）新阶段面临不均衡发展的新问题

中国特色社会主义是一个充满矛盾的逻辑性发展，推进到如今的阶段，确实是进入了一个新的发展阶段，这就是当年小平同志所预言的，总有一天，发展起来以后的问题会突出出来。现在恰恰是这个阶段，一个更高级的阶段，也是党的十八大以来开创的一个崭新局面，不发展的问题基本上解决了，发展起来以后的问题逐渐成为突出问题，“而发展起来后出现的问题并不比发展起来前少，甚至更多、更复杂”[②]。然而，当前社会主义仍然处于初级阶段，经济社会建设还面临很多没有弄清楚的问题和亟待解决的难题，中国的发展成就和问题交织、“超常性”与不平衡性并存，是中国特色社会主义进入新的发展阶段的根本前提。

从经济社会发展角度来看，当前中国经济社会发展不平衡，这种不平衡体现在精神文明和物质文明发展的不平衡，东、中、西部地区发展的不平衡，城乡发展不平衡，各阶层人群收入差距的不平衡，发展空间和发展机会的不平衡，劳动力、资源、环境投入及其回报的不平衡，经济发展与社会治理发展出现的不平衡等方面。从人民需要发展的角度看，经过改革开放近40年的发展，我国社会生产力水平明显提高，人民生活显著改善，对美好生活的向往更加强烈，“人民群众期盼有更好的教育、更稳定的工作、更满意的收入、更可靠的社会保障、更高水平的医疗卫生服务、更舒适的居住条件、更优美的环境、更丰富的精神文化生活”，[③]人民群众的需

① 数据参见中华人民共和国国家统计局．新理念引领新常态　新实践谱写新篇章——党的十八大以来我国经济社会发展成就辉煌［EB/OL］.http://www.stats.gov.cn/tjsj/sjjd/201706/t20170616_1504091.html.

② 习近平．习近平总书记重要讲话文章选编［M］. 北京：中央文献出版社，2016：276.

③ 习近平．高举中国特色社会主义伟大旗帜　为决胜全面小康社会实现中国梦而奋斗［N］. 人民日报，2017-07-28（1）.

要呈现出多样化、多层次、多方面的特点，体现个性化特征的商品和服务成为人们的追求，并且人民群众的科学意识、自主意识、平等意识、参与意识、竞争意识和权利意识也都在不断增强。

（三）新阶段呈现发展共享化的新趋向

在经历了大规模脱贫和财富总量迅猛增长两个阶段之后，中国社会经济发展的旧矛盾解决了，新矛盾、更高级的矛盾又出现了——在新的历史阶段，我国社会生产力水平与人民群众的需求二者的关系发生了新的重大变化。这就要求我们整个经济与社会的发展要告别过去的模式，进入一个中高速度、更注重质量的，全面、公正、协调的共享化新发展。

新阶段的发展趋向绝不是经济“单打一”的发展，而是一个全面、共享的发展，要与“五位一体”的总体布局和“四个全面”的战略布局协调起来，要逐步化解“生产性”与“可分享性”之间的矛盾。这种全面共享化的发展既涉及发展方式的变革，又蕴含价值层面的完善，强调新阶段的发展要突出强化现代化的社会主义属性以及对人民具体的、现实的需要的满足。为此，习近平总书记在“7·26”讲话中提出了两个着力点。一是从总体层面上要“更好地解决我国社会出现的各种问题，更好地实现各项事业全面发展，更好地发展中国特色社会主义事业，更好地推动人的全面发展、社会全面进步”；二是从部分层面要“抓重点、补短板、强弱项”，特别是“要坚决打好防范化解重大风险、精准脱贫、污染防治的攻坚战”。也就是说，新阶段要总体推进，重点突破，要注重经济社会的全面进步，实现更高质量，更有效率，更加公平的全面性、协调性、平衡性发展；同时，要注重人民的全面共享，把解决人群与地区收入差距问题、扶贫攻坚问题，带到新的发展环境中，用“强起来”的新手段去解决，不断强化经济社会发展的共享化。

从中国特色社会主义发展的历史进程来看，中国特色社会主义新的发展阶段是一个承上启下、继往开来的阶段。习近平总书记提出的“中国特色社会主义进入了新的发展阶段”是对我国社会主义经济发展新实际、新特征的客观描述和准确揭示，也是解决发展新问题来满足当前人民新需求的实践方案和现实要求。社会主义公有资本作为中国特色社会主义市场经济主体——公有制的存在形式，在中国特色社会主义事业中一直发挥着重要作用。在中国特色社会主义发展新阶段，对公有资本基本属性及其衍生特征的把握和利用，对新阶段中国社会经济实现全面、公正、协调的共享化发展具有重要的意义。

三、新阶段公有资本属性衍生特征的确认和发展共享化的实现

习近平曾明确强调："当前，全党面临的一个重要课题，就是正确认识和妥善处理我国发展起来后不断出现的新情况、新问题。"[①]在中国特色社会主义发展的新阶段，共享化发展作为新的发展趋向，不仅涉及生产力层面的问题，还包括社会生产关系层面的问题。在生产发展的基础上，追求成果共享，实现共同富裕，构成了社会主义生产关系的本质规定。在生产环节解放和发展生产力，要注重系统性、协调性，通过深化改革和创新驱动，全面提高经济发展的质量和效益，生产出更加丰富的物质和精神产品；在分配方面要兼顾各行业、各阶级，注重公平性、共享性，体现社会主义制度的优越性，让人民有更多的获得感。"公有资本"这一范畴将"以人为本"的"公有制"和"以资为本"的"资本"两种性质完全不同的经济主体耦合起来，内含了高度生产性与广泛分享性的统一。可以说，社会主义公有制经济与发展共享化本质上是一致的，也可以说，公有资本与共享化发展是一种内生关系。因此，公有资本实现自身资本属性的确认和制度属性的回归，进一步发挥了自身高度生产性和广泛分享性，对公有资本理论的完善和共享化发展实现具有重要意义。

（一）以确认公有资本属性的衍生特征来完善公有资本理论

公有资本作为资本的类型之一，具有资本所具有的固有属性，但公

① 习近平．习近平总书记重要讲话文章选编［M］．北京：中央文献出版社，2016：30.

有资本的特殊性在于它的“公有”性质，也就是说，公有资本具有双重属性，即增殖性和制度性。公有资本的增殖性，就是积极发挥资本增殖的一般属性；公有资本的制度性，则体现在其在社会主义市场经济中无法回避的社会主义制度属性。

公有资本的增殖性和制度性决定了公有资本的高度生产性和广泛分享性。

一方面，资本的本质是追求无止境的价值增殖，这使得资本在经济和生产力发展进程中必然具有一种内在的扩张动力，成为推动社会经济发展的物质力量。资本的本质决定了公有资本的增殖性，而由公有资本的增殖性决定、作为生产要素范畴的公有资本在市场经济多元动力系统中具有高度生产性的特征。在资本运动过程中，公有资本基于本身体量大、市场关系广、信用程度高的优势，按照市场经济运行的要求，通过国有控股等形式进行合理流动和重新组合，快速地活跃于更多的领域和更大的市场范围，放大了资本的功效，避免了边际效用递减，n倍的投入产生大于n倍的产出，实现了资本再生产；在公有企业生产过程中，代表着劳动、劳动权益的劳动者和代表着资本、资本权利的企业经营者都参与劳动，实现了资本与劳动、生产资料与劳动者、资本权利和劳动权益的统一。劳动人民参与生产实践和管理决策，积累工作经验和生产知识，实现个人价值和全面发展，在“干”中完成一定程度上的劳动修复；在资本收益分配过程中，国家将一部分收益按劳分配给劳动者，保障其对自己和家庭基本生存发展需要的支付能力，将另一部分以税收和利润上缴等形式集中起来运用于医院、学校、公园等公共产品，来保障劳动者及其家人、子女对医疗、继续教育、社会福利等高支出产品的充分享受，实现劳动力再生产；同时，国家主导建设的基础设施，如道路系统、物流系统、供电设施、电视转播设施等，会进一步刺激劳动者对电视机以及网售产品等更高层次的消费需求，实现消费力再生产，体现出公有资本的高度生产性。

另一方面，作为社会生产关系范畴的公有资本，在社会主义市场经济中无法回避其社会主义制度属性，在其形成和运动过程中被深深地打上了社会主义制度的印记，体现了广泛的共享性。首先，根植于社会主义市场经济中的公有制以“解放生产力，发展生产力，消灭剥削，消除两极分化，最终实现共同富裕”为目标，实现了联合的劳动者与生产资料的直接结合，而公有资本更是以强有力的国家机器作为制度保障，将“公有制”和“资本”这两种性质完全不同的经济主体结合起来，体现了公有资本的劳动者“公共”所有制，并进一步决定了按劳分配的分配方式，从制度上保障了全体劳动者共有、共建、共享。其次，资本的公有性质决定了公有资本在投向、规模等方面一开始就要受到社会主义国家有力的宏观调控，服从于社会主义国家利益，服从于广大劳动人民群众的根本利益，而非完全是由剩余价值规律来决定。当市场利益最大化与社会利益最大化两种原则发生冲突时，公有资本就要选择社会利益而适当放弃市场利益。最后，由于公有资本的所有方式及其收益的分配方式实现了劳动者利益、机会、身份、权利的共享，公有资本不仅在就业、教育、社会保障等诸多方面都起到了无与伦比的作用，而且，公有制经济中的劳动者与所有者的统一，使劳动者能够通过劳动和民主决策的方式积极参与企业生产决策的各个环节，积极地构建社会分配过程中的规则公平，使劳动者的“获得感”不仅体现在物质利益的分享方面，而且能够体现在主体性得到充分尊重、创造性得到充分发挥、本质性得到充分展现的共享方面。

因此，如果认可公有资本的增殖性和制度性的双重属性，那么从公有资本的双重属性中推衍而出、从属于其双重属性的公有资本的高度生产性和广泛可分享性，便可称为公有资本属性的衍生特征。要科学把握公有资本的属性，正视公有资本的高度生产性和广泛可分享性特征，实现公有资本理论在中国特色社会主义发展新阶段的补充和完善。

（二）把握公有资本属性的衍生特征以实现发展共享化

公有资本对发展共享化的实现具有两个方面的重要作用：从生产力角度看，建立在公有资本高度生产性基础上的公有资本的发展壮大，为国家提供了宏观社会领域的共享的重要物质基础；从社会生产关系角度看，依托公有资本高度分享性的公有企业内部的和谐共享的经济关系，引领其他性质企业朝着和谐共享的方向发展，从而扩大了共享发展的层次和范围。

新阶段共享化发展的实现需要在客观上要求我们进一步把握和利用公有资本的高度生产性和广泛分享性。把握公有资本的高度生产性至少应注意4个层面的内容，即公有资本的增殖性、公有资本的运动性、公有资本的竞争性和公有资本的风险性，具体涉及公有资本与公有企业中工人的关系、公有资本与私有资本的关系、公有资本运营中效率和公平的关系、公有资本与政府的关系等一系列问题的解决。把握公有资本的广泛分享性首先应明确公有资本并不是一种只考虑经济利益的完全意义上的资本，它实际上是一种准资本，它所经营的企业始终只能是相对独立的利益主体，政企分开也不可能是完全意义上的彻底分开。其次，针对当前中国公私资本比重在现实经济运行中发生了明显变化、私人资本运行规律作用范围的不断扩大、公有资本主导作用日益削弱的状况，应该旗帜鲜明地完成公有资本的制度属性的回归，扩大公有资本及其按劳分配的比重，加大有利于公有资本主导作用发挥的混合分配制度和混合所有制的改革力度，并在私营企业扩大工人对私人资本的持股比重。

参考文献

[1] 陈鹏.社会主义公有资本运行模式是对资本主义私有资本运行机制的扬弃［J］. 马克思主义研究，2017（4）.

[2] 江泽民.高举邓小平理论伟大旗帜把建设有中国特色社会主义事业全面推向二十一世纪——在中国共产党第十五次全国代表大会上的报告［M］. 北京：人民出版社，1997：3.

[3] 胡锦涛.在“三个代表”重要思想理论研讨会上的讲话［M］. 北京：人民出版社，2003：26-27.

[4] 胡锦涛.中共中央关于全面深化改革若干重大问题的决定［M］. 北京：人民出版社，2013：19.

[5] 胡锦涛.高举中国特色社会主义伟大旗帜 为夺取全面建设小康社

会新胜利而奋斗［M］. 北京：人民出版社，2007：33.

［6］胡锦涛．坚定不移沿着中国特色社会主义道路前进 为全面建成小康社会而奋斗［N］. 人民日报，2012-11-19（1）.

［7］习近平．高举中国特色社会主义伟大旗帜 为决胜全面小康社会实现中国梦而奋斗［N］. 人民日报，2017-07-28:（1）.

［8］石仲泉．中国特色社会主义进入新的发展阶段［J］. 人民论坛，2017:（22）.

［9］习近平．习近平总书记重要讲话文章选编［M］. 北京：中央文献出版社，2016：276.

［10］习近平．高举中国特色社会主义伟大旗帜 为决胜全面小康社会实现中国梦而奋斗［N］. 人民日报，2017-07-28（1）.

第六章　垄断资本主义理性化改良理论与实践研究*

李灵燕　石高宏**

（西北大学经济管理学院；陕西　西安　710127）

[内容提要]　运用马克思主义政治经济学的立场、观点和方法，对西方发达资本主义国家在“经济大萧条”后所进行的制度变革的指导理论和实际做法进行批判性考察，总结这些制度变革的原则、本质和局限性，并论证为什么在不改变资本主义基本经济体制的情况下，局部的制度调整不可能克服体制整体的深层次矛盾，从而不可能保障民众收入和福利的持续提高。

[关键词]　**资本主义　改良　垄断权力　国家干预**

20世纪30年代，西方发达资本主义国家发生了经济大萧条，关于“市场机制能自动实现充分就业、经济增长和国民收入合理分配”的信念受到巨大冲击。主流经济学转向关注资本积累过程固有的、无法自我纠正的不稳定和危机倾向。这种研究重心的转向既发生在公司治理和产业组织经济学领域，也发生在宏观经济学领域。

---

* 本文的研究工作受国家社会科学基金项目（编号：12XJL001）资助。

** 李灵燕，女，重庆人，西北大学经济管理学院副教授，经济学博士，主要研究方向为马克思主义经济学；石高宏，男，陕西澄城人，西北大学经济管理学院副教授，经济学博士，主要研究方向为企业理论与战略管理。

这些理论都属于国家干预学说，旨在探讨如何通过公司治理结构的变革、政府的产业管制和宏观调控措施来提高经济运行的效率和稳定性，以及实现收入分配的合理性。在这些理论的引导下，西方资本主义国家发生了一系列的政治和经济制度变革，包括限制和规范大公司内、外部集中控制权的行使，保障中小企业家、劳工和农民等利益群体的权益，增加政府税收和赤字支出，建立福利国家等。

在二战结束后近30年的时间里，西方发达资本主义经济经历了一个“黄金时期”。不仅实现了经济的持续增长，还造就了庞大的中产阶级，收入差距大大缩小。该时期资本主义经济运行的良好表现使得主流经济学家宣称“资本主义已通过政治和经济变革形成了理性运行的新秩序，能实现经济的持续增长和民众福利的普遍、持续改善”。

然而，到20世纪70年代中期，西方发达资本主义经济陷入“滞胀”危机。面对经济衰退、通货膨胀和政府财政危机的困境，这些国家规范和调节资本积累过程的制度结构在20世纪70年代末和80年代初再次发生了深刻的变革，从调节主义制度结构转向以“减税、放松管制和开放市场”为特征的新自由主义制度结构。

在进行新自由主义变革后，这些国家成功地吸引了全球资本的大规模流入，金融市场获得了大扩张和繁荣，经济也恢复了增长。尤其是在20世纪90年代中期，美国发生了高科技革命，产生了“高增长、高就业和低通胀”的经济奇迹。

尽管新自由主义制度变革为资本获利创造了条件，但也产生了经济不稳定、收入分配不平等程度上升、环境污染和自然资源短缺等问题。尤其是2008年美国金融危机爆发后，西方发达国家经济陷入严重衰退，产出、收入和就业都下降了相当大的幅度，并出现了政府债务危机、民众收入和福利被大幅削减等严重的政治和社会问题。这引发了民众大规模的反抗运动。

在这样的背景下，西方发达资本主义国家的激进左翼联盟开始复兴。不可避免地，许多激进左翼学者重新对马克思的危机理论产生了兴趣，试图从资本主义积累体制内部寻找危机和困境的根源。他们以劳资关系为主线，对20世纪50—60年代的资本积累模式与20世纪80年代以来的资本积累模式进行了对比分析。

仔细考察这些学者对资本主义体制的批判可以发现，他们并不主张对资本增殖法则主导的经济体制进行全面、深刻的变革，而只是批判新自由主义制度结构规制下的资本积累模式。他们建立在这样的共享信念基础上：调节主义制度结构能实现稳定、和谐的资本积累。他们把新自由主义制度变革视作金融垄断资本集团控制国家政治过程和政府决策的结果，认为其目的在于为金融垄断资本集团获利提供制度支撑，以破坏“黄金时期”的积累制度结构和剥夺工人曾赢得的权利为代价，导致真实资本积累率降低、金融和经济不稳定、工人收入和福利增长的停滞。

因此，这些学者相信，通过大众民主政治力量打破金融垄断资本集团对政治过程和制度制定的控制，重建调节主义制度结构，就能恢复高资本积累率以及实现民众收入和福利的普遍、持续增长。

问题在于，如果不发生新自由主义制度变革，资本主义“黄金时期”表现出的高资本积累率与劳动者高收入与福利并存的状况就可以持续下去吗？更进一步地，在不改变资本增殖法则对社会生产体系支配地位的情况下，可能通过局部制度变革实现可持续的稳定、和谐积累吗？

本文运用马克思主义政治经济学的立场、观点和方法，对西方发达资本主义国家在“经济大萧条”后发生的制度变革的指导理论和实际做法进行批判性考察，总结这些制度变革的原则、本质和局限性，并论证为什么在不改变资本主义基本经济体制的情况下，局部制度调整不可能克服体制整体的深层次矛盾，从而不可能保障民众收入和福利的持续提高。

一、产业组织经济学理论发展与制度变革

新古典产业组织经济学理论证明，完全竞争市场结构能实现资源配置的帕累托最优结果和国民收入的合理分配。但是，自19世纪末20世纪初

起，许多重要产业都出现了产业集中度不断提高的趋势，以致形成了由少数几家大企业控制的寡头市场结构，这使得新古典经济学理论基础的坚实性受到质疑。

自20世纪30年代起，西方主流经济学转向研究单个产业的垄断竞争和不完全竞争市场结构，指出现实世界中市场机制的效率损失，并探讨如何通过产业管制来提高资源配置效率。不完美市场研究的典型路径是：首先把完美竞争模型当作资源配置效率的参照体系（而不去考察其是否与现实相一致）；然后说明现实市场偏离竞争均衡的原因和后果。显然，这种分析方法建立在关于完美竞争市场的不现实假设基础上，是完美竞争理论的继承者。不完美竞争市场理论的可信性依赖于完美竞争理论，因而神圣化了竞争标准，具有形而上学的性质。

20世纪50年代和60年代，美国经济出现了持续繁荣。在该时期，大公司获得了丰厚的利润，且看起来拥有了对市场强大和持久的控制力。在该时期，经济学家开始研究成熟产业的市场结构与利润率的关系问题。

卡莱茨基将垄断定义为某个产业内主要在位企业将产品价格提高到生产成本之上的能力。这是一个一般性的概念，可对不同的市场结构进行统一的分析。这个概念同样建立在完全竞争模型基础上。在完全竞争模型中，当市场达到均衡时，任何产业的经济利润都为零。以完全竞争模型作为基准，卡莱茨基将现实产业中存在的正经济利润解释为存在不同程度的垄断，垄断程度越高，利润率就越高。

卡莱茨基通过研究指出，二战结束后，美国的大多数产业已呈现出稳定的寡头市场结构。具体来说，这些产业的典型特征是，某一产业的大部分投资和产量被控制在三四家大企业手中，并且，市场需求已饱和，在位企业的生产能力已超过其可充分利用的程度，这使得新企业的进入变得非常困难。

由于认识到当代产业的“成熟”和“寡头垄断”特征，产业组织学家转向研究决定某一产业垄断能力高低（从而利润率高低）的各种因素，并使用结构主义的静态方法进行研究。提出的决定垄断程度的主要因素包括在位企业的竞争程度、新企业进入的可能性、替代品的威胁、供应方的讨价还价能力和买方的讨价还价能力等。重点研究产业集中度与利润率（垄断能力）间的相关关系。

波特提出了衡量这些决定因素的具体指标。例如，他提出的评价新企业进入可能性的主要指标包括：①大规模经营的优势；②消费者眼中的产品差异化程度；③资本需求；④转换成本；⑤获得分销渠道的难易程度；⑥获得政府批准的难易程度；⑦预期的报复程度。

又如，衡量在位企业竞争激烈程度的主要指标包括：①竞争者多少；②竞争者势均力敌程度；③产品市场增长速度；④固定成本高低；⑤转换成本高低；⑥扩大生产能力困难程度；⑦形形色色的竞争对手；⑧战略利润高低；⑨退出壁垒高低；⑩受其他产业影响大小。

此外，关于寡头间合作与竞争行为的博弈论分析方法也得到了发展，试图揭示垄断寡头通过在决定价格和产量上采取非公开勾结的协同行动，赚取稳定的超额利润。

由于产业组织经济学理论证明了现实市场不能自动实现公平竞争和资源的帕累托最优配置，为了维持工业发展的动力和产业体系的平衡，政府实施了一些重要的产业管制制度。主要包括：

第一，监管机构为关键性的自然垄断行业（主要是公用事业）制定价格和标准，公众通过大型垄断公司（涉及公用事业、特定路线的航空运输、卡车、公路和电话业等）在大致公平的条件下享受这些服务。

第二，对于寡头垄断产业，政府用《反托拉斯法》对寡头垄断企业的限制竞争和进入、贸易和价格歧视的做法加以规范和约束。

第三，立法者对当地社区（如小型公司、地区零售商和农场主）的利益给予特殊照顾。具体措施包括：小农场主获得了联邦政府的价格支持，在制定农业政策时拥有发言权，农场合作组织获得联邦反垄断法的豁免；小型零售商通过自由贸易法和联邦的《罗宾逊—帕特曼法案》获得了保护（法案规定，无论零售商规模大小，批发商索要的批发价都一样，这就防止了连锁店压低价格），使其可以抗衡连锁零售商；连锁零售商获许组成庞大的全国性组织，以抗衡大型制造商的市场影响力。

二、宏观经济学理论发展与制度变革

与以往发生的衰退（如1893年、1907年、1920年发生的衰退）不同的是，西方发达资本主义经济在20世纪30年代陷入持续萧条中，经济缓慢增长，失业率居高不下。例如，1937年，美国总产出才重新达到1929年的水平，失业率仍然高达14.3%；1938年，美国经济又出现了急剧下滑，使得1932年以来经济增长获得的成绩失去了一半，且失业率上升到19%；到1940年美国宣布参加二战时，失业率仍然为14%。

这引发了关于经济长期萧条原因的大讨论。凯恩斯和汉森等提出，资本主义经济体制已处于稳定的停滞状态，不能自我恢复。他们驳斥了萨伊定律（供给自动创造需求）这一“市场机制能自动实现充分就业”观点的理论基础，认为国民生产总值是由需求决定的。他们进一步指出，由于消费需求是相对稳定的，资本主义经济增长主要是由投资需求增长驱动的，而在资本主义体制下，投资由利润率决定。随着资本存量的增加，一方面，资本品的生产成本上升；另一方面，投资会提高生产率，使得消费品价格降低。因此，新投资利润率呈下降趋势，即新增投资的利润率小于原来投资的利润率，从而经济实际增长率必然越来越小于充分就业时的增长率，经济具有陷入低增长和就业不足的趋势。

凯恩斯主义经济学家指出，停滞是成熟阶段资本主义经济的常态，可能长期保持，既没有明显复苏的趋势，也没有完全崩溃的趋势。他们引导民众相信，可以在不改变资本主义基本经济制度的前提下，通过政府对经济的理性管理来有效地克服经济停滞问题，实现充分就业和经济稳定增长。例如，通过增加政府赤字支出增加有效需求，或者通过降低利率刺激私人投资。他们指出，在资源未得到充分利用的经济中，政府赤字支出增加会引起国民收入的更大增长，因而可以用政府税收的增加来弥补财政赤字。这既为政府干预经济提供了合理性依据，又避免了对资本主义基本经济制度进行变革。

施泰因德尔（1965）从资本主义产业体系的垄断和成熟角度分析了停滞的原因。大公司都试图提高利润率，但总是受到有效需求不足的威胁，原因在于收入分配的不平等和以工资为基础的消费所具有的弱点。新投资可以缓和萧条局面，但是，这又会增加生产能力，即会扩大潜在的商品供应。因此，在现有的生产能力得不到充分利用时，大公司是不会进行新的投资的。面对呈下降趋势的最终需求，垄断公司不会降价，而是削减生产量、降低生产能力和减少新的投资，以尽可能地保持现有的价格和利润率。可见，与自由竞争体制下的情况相比，垄断资本主义体制下的大公司倾向于扩大利润率（或提高剥削率），这会产生大量过剩生产能力，从而产生走向经济停滞的强大趋势。

尽管凯恩斯主义宏观经济学理论驳斥了新古典经济学所依赖的萨伊定律和充分就业假设，揭示了资本积累过程的内在矛盾，这与马克思主义经济学关于资本主义生产扩张存在极限的观点有类似的一面，但是，他们却并不认为这种阻碍需要从整体上变革资本主义生产体制来克服，而认为可以通过政府对经济的宏观调控来实现充分就业的稳定增长。

二战结束后，西方发达资本主义国家政府干预经济的力量大大增强。国家肩负起实现充分就业的经济增长的责任，政府税收和支出大大增加。例如，美国联邦政府对最富有的人群和利润最丰厚的公司征收较高的边际所得税，并把大部分收益用于对抗苏联的国防事业，包括国家高速公路系统、高等教育、新型技术的开发、航空航天业的大规模订单，以及为保证美国大公司利益而扩展海外市场和保障自然资源供应的对外政策。此外，政府的教育和社会福利等民用支出也大大增加。

这样，由政府支出支持的公共部门规模不断膨胀。公共部门可分为两类：一是政府自己组织的商品生产和服务，如邮政、教育、公共医疗等部门；二是工业企业在与政府签订合约的情况下组织生产，如军事装备和物资、基本建设和公路建设等部门。20世纪50—60年代，政府投资和消费支出的增加为资本积累创造了有利条件，实现了持续的经济繁荣。

三、公司治理理论发展与制度变革

在经济大萧条后，公司治理结构理论和实践也发生了深刻变化。

伯利和米恩斯（1932）提出了大公司“所有权和控制权分离”理论。他们指出，公司股票所有权已变得极为分散，以至于没有任何个人或集团股东能有效地挑战或影响管理者的控制权。分散的股东虽然是企业的所有者，但他们对企业的经营管理一无所知，也不愿意积极地参与其中，而变成了被动的财富接受者。管理者则承担起决定财富使用和分配的主动的或创造性的职责的权力。

所有权与控制权的分离破坏了财产的传统逻辑，产生了这样的问题：放弃了对自己财富的控制权的所有者是否应得到最大限度的保护？公司应根据谁的利益进行管理？

伯利和米恩斯认为，态度消极的企业股东由于交出了对本性活泼的财产的控制权和相关责任，进而放弃了按照其愿望经营企业的权力。因此，从严谨的财产权法则中，我们可以看到的全部内涵是社会将不再对其承担保护义务。他们强调指出，公司制度要生存下去，对巨型公司的控制就必须发展成为一种纯粹中立的技术管理制度，维护对公司有直接影响的各种利益集团的公平和平衡，包括股东、员工、顾客和一般民众。

在法律层面上，股东和管理者所拥有的基本权益仍然受到保护。但是，这些对于企业的传统财产权必须首先服从于社会的根本利益。社会有权要求现代企业不仅仅服务于它们的所有者和管理者，还要考虑广大民众的整体福祉。也就是说，企业拥有某些类似于政府部门的公共特征，对广大民众负有特定的义务。

伯利和米恩斯提出的理念受到试图进行社会改革的政治家和法官的关注。例如，美国“新政”时代的法院逐渐倾向于企业应服务于公众的观点，法律体系的价值取向发生了重大改变。立法机关和法院取消或削弱了股东的绝大多数重要权利，把股东权利授予了经营者，以实现集中控制，并允许管理层行使非常大的“自治”权力，进一步扩大了管理层的特权。

法院允许公司高级职员在行使其对内部事务的管理权时享有相当大的裁量权，因而使公司自治的范围扩大了。现代公司组织除去营利功能外，还在政治和社会考虑的基础上运作。

20世纪50—60年代，寡头垄断体系和生产扩张使大公司获得了丰厚的利润。在具备了创造自己资本的能力后，大公司便从对资本市场的依赖中解放出来，使公司管理者有能力承担起公司政治家的职责。他们能保证蓝领员工有丰厚的薪水和福利，而无须担心竞争者可能会挤垮他们；他们可以到华盛顿为“马歇尔计划”进行游说，而不必忧虑某个对手会夺走其市场份额。他们组成经济发展委员会，推动了1946年《就业法》的出台，该法令促使美国致力于充分就业计划，并将此作为一项国民经济政策的官方目标。

大规模生产创造的利润在投资者、员工和其他利益群体中进行了分享。在利润分配的谈判中，有组织的力量通过政府行为被提升和增强。美国大约有1/3的员工隶属于工会组织，工会推动了集体议价法案的出台。

1945—1975年，美国最大限度地实现了收入平等，不仅为民众提供了大量待遇优厚的工作岗位，还为更多的人带来了更大的经济保障，大众收入和福利大大提高了。在该时期，伴随着生产力的发展，美国员工的工资和福利每年平均增长2.5%～3%，普通中等家庭的收入总共增长了1倍。由于国家实行了五天工作制，员工的工作时间也缩短了。

到20世纪50年代中期，美国几乎一半的家庭成为衣食无忧的中产阶级，中产阶级家庭的税后收入为4000～7500美元。美国人在经济上日益平等。1%最富有的人占全部个人收入的比例，从1928的19%下降到1950年的7%。①

四、评 论

20世纪30年代西方资本主义国家发生经济大萧条后，主流经济学发生

① ［美］赖克．超级资本主义［M］．石冠兰，译．北京：当代中国出版社，2010：21-30.

了深刻的革命，转向揭示自由放任资本主义经济存在的效率损失、经济停滞和收入分配不合理等问题。但是，这些理论发展建立在这样的信念基础之上：可以在不改变资本增殖法则对产业体系运行的支配地位的情况下，通过对公司、产业和整体经济的理性管理和调节，实现充分就业的经济增长和民众收入的普遍提高。

事实上，20世纪50年代和60年代资本主义“黄金时期”所取得的良好经济表现与建立在大规模生产基础上的寡头垄断产业紧密相关，而寡头垄断产业体系之所以能获得稳定、丰厚的利润，与政府庞大的支出相关。这些因素相互强化，共同促进了经济的持续繁荣和利润的分享。

问题在于，这种状况是可持续的吗？政府干预不存在其自身的内在矛盾和危机吗？寡头垄断产业体系不会随着经济的发展而发生根本性的变化吗？在经典马克思主义经济学的分析中，资本主义生产体制具有内在的、永不停顿的变革动力，资本增殖法则对经济、社会和政治生活的支配地位难以变革，法律制度和政府政策的选择和实施效果在相当大的程度上由经济基础决定，因而不得不随着经济基础的变化而改变。

20世纪70年代以来，美国、日本和西德等西方发达国家的公司在国际贸易、投资和原材料控制权争夺等方面的竞争日益加剧。国际竞争意味着公司瘦身和精减生产过程的压力。在许多产业，如汽车和钢铁，原来的寡头市场结构遭遇了最激烈的国际竞争。

国际竞争的加剧使得产品价格无法上升到足够高的水平，以弥补20世纪60年代末期单位劳动成本的上升，这导致了西方国家公司利润边际的下降和对外部融资需求的上升。并且，随着西方国家产业资本和金融资本的国际化，政府通过财政政策和货币政策干预国内经济以及国际贸易和投资的能力大大降低了。

面对国际竞争加剧、政府陷入财政危机、公司利润率下降和对外部融资依赖程度上升的新经济形势，美国和英国等国政府不得不改变判断垄断的标准，放松对公司购并的干预；不得不通过提高利率和放松金融管制来吸引短期资本流入美国，以便为公司投资和政府支出的增加提供大规模、低成本的资金来源。

可见，在不改变资本主义生产体制主导法则的前提下，由资本增殖条件改善驱动的资本主义发展，会自发趋向资本增殖条件的恶化，从而使民众获得的权益提高难以为继。这正是自20世纪80年代以来，西方发达国家在“黄金时期”所取得的“民主资本主义”成就难以为继的深层次原因。

参考文献

[1] Boddy，Raford and Crotty，James R.. Stagnation，Instability and International Competition[J]. *The American Economic Review*， May， 1976.

[2] [美]林恩.新垄断资本主义[M].徐剑，译.北京：东方出版社，2013.

[3] [美]赖克.超级资本主义[M].石冠兰，译.北京：当代中国出版社，2010.

[4] [英]凯恩斯.就业、利息和货币通论[M].李欣全，译.佛山：南海出版公司，2010.

[5] [美]伯利，米恩斯.现代公司与私有财产[M].甘华鸣，等，译.北京：商务印书馆，2005.

[6] [美]波特.竞争战略[M].陈小悦，译.北京：华夏出版社，2005.

[7] [美]德伯.公司帝国[M].闫正茂，译.北京：中信出版社，2004.

[8] [美]福斯特.21世纪资本主义的垄断与竞争[J].每月评论，2002（1）.

[9] [英]鲍曼.现代公司与美国的政治思想[M].李存捧，译.重庆：重庆出版社，2001.

第二篇

新时代中国特色社会主义政治经济学的五大发展理念

第七章　马克思创新思想视角下创新驱动发展战略的实现路径 *

栗佳雯 **

（西北大学经济管理学院；陕西　西安　710127）

[内容提要]　创新驱动发展战略，是在我国当前传统人口红利消退、环境资源约束趋紧的背景下，为转变经济发展方式、实现内生增长发展的必然选择。本文以马克思创新思想为视角，分别从创新的主体、创新的动力和创新的形式出发，系统梳理了马克思的创新思想，结合我国创新驱动发展战略的现实内涵，可为推动创新驱动发展战略的实施提供思路。

[关键词]　**创新驱动发展　马克思创新思想　路径分析**

2016年5月，中共中央和国务院印发《国家创新驱动发展战略纲要》，明确提出了实施创新驱动发展战略的战略背景、战略要求、战略部署、战略任务和战略保障，指出实现创新驱动是一个系统性变革，要按照“坚持双轮驱动、构建一个体系、推动六大转变”进行布局，构建新的发展动力系统。创新驱动发展战略是我国经济发展进入新常态后所作出的重大决

* 本文受陕西省社会科学基金项目“中国特色社会主义政治经济学的创新发展研究”（批准号：2016ZDA18）资助。

** 栗佳雯，西北大学经济管理学院硕士研究生。

策，探索创新驱动发展战略的实现路径是创造新经济增长点的有利契机，也是实现经济平稳运行的前提条件。马克思在其著作中虽然没有明确提出“创新驱动”这一概念，但其中确实蕴含着丰富的创新思想。本文通过梳理和挖掘马克思著作中的创新思想，结合当代创新发展战略的时代内涵，对发展战略的实现路径进行了分析，力图为推进创新型国家建设提供智力支持。

一、创新驱动发展战略的科学内涵

自创新驱动发展作为国家战略被提出以来，国内学术界围绕创新驱动发展战略的内涵与构成要素等议题展开了激烈的论争。创新驱动发展战略的内涵和构成要素旨在回应“创新驱动发展战略的本质是什么”的问题。当前围绕创新驱动发展战略的内涵与构成要素的研究，缺乏从整体上进行系统化的梳理及理论建构。因此，有必要通过对现有研究文献核心观点的剖析与整合，厘清究竟何谓创新驱动发展战略，在深化对现有理论认识的同时，为实践推动指明方向。

国内学者对于创新驱动的研究论证始于20世纪90年代中期，但是，直到中央将创新驱动发展战略视为当前国家重要的创新战略，学术界和政策层面才深刻认识到创新驱动对于国家发展的重要意义，对创新的认识和理解才不断地丰富和拓展起来。

在党的十八大正式提出创新驱动发展战略前后，国内以辜胜阻（2010）、刘志彪（2011）、洪银兴（2012）等为代表的一批学者立足经济转型升级视角，提出了需要构建“内需主导、消费支撑、创新驱动、均衡共享”的发展模式，并且具有前瞻性地探索了创新驱动发展战略的概念、逻辑及实践路径等①②③。2013—2016年创新驱动发展战略提出后至《创新驱动发展战略纲要》发布期间，洪银兴（2013）提出，创新发展战略是一

① 辜胜阻．转型与创新是后危机时代的重大主题［J］．财贸经济，2010（8）．

② 刘志彪．从后发到先发：关于实施创新驱动战略的理论思考［J］．产业经济研究，2011（4）．

③ 洪银兴．关于创新驱动和协同创新的若干重要概念［J］．经济理论与经济管理，2013（5）．

项系统工程，既涉及知识创新，又涉及技术创新；既涉及经济发展方式的根本性转变，也涉及相应的经济体制的重大改革。他的观点强调了创新驱动战略的系统性及关键内容。任保平（2013）等提出，创新驱动发展战略不是单一方面的创新，而是一种综合创新，是产业创新、科技创新、产品创新、制度创新、战略创新和文化创新所发生的综合协同作用。张来武（2013）认为创新驱动发展战略是以知识、信息等为主要投入要素，依靠企业家的市场选择，打造先发优势而增强综合国力和全面提高民生福祉。强调了创新投入、企业家作用以及创新目标。王兰英、杨帆（2014）提出创新驱动发展战略是指企业具有创造力和持续创新的原动力，从而形成强大的产业竞争力，驱使和推动经济发展。马一德（2014）认为创新发展战略的本质是为了富国强民、社会进步，其实施必须以知识产权制度为载体，同时，创新驱动发展战略实施必将推动知识产权制度的进一步变革。王海兵、杨慧馨（2015）认为创新驱动本质上是一项系统工程，应该包括资本、制度、组织、企业家等要素。李良成（2016）认为创新驱动发展战略是由政府对各种政策工具的组合、运用，以市场需求为导向，促进信息、人才、资本、技术等的自由流动，实施主体包含企业、大学、科研院所等。突出强调了政府的作用及创新的主体。2016年《创新驱动发展战略纲要》发布之后，王海燕、郑秀梅（2017）提出，创新驱动是通过知识、技术等要素的引入，突破资源要素的瓶颈，通过对各类创新资源的整合与盘活，实现传统经济发展动力的优化与升级。

综合现有研究的观点，可以明确创新驱动发展战略是一项系统工程，它不是某一方面的创新，而是全面、协调、综合的创新，是技术创新、知识创新、文化创新、制度创新、产业创新、管理创新等各类创新的集合体。此外，创新驱动发展战略的有效推动也离不开各种内部和外部条件平台的支撑，内部支撑条件主要包括信息、技术和资金，外部支撑条件主要包括政策环境、市场环境和金融环境，这些支撑条件也是创新驱动发展战略的要素组成部分，如果缺少其中某个条件，可能会导致战略实施的梗阻或终结。总之，对上述创新驱动发展战略构成要素的深入剖析，可以强化对创新驱动发展战略内涵的更为深刻的理解。

二、马克思的创新思想

熊彼特、保罗·斯威齐等学者认为，马克思最早提出了创新思想，熊彼特的创新理论只是马克思创新思想的传承。熊彼特曾指出他的创新理论源于马克思的创新思想，而且只是马克思研究领域中的一小部分。“从这种看来无足轻重的源泉，产生了——正如我们将要看到的——经济过程的一个新概念，它会克服一系列的根本困难，并从而证明我们在正文中对这一问题的陈述是正确的。这个问题的新陈述同马克思的陈述更加接近。因为根据马克思，有一种内部的经济发展，而不只是经济生活要与变化着的情况相适应。但是我的结构只包括他的研究领域的一小部分”①（这里的“新概念”指的就是“创新”这个概念）。当代西方著名的进步经济学家保罗·斯威齐也指出：“熊彼特的创新理论在于用生产技术和生产方法的变革来解释资本主义的基本特征和经济发展过程，熊彼特的理论与马克思的理论具有某些惊人的相似之处。”②熊彼特的学术生涯远在马克思之后，他认为自己对“经济过程新概念”的陈述更加接近马克思，保罗·斯威齐认为它们两者“有某些惊人的相似之处”。可见，马克思先于熊彼特提出创新思想就是理所当然的了。不过，马克思并没有专门界定“创新”，但他在理论论述过程中，对创新的关怀却是全方位的，他对创新的主体、动力、表现形式等都进行过相关论述。

（一）创新的主体

马克思认为“历史活动是群众的活动，随着历史活动的深入，必将

① ［美］熊彼特．经济发展理论［M］．北京：商务印书馆，2000：68.

② ［美］保罗·斯威齐．资本主义发展的理论（英文版）［M］．牛津：牛津大学出版社，1942：94–95.

是群众队伍的扩大"，因为"创造是一个很难从人民意识中排除的观念"。人民群众参与创造历史的实践证明，他们是创新的参与主体，正是他们的参与壮大了社会创新的力量，推动了历史不断前进。马克思还认为，是广大的工人阶级奠定了新社会的基础。他说："大不列颠的千百万工人第一个奠定了新社会的真实基础——自然界的破坏力变成了人类的生产力的现代工业。英国工人阶级以不懈的毅力、流血流汗、绞尽脑汁，为使劳动本身成为高尚事业并使劳动产品增加到能够实现普遍丰富的程度创造了物质前提。"恩格斯指出："历史是这样创造的：最终的结果总是从许多单个的意志的相互冲突中产生出来的，而其中每一个意志，又是由于许多特殊的生活条件，才成为它所成为的那样。这样就有无数互相交错的力量，有无数个力的平行四边形，由此就产生出一个合力，即历史结果，而这个结果又可以看作一个作为整体的、不自觉地和不自主地起着作用的力量的产物。"这里，马克思、恩格斯将人民群众和现代工人阶级看作是创新的参与主体，认为是他们以极大的推进力量促进了物质的极大丰富，推进了历史变革。至于创新主体，马克思在对人民群众创造历史的理解中，也包含着对英雄或杰出人物重要作用的肯定。古希腊时期的赫拉克利特认为："一个人如果是最优秀的人，在我看来就抵得上一万人。"马克思在论述中也认为："每一个社会时代都需要有自己的大人物，如果没有这样的人物，它就要把他们创造出来。伟大人物的出现纯粹是一种偶然，""如果我们把这个人去掉，那时就会需要有另外一个人来代替他，并且这个代替者是会出现的，不论好一些或差一些，但是最终总是会出现的。"马克思论述的字里行间充满了对人民群众的深厚情谊，同时也对杰出人物对创新的引领作用进行了充分肯定。杰出人物、科技人才的创新主体作用跃然纸上。

（二）创新的形式

创新的主要形式有科技创新和制度创新。"必须变革劳动过程的技术条件和社会条件，从而变革生产方式本身，以提高劳动生产力"[①]，"劳动生产力是随着科学和技术的不断进步而不断发展的"[②]，马克思在此提到的"变革生产方式"，可以认为是创新活动。而创新的对象则是科技和制度。

1. 科技创新

在马克思看来，科技创新是一个创新主体在一定的创新环境条件下，通过恰当的媒介而使创新客体转换形态、实现市场价值的一种实践活动，它是人类本质力量累积的变化和革新，是人类改造外部世界的本质力量从量变到质变的突破提升过程。也就是说，科学技术创新是把人为实现自己的目标作用于客体而创造的具有一定价值的前所未有的新成果的活动过程。

马克思在《资本论》中总结了科技创新的作用，主要有3个方面：一是为经济发展提供基本动力。科学技术是一种在历史上起推动作用的、革命性的力量。开展科技创新，尤其是将诸如新技术、新方法、新发明、新工艺等成果融入生产力的各个环节中去，不仅可以节约成本，还能在一定程度上提高劳动生产率，进而推动经济社会的发展。马克思在《资本论》中，以蒸汽机的发明为例，阐述了技术创新对推动生产力发展所起的重大作用。二是为保护环境、减少废物排放提供有效手段。马克思在《资本论》中专门探讨了废料排放与利用的问题，并且高度评价了技术创新所引起的机器设备的改良、生产方法的改变对废料废物的再利用所产生的重大作用，使得那些本来不能进行再次利用的物质，在新的生产中可以进行回收利用，这在一定程度上大大减少了浪费。依靠科技创新，可以充分利用废料，变废为宝，减少废物对环境的污染。三是为促进人的全面发展创造条件。马克思认为，机械发明的产生带动了生产方式的转变，这不仅能够简化一定的劳动强度，还能提高劳动生产率，当然，人们可以支配的时间也相应增加，从而就能有更多的时间进行创造。另外，随着社会生产力水平的不断提高、技术创新规模的不断扩大，人们的衣食住行、医疗保健等

① ［德］马克思．资本论：第1卷［M］．北京：人民出版社，2004：366.

② ［德］马克思．资本论：第1卷［M］．北京：人民出版社，2004：698.

基本生产逐渐得到改善，生活质量也得到提高，进而为人类的自由全面发展提供了坚实的物质基础。

2. 制度创新

制度创新是“社会条件”的“变革”，既包括分工、协作、运用新的生产组织形式和管理方式，又包括上层建筑和生产关系的革新。它是推动社会进步的重要力量，是促进经济发展的必要条件。生产力的发展导致了分工与协作。而分工与协作在进一步推动生产力不断向前发展的同时也会引起生产组织形式和管理方式的创新。正如马克思所言：“一个单独的提琴手是自己指挥自己，一个乐队就需要一个乐队指挥。一旦从属于资本的劳动成为协作劳动，这种管理、监督和调节的职能就成为资本的职能。这种管理的职能作为资本的特殊职能取得了特殊的性质。”资本主义生产力发展到一定程度之后便出现了现代经济组织，即企业。从企业组织形式看，股份公司是对私人财产资本的扬弃；从企业内部管理来看，职业经理人是对职能资本家的扬弃。这些体现了生产组织形式和管理方式的创新。

资本主义的基本矛盾决定了资本主义社会自身无法避免周期性的经济危机。“生产资料的集中和劳动的社会化，达到了同它们的资本主义外壳不能相容的地步。这个外壳就要炸毁了。资本主义私有制的丧钟就要敲响了。”取代资本主义的便是社会主义，这反映的是生产关系适应生产力发展要求的社会制度的革新，是历史发展的必然。

（三）创新的动力

1. 资本内在的逐利动机

资本家对剩余价值的追逐，是其进行创新活动的直接动力。“提高劳动生产力来使商品便宜，并通过商品便宜来使工人本身便宜，是资本的内在的冲动和经常的趋势”，资本逐利本性的突出表现是个别资本家有着追求超额剩余价值的内在冲动。个别资本家通过从事创新活动并把创新成果运用到生产经营过程中，便会提高劳动生产率，在一定时间内生产的商品数量增多，生产单位商品所花费的劳动时间减少，商品的个别价值降低。根据价值是由社会必要劳动时间决定的规律，此时资本家以略低于市场的价格去售卖其商品，不仅能提高其商品的市场占有率，而且还能攫取超额剩余价值。

2. 竞争的外部压力

一方面，个别资本家从事创新活动并把创新成果运用到生产经营过程中去获得超额剩余价值；另一方面，“价值由劳动时间决定这同一规律，既会使采用新方法的资本家感觉到，他必须以低于商品的社会价值来出售自己的商品，又会作为竞争的强制规律，迫使它的竞争者也采用新的生产方式”[①]。在激烈竞争的市场经济中，不创新就面临着被市场淘汰的危险，这使得一部分资本家“也采用新的生产方式”是为了保障其正常的一般利润率，改变自身在市场竞争中的劣势地位而不至于被淘汰。竞争使同一部门内的超额剩余价值逐渐消失，资本家都获得相对剩余价值，最终达到了新的均衡。然而资本的逐利本性使得一部分资本家在新的均衡基础上又展开下一轮的创新活动，以期获得超额剩余价值。

3. 市场需求的驱动

从需求侧来看，“在由于新发展起来的社会需求而开辟了新的市场、新的投资领域等的情况下”[②]，资本的逐利本性驱使其不断寻找新的市场和投资领域，通过创造新的使用价值来引导和满足新的需求，使得资本不断增殖。与此同时，由于新技术、新工艺、新产品或新行业往往会在其发展初期显现出巨大的潜力和美好的前景，资本便会竞相进入，使得市场和投资领域不断扩大。所以，发现新需要，并通过创新技术、工艺、产品甚至创造新的行业来生产新的使用价值以此满足新的需求，这是个别资本抢占市场先机、攫取超额剩余价值的有效方式。

---

① ［德］马克思．资本论：第 1 卷［M］．北京：人民出版社，2004：370–371.
② ［德］马克思．资本论：第 1 卷［M］．北京：人民出版社，2004：708.

4. 劳资双方的博弈

资本家为了攫取更多的剩余价值，就要尽可能多地占有工人剩余劳动时间。一种方式是延长剩余劳动时间，获取绝对剩余价值。采用这种方式的边界是工人生理和心理的极限，它不仅受历史和道德的制约，也遭到工人阶级的强烈反抗，因而“从16世纪直到大工业时代，资本始终没有能够占有工场手工业工人全部可供支配的劳动时间”[①]。在这种情况下，资本家采用另外一种方式延长剩余劳动时间，即在工作日不变的前提下，压缩必要劳动时间。这样就相对地延长了剩余劳动时间，获得相对剩余价值。采用这种方式的前提是提高劳动生产率，而劳动生产率的提高需要新发明、新技术来改进生产方式。在资本家的推动下，新发明、新技术不断地产生并应用于生产，工人原有的一些岗位逐渐被机器代替，工人失业和工资被压低的现象增多，这引起了工人的反抗、罢工。工人的对抗行为一方面又使资本家加快技术创新，进一步促进了新机器的发明与应用；另一方面也促进了资本主义法律制度的逐步健全和完善，工人的权益逐渐得到尊重和保护。

三、马克思创新思想视角下创新驱动发展战略的实现路径

(一) 从创新主体出发，“创新”要紧紧依靠人民群众

在2014年9月的夏季达沃斯论坛上，李克强总理提出，要在960万平方公里土地上掀起“大众创业”“草根创业”的新浪潮，形成“万众创新”“人人创新”的新态势。此后，他在首届世界互联网大会、国务院常务会议和各种场合中频频阐释这一关键词。每到一地考察，他几乎都要与当地年轻的“创客”会面。2015年，李克强总理在政府工作报告中又提出了“大众创业、万众创新”。他认为，推动“大众创业、万众创新”，“既可以扩大

① ［德］马克思．资本论：第1卷［M］．北京：人民出版社，2004：426.

就业、增加居民收入，又有利于促进社会纵向流动和公平正义”。在论及创业创新文化时，他强调“让人们在创造财富的过程中，更好地实现精神追求和自身价值”。当前“大众创业、万众创新”已经成为我国经济发展的关键，也成为实现“四个全面战略布局”的核心推动力，而且对今后我国扩大就业、增加居民收入也具有现实意义。这与马克思所提出的“历史由人民创造”“人民群众是创新主体”的说法不谋而合。“大众创业、万众创新”的大背景将成为无数互相交错的力量，由此就产生出一个合力，创新作为整体的、不自觉地和不自主地起着作用的力量的产物，将成为一种自然结果。“一花独放不是春，百花齐放春满园。”“一支竹篙，难渡汪洋海；众人划桨，开动大帆船。”在全面深化改革的征途上，推进“大众创业、万众创新”，是中国发展的动力之源，也是富民之道、公平之计、强国之策，打造“大众创业、万众创新”的宏大背景，形成创业创新的强大凝聚力，才会为创新战略装上“驱动之轮”。

（二）从创新动力出发，正确处理市场与政府的关系

通过总结“创新的动力”论述，可以看出市场经济之所以能够推动创新，在于激烈的竞争和短暂的超额利润的压力使得企业不得不创新，不创新就难以生存。然而，市场调节具有其自身的缺陷。马克思深刻阐述了私有制特别是资本主义制度下的市场功能及市场缺陷问题。他从简单商品生产和流通的角度分析了市场的功能和缺陷。认为市场机制作为调节手段，能自发地刺激社会生产力的发展，但由于私有制条件下政府计划和宏观调控作用的缺乏，市场机制的调节作用往往是盲目和滞后的。为避免市场失灵，马克思认为，私有制的商品经济的资本主义制度本身无法解决，公有制的政府计划调节经济可以解决。

当前，我国经济发展进入新常态，推进供给侧结构性改革、加快转变经济发展方式对创新驱动提出了新的更高要求，迫切需要我们最大限度地发挥市场配置资源的决定性作用。随着新科技革命和产业变革的孕育兴起，我国科技创新的主体更加多元、活动更加多样、路径更加多变、链条

更加灵巧，只有更好地发挥市场在创新资源配置中的决定性作用，才能真正提升创新的效率和效益。新形势要求我们把营造开放公平、创新友好的市场环境摆在更加突出的位置，着力加强知识产权保护、完善技术市场、壮大创新服务，扩大创新产品和服务的市场空间，为市场决定创新资源配置"保驾护航"。

然而科学和技术的外部性较强，存在较多市场失灵的领域，不能完全依靠市场机制配置资源。政府要在市场不能发挥作用以及企业无力或不愿意投入的领域发挥作用，起到对市场的引导和补充作用。一方面，政府的主要作用是营造有利于创新的外部环境。我国正处于转轨时期，政府在体制改革和制度建设方面具有不可替代的作用。目前，为营造有利于创新的制度和政策环境，应在少数地区开展自主创新综合示范区，以及创新型城市试点。应及时总结经验，逐步将成功经验上升为国家层面的制度和政策。另一方面，政府要在外部性和社会效益较大的领域加大投入。财政投入应重点支持基础研究、前沿技术、社会公益研究、重大共性关键技术研究等公共科技活动；加强创新基础设施建设，包括科技基础设施、信息基础设施、公共服务平台建设等。扶持中小企业创新创业，加强公共服务平台建设，为中小企业创新提供技术、标准和质量检测等各方面的服务；鼓励风险投资，完善多层次的资本市场，扩大中小企业创新融资渠道。

（三）从创新形式出发，发挥科技创新与制度创新的双轮驱动作用

科技创新与制度创新的发展并不是相互独立的，事实上它们互相作用，共同推动着创新驱动发展战略的实施。马克思在《资本论》中也论述了两者的关系。一方面，科技创新促进制度创新。马克思论述道，"社会的物质生产力发展到一定阶段，便同它们一直在其中活动的现存生产关系或财产关系（这只是生产关系的法律用语）发生矛盾。于是这些关系便由生产力的发展形式变成了生产力的桎梏。那时社会革命的时代就到来了。随着经济基础的变革，全部庞大的上层建筑也或慢或快地发生革命"。马克思将制度创新的根源归结于生产力与生产关系之间的矛盾，当生产关系

不适应生产力时，就要建立起符合时代发展的新制度。科技的创新引起生产力的发展，这种生产力的发展导致原有生产关系的不适应，从而引起生产关系的变革，推动制度创新。另一方面，科技创新依赖于制度创新。任何科技创新的顺利推进都需要适当的制度安排、制度环境与之相适应。马克思和恩格斯在《共产党宣言》中指出："资产阶级在它的不到一百年的阶级统治中所创造的生产力，比过去一切世代所创造的全部生产力还要多，还要大。自然力的征服，机器的采用，化学在工业中和农业在的应用，轮船的行驶，铁路的通行，电报的使用，整个大陆的开垦，河川的通航，仿佛用法术从地下呼唤出来的大量人口，——过去哪一个世纪能够料想到有这样的生产力潜伏在社会劳动力呢?"由此可见，马克思把制度创新看作是决定科技发展方向的一个基本前提和影响科技创新的一个基本因素。

创新驱动发展战略要更好地落实，需要两个引擎相互作用、统筹发展。一个引擎是硬引擎，就是硬创新，包括知识创新和技术创新，涵盖了技术发明、产品创新、服务创新和模式创新等。另一个引擎是软引擎，就是软创新，包括现代化全过程的制度创新，涵盖了政策创新、体制创新和文化创新等。在大力发展科技创新、大幅度提高创新能力和创新效率的同时，还需要重视制度创新，打通从创新到新产业、新经济和新社会的传递通道，建立通畅、高效的创新驱动传动机制。

参考文献

[1] 中共中央马恩列斯著作编译局，编译．马克思恩格斯全集：第23卷[M]. 北京：人民出版社，1972：56.

[2] 中共中央马恩列斯著作编译局，编译．马克思恩格斯全集：第42卷[M]. 北京：人民出版社，1979：97.

[3] 中共中央马恩列斯著作编译局，编译．马克思恩格斯全集：第25卷[M]. 北京：人民出版社，1960：212-213.

[4] 中共中央马恩列斯著作编译局，编译．马克思恩格斯全集：第21

卷［M］. 北京：人民出版社，1965：12；10.

［5］中共中央马恩列斯著作编译局，编译 . 马克思恩格斯选集：第 3 卷［M］. 北京：人民出版社，1972：630.

［6］中共中央马恩列斯著作编译局，编译 . 马克思恩格斯选集：第 2 卷［M］. 北京：人民出版社，1995：32-33.

［7］中共中央马恩列斯著作编译局，编译 . 马克思恩格斯列宁斯大林论科学技术［M］. 北京：人民出版社，1979：43.

［8］裴小革 . 论创新驱动——马克思主义政治经济学的分析视角［J］. 经济研究，2016（6）：17-29.

［9］习近平 . 发展当代中国马克思主义政治经济学［EB/OL］. 新华网，http://news.sina.com.cn/c/sz/2015-11-24/doc-ifxkwuwx0327635.Shtml，2015.

［10］潘恩荣 .《资本论》及其手稿中"创新驱动发展思想"哲学研究评述［J］. 自然辩证法研究，2015（8）：41-47.

［11］《马克思主义经典著作研究读本》编辑委员会 . 总序［M］// 聂锦芳，彭宏伟 . 马克思《资本论》研究读本 . 北京：中央编译出版社，2013：1-4.

第八章　为何应及时回归马克思的技术创新观*

李　伟**

（西北大学经济管理学院；陕西　西安　710127）

[内容提要]　在熊彼特单纯追求经济价值的技术创新观的指导下，技术创新在为人类带来巨大福祉的同时，也将人类引入了发展困境。马克思的《资本论》及其相关文献中，蕴含着丰富的技术创新思想，具有重要的时代价值，本文谨从科学技术是生产力、技术与制度协同创新、技术创新与循环经济发展、技术与资本动态融合、技术创新的价值取向 5 个方面进行了总结梳理。综合来看，马克思的技术创新观是以人为本的技术创新观，是以谋求人的自由全面发展作为终极价值目标的技术创新观。虽然熊彼特的技术创新观来源于马克思的技术创新思想，但只是马克思技术创新思想的一小部分。现实不断证明，以熊彼特的技术创新观为理论指导犯了方向性的错误，在中国当前的背景下必须加以扬弃，及时回归马克思的技术创新观，坚持将马克思的技术创新观与当代中国的具体实践相结合，使一切

* 本文受教育部人文社会科学研究青年基金项目“面向战略性新兴产业的企业‘破坏性成长引擎’研究”（14YJC630068）、教育部人文社会科学研究西部和边疆地区项目“开放创新环境下组织柔性对企业创新的影响研究：基于组织双元性视角”（14YJC630009）的资助。

** 李伟，男，陕西清涧人，经济学博士，西北大学经济管理学院教师，主要研究方向为技术创新管理。

技术创新活动都必须以满足人的生存、享受、发展需要，促进人的自由全面发展为目的。

[关键词]　**技术创新　生产力　生产关系　自由全面发展**

熊彼特于1912年首次从经济学意义上界定了“创新”的概念并提出了“技术创新”的思想，将技术创新视为一种经济行为，追求经济价值的实现①，因此被尊称为技术创新理论的鼻祖。在熊彼特的创新理论的指引下，技术创新在为人类带来巨大福祉的同时，也使当前我国经济社会发展面临诸多困境。经济结构方面，低端产能过剩与高端产品短缺并存的问题依然十分尖锐，甚至一些新兴产业如光伏产业也在短时间内出现了产能过剩，经济增长内生动力仍需增强；资源环境方面，在政府追求GDP增长和企业追求经济利益的驱动下，长期的粗放式经济发展模式导致了资源枯竭、环境污染、生态恶化日趋严重，水污染、空气污染、土壤污染成为居民生活安全的巨大威胁；食品安全方面，绿色食品、有机食品成为一种“奢侈品”，“买什么食品才放心”“吃什么食品才安全”成为困扰居民生活的难题；社会价值方面，在利益导向下，企业缺乏健康的价值主张，居民精神信仰普遍缺失，金钱成为衡量企业和居民成功与否的主要标准；居民健康方面，《2017中国肿瘤登记年报》显示，过去十多年我国癌症发病率和死亡率均呈明显上升趋势，全国每天约1万人确诊患癌，每分钟约7人确诊患癌，除癌症外，心脑血管疾病、糖尿病等也成为威胁居民生命的疑难杂症；社会保障方面，长期关于公平与效率的博弈中，效率总是在实践中占据上风，社会保障的实际需求依然难以得到有效满足。要实现经济社会的可持续发展，实现中华民族的伟大复兴，我国必须尽快突破这些发展困境。为此，笔者认真研读了熊彼特的经典著作，并反复研读了马克思的《资本论》及其相关文献，希冀发现熊彼特技术创新理论在现实应用中的缺陷，并从马克思技术创新思想中找到突破困境的方向和路径。

马克思虽然在《资本论》中没有明确界定技术、创新、技术创新等概

① ［美］熊彼特．经济发展理论［M］．邹建平，译．北京：中国画报出版社，2012：68-73.

念，但对技术的关注和热爱，贯穿于他一生的学术活动中，正如恩格斯在《马克思墓前悼词草稿》中写道，“没有一个人能像马克思那样，对任何领域的每个科学成就，不管它是否已实际应用，都感到真正的喜悦。但是，他把科学首先看成是历史的有力杠杆，看成是最高意义上的革命力量。而且他正是把科学当作这种力量来加以利用，在他看来，他所掌握的渊博的知识特别是有关历史的一切领域的知识，用处就在这里”[①]。《资本论》中的工业、工艺、机器、生产力、生产方式、生产率、变革、改良等诸多表述无不散发着技术创新的智慧之光，整部著作在创建剩余价值理论、阐释资本剥削雇佣劳动的本质、揭露资本主义剥削秘密的过程中蕴含着丰富的技术创新思想。

一、“科学技术是生产力”的思想

马克思生活于第一次工业革命的时代，他深刻认识到科学技术在促进生产力发展中的巨大作用。早在1848年问世的《共产党宣言》中，马克思就指出：“资产阶级在它的不到一百年的阶级统治中所创造的生产力，比过去一切时代创造的全部生产力还要多，还要大。自然力的征服、机器的采用、化学在工业和农业中的应用、轮船的行驶、铁路的通行、电报的使用、整个大陆的开垦、河川的通航、仿佛用法术从地下呼唤出来的大量人口，——过去哪一个世纪料想到在社会劳动里蕴藏有这样的生产力呢？”[②]在《经济学手稿（1857—1858）》中，马克思指出：“社会生产力的一切增长，也可以说是劳动本身的生产力的一切增长，如科学、发明、劳动的分工和结合、交通工具的改善、世界市场的开辟、机器等等所产生的结果，都不会使工人致富，而只会使资本致富”[③]。“……因而前提条件是以产业、

① 中共中央马恩列斯著作编译局，编译．马克思恩格斯全集：第19卷［M］. 北京：人民出版社，1972：372.

② ［德］马克思，恩格斯．共产党宣言［EB/OL］. 2017-08-07，http://www.181855.com/xuanyan/001.htm，2017年8月7日访问。

③ 中共中央马恩列斯著作编译局，编译．马克思恩格斯全集：第30卷［M］. 北京：人民出版社，1995：267.

商业和科学的一定发展，简言之，以生产力的一定发展为基础的。”[①]在1867年出版的《资本论》第一卷中，马克思指出：“劳动生产力是由多种情况决定的，其中包括：工人的平均熟练程度，科学的发展水平和它在工艺上应用的程度、生产过程的社会结合，生产资料的规模和效能，以及自然条件。”[②]“大工业则把科学作为一种独立的生产力。”[③]这些表述都充分体现了马克思对科学技术作为生产力的高度认可。

在《资本论》中，马克思通过深入剖析剩余价值的生产过程来揭露资本主义剥削的实质，也揭示了科学技术是生产力的基本逻辑。马克思认为，科学技术的发展程度决定了资本家剥削剩余价值量的多少，他将剩余价值分为绝对剩余价值和相对剩余价值，由于绝对剩余价值生产受到工作日的时间限制，而且会遭到工人阶级反抗，随着科学技术的发展和社会生产力水平的提高，资本家转向追求价值量空间更大的相对剩余价值。“相对剩余价值与劳动生产力成正比。它随着生产力提高而提高，随着生产力降低而降低。”[④]“劳动生产力的提高，我们在这里一般是指劳动过程中的这样一种变化，这种变化能缩短生产某种商品的社会必须的劳动时间，从而使较小量的劳动获得生产较大量使用价值的能力。”[⑤]而“劳动生产力是随着科学和技术的不断进步而不断发展的”[⑥]。“像其他一切发展劳动生产力的方法一样，机器是要使商品便宜，是要缩短工人为自己花费的工作日部分，以便延长他无偿地给予资本家的工作日部分。机器是生产剩余价值的手段。”[⑦]“采用机器的直接结果是，增加了剩余价值，同时也增加了体现这些剩余价值的产品量。”[⑧]因此，资本家为了剥削更多的相对剩余价值，必须

① 中共中央马恩列斯著作编译局，编译．马克思恩格斯全集：第30卷［M］．北京：人民出版社，1995：236.

② ［德］马克思．资本论：第1卷［M］．北京：人民出版社，2004：53.

③ ［德］马克思．资本论：第1卷［M］．北京：人民出版社，2004：418.

④ ［德］马克思．资本论：第1卷［M］．北京：人民出版社，2004：371.

⑤ ［德］马克思．资本论：第1卷［M］．北京：人民出版社，2004：366.

⑥ ［德］马克思．资本论：第1卷［M］．北京：人民出版社，2004：698.

⑦ ［德］马克思．资本论：第1卷［M］．北京：人民出版社，2004：427.

⑧ ［德］马克思．资本论：第1卷［M］．北京：人民出版社，2004：512.

要不断地采用新技术，变革劳动过程的技术条件和社会条件，通过技术创新提高劳动生产力，缩短资本的周转时间，提高资本的有机构成，从而实现资本增殖。可见，马克思的剩余价值理论中蕴含着“科学技术是生产力”的思想。正因为如此，有学者认为，《资本论》研究不仅需要遵循“资本逻辑”的方法论，还应引入“技术逻辑”的方法论①，对此，笔者深表认同。

《资本论》中的“科学技术是生产力”的思想还体现在马克思关于技术创新与经济发展关系的论述中。在企业竞争方面，马克思指出：“采用改良的生产方式的资本家比同行业的其余资本家，可以在一个工作日中占有更大的部分作为剩余劳动。他个别地所做的，就是资本全体在生产相对剩余价值时所做的。但是另一方面，当新的生产方式被普遍采用，因而比较便宜地生产出来的商品的个别价值和它的社会价值之间的差额消失的时候，这个超额剩余价值也就消失。价值由劳动时间决定的规律，既会使采用新方法的资本家感觉到，他必须低于商品的社会价值来出售自己的商品，又会作为竞争的强制规律，迫使他的竞争者也采用新的生产方式”②，“价格下降和竞争斗争也会刺激每个资本家通过采用新的机器、新的改良的劳动方法、新的结合，使他的总产品的个别价值降到它的一般价值以下”③。但是，这样的过程不会就此结束，“每个资本家都抱有提高劳动生产力来使商品便宜的动机”④，“自从剩余价值的生产永远不能通过延长工作日来增加以来，资本就竭尽全力一心一意加快发展机器体系来生产相对剩余价值”⑤。因此，随着某些企业技术创新的出现并获得超额剩余价值，资本的逐利和竞争会让其他企业纷纷模仿，引发创新浪潮，于是经济走向高涨，当较多的企业模仿同一创新后，创新浪潮便会消逝，经济出现停滞，如果经济要再度增长，就必须有新一轮的创新。也就是说，技术创新是经济周期波动的根本原因，只有不断创新，才能保证经济的持续增长。

---

① 潘恩荣.《资本论》研究需要引入“技术逻辑”[J]. 哲学研究，2015（9）.
② ［德］马克思. 资本论：第1卷［M］. 北京：人民出版社，2004：370.
③ ［德］马克思. 资本论：第3卷［M］. 北京：人民出版社，2004：284.
④ ［德］马克思. 资本论：第1卷［M］. 北京：人民出版社，2004：369.
⑤ ［德］马克思. 资本论：第1卷［M］. 北京：人民出版社，2004：471.

由此不难看出，马克思关于创新浪潮的思想实质上是熊彼特创新理论的精髓，马克思才是技术创新理论的鼻祖。在产业发展方面，马克思指出："随着发明的增多和对新发明的机器需求的增加，一方面机器制造业日益分为多种多样的独立部门，另一方面制造机器的工场手工业内的分工也日益发展"[①]。"一个工业部门生产方式的变革，必定引起其他部门生产方式的变革。这首先是指那些因社会分工而孤立起来以致各自生产独立的商品，但又作为总过程的阶段而紧密联系在一起的工业部门，因此，有了机器纺纱，就必须有机器织布，而这二者又使漂白业、印花业和染色业必须进行力学和化学革命。同样，另一方面，棉纺业的革命又引起分离棉花纤维和棉籽的轧棉机的发明，由于这一发明，棉花生产才有可能按目前需要的巨大规模进行。"[②]可见，一个产业的创新发展会引起其他相关产业的创新发展，引发更大的创新浪潮。

在高度肯定科学技术作为生产力的同时，马克思还不惜花费笔墨从不同视角对技术创新的负面价值进行了分析和警示。在剥削工人方面，资本家不仅通过技术创新提高资本有机构成而剥夺了工人创造的相对剩余价值，而且还无休止地摧残着工人的身体和精神。马克思指出："资本是根本不关心工人的健康和寿命的，除非社会迫使它去关心，"[③]"在这种永无止境的苦役中，反复不断地完成同一个机械过程；这种苦役单调得令人丧气，就像法西斯的苦刑一样；劳动的重压，像巨石般一次又一次地落在疲惫不堪的工人身上。"[④]"最近10年来伦敦因饥饿而死亡的人数的惊人增长，同机器缝纫业的扩大是齐头并进的。"[⑤]"在大工业的背景下，工厂手工业、手工业和家庭劳动的传统形态经历着彻底的变革：工厂手工业不断地转变为工厂；手工业不断地转变为工厂手工业；最后，手工业和家庭劳动领域在相对说来短得惊人的时间内变成了苦难窟，骇人听闻的最疯狂的资本主义剥削在那里为所欲

① ［德］马克思．资本论：第1卷［M］．北京：人民出版社，2004：439.
② ［德］马克思．资本论：第1卷［M］．北京：人民出版社，2004：440.
③ ［德］马克思．资本论：第1卷［M］．北京：人民出版社，2004：311.
④ ［德］马克思．资本论：第1卷［M］．北京：人民出版社，2004：463.
⑤ ［德］马克思．资本论：第1卷［M］．北京：人民出版社，2004：543.

为”[①]，他还列举了诸多工人甚至是少女和儿童惨遭奴役的事例。由此可见，在资本主义社会条件下，技术异化为资本家剥削和压迫工人的帮凶，“成为生产工人不是一种幸福，而是一种不幸”[②]。在工人就业方面，技术创新对工人就业具有“挤出效应”，导致大量工人失业。马克思指出：“机器不仅是一个极强大的竞争者，随时可以使雇佣工人‘过剩’，”[③]“劳动资料一作为机器出现，就立刻成了工人本身的竞争者……一旦工具由机器来操纵，劳动力的交换价值就随同他的使用价值一起消失。工人就像停止流通的纸币一样卖不出去，”[④]“在机器逐渐地占领某一生产领域的地方，它给同他竞争的工人阶层造成慢性的贫穷。在过渡迅速进行的地方，机器的影响则是广泛的和急性的。世界历史上再没有比英国手工织布工人缓慢的毁灭过程更为可怕的景象了，”[⑤]“只要粗略地看一下英国棉纺织业的命运，就可以再清楚不过地了解工厂工人的命运。”[⑥]“机器不仅在采用它的生产部门，而且还在没有采用它的生产部门把工人抛向街头。”[⑦]“因此，在资本主义的基础上，劳动生产力的提高必然会产生永久性的表面上的工人人口过剩。”[⑧]在生态环境方面，资本主义社会在发展生产力的同时，也带来了生态环境的严重破坏。马克思指出：“资本主义生产……破坏着人和土地之间的物质变换，也就是使人衣食形式消费掉土地的组成部分不能回归土地，从而破坏土地持久肥力的永恒的自然条件。……资本主义农业的任何进步，都不仅是掠夺劳动者的技巧的进步，而且是掠夺土地技巧的进步，在一定时期内提高土地肥力的任何进步，同时也是破坏土地肥力持久源泉的进步，”[⑨]“劳动生产率也是和自然条件联系在一起的，这些自然条件的丰饶度往往随着社会条件所决定的生产率

① ［德］马克思．资本论：第1卷［M］．北京：人民出版社，2004：564.
② ［德］马克思．资本论：第1卷［M］．北京：人民出版社，2004：582.
③ ［德］马克思．资本论：第1卷［M］．北京：人民出版社，2004：501.
④ ［德］马克思．资本论：第1卷［M］．北京：人民出版社，2004：495.
⑤ ［德］马克思．资本论：第1卷［M］．北京：人民出版社，2004：496.
⑥ ［德］马克思．资本论：第1卷［M］．北京：人民出版社，2004：523.
⑦ ［德］马克思．资本论：第1卷［M］．北京：人民出版社，2004：507.
⑧ ［德］马克思．资本论：第3卷［M］．北京：人民出版社，2004：248.
⑨ ［德］马克思．资本论：第1卷［M］．北京：人民出版社，2004：579–580.

的提高而相应地减低，”[①]可见，马克思在近代工业化初期生态危机初显时代最早敲响了生态危机的警钟。

正是基于对马克思“科学技术是生产力”思想的高度认可，1988年6月，邓小平同志从中国特色社会主义建设实践出发，创造性地提出“科学技术是第一生产力”的科学论断，他指出：“马克思说过，科学技术是生产力，事实证明这话讲得很对。依我看，科学技术是第一生产力”，体现了马克思主义的生产力理论和科学观。

二、“技术与制度协同创新”的思想

学界一般认为，基于熊彼特的创新理论，西方创新理论分化形成了技术创新学派和制度创新学派。实际上，熊彼特的创新理论在很大程度上是继承和发展了马克思的技术创新思想和制度创新思想。[②]然而，马克思从未将技术创新和制度创新独立开来进行研究，他始终探讨的是技术创新与制度创新的交互作用关系，将技术创新视为现实的直接的生产力，将制度创新视为生产关系的调整和变革，进而从微观、中观、宏观3个层面论述了技术与制度的协同创新。

在微观层面，马克思从生产力和生产关系矛盾运动的视角，论述了技术创新如何促进“简单协作—工场手工业—机器大工业—股份公司”的企业制度创新，而企业制度创新反过来如何促进了技术创新。在技术创新促进制度创新方面，马克思指出：“一切规模较大的直接社会劳动或共同劳动，都或多或少地需要指挥，以协调个人的活动，并执行生产总体的运动——不同于这一总体的独立器官的运动——所产生的各种一般职能。”[③]“以分工为基础的协作，……作为资本主义生产过程的具有特征的形式，在真正的工厂手工业时期占据统治地位。”[④]“机器发展到一定程度，

① ［德］马克思．资本论：第3卷［M］．北京：人民出版社，2004：289.
② 刘红玉．马克思的创新思想研究［D］．长沙：湖南大学，2011：77.
③ ［德］马克思．资本论：第1卷［M］．北京：人民出版社，2004：384.
④ ［德］马克思．资本论：第1卷［M］．北京：人民出版社，2004：390.

就必定推翻这个最初是现成地遇到的、后来又在其旧形式中进一步发展了的基础本身，建立起与它自身的生产方式相适应的新基础。”①“我们已经看到，机器如何消灭了以手工业为基础的协作和以手工业分工为基础的工场手工业。”②“生产规模惊人地扩大了，个别资本不可能建立的企业出现了。同时，这种以前由政府经营的企业，成了公司的企业。”③在制度创新促进技术创新方面，马克思指出：“这里的问题不仅是通过协作提高了个人生产力，而且是创造了一种生产力，这种生产力本身必然是集体力”④。“工场手工业分工通过手工业活动的分解、劳动工具的专门化、局部工人的形成以及局部工人在一个总机构中的分组和结合，造成了社会生产过程的质的划分和量的比例，从而创立了社会劳动的一定组织，这样就同时发展了新的、社会的劳动生产力。”⑤“大工业把巨大的自然力和自然科学并入生产过程，必然大大提高劳动生产率，这一点是一目了然的。”⑥“假如必须等待积累去使某些单个资本增长到能够修建铁路的程度，那么恐怕直到今天世界上还没有铁路。但是，集中通过股份公司转瞬之间就把这件事完成了。”⑦可见，技术创新与制度创新相得益彰、协同共进，共同推动社会发展。

在中观层面，马克思论述了工厂立法、自由贸易立法、信用制度、公债制度等，“所有这些方法都利用国家权力，也就是利用集中的、有组织的社会暴力，……暴力是每一个孕育着新社会的旧社会的助产婆。暴力本身就是一种经济力”⑧。关于工厂立法，马克思指出：“物质生产方式的改变和生产者的社会关系的相应的改变，先是造成了无限度的压榨，后来反而引起了社会的监督，由法律来限制、规定和划一工作日及休息时间”⑨，而“现代工场手工业和家庭劳动向大工业的过渡。这一革命由于工厂法在这两种

---

① ［德］马克思．资本论：第1卷［M］．北京：人民出版社，2004：439.
② ［德］马克思．资本论：第1卷［M］．北京：人民出版社，2004：529.
③ ［德］马克思．资本论：第3卷［M］．北京：人民出版社，2004：494.
④ ［德］马克思．资本论：第1卷［M］．北京：人民出版社，2004：378.
⑤ ［德］马克思．资本论：第1卷［M］．北京：人民出版社，2004：421-422.
⑥ ［德］马克思．资本论：第1卷［M］．北京：人民出版社，2004：444.
⑦ ［德］马克思．资本论：第1卷［M］．北京：人民出版社，2004：724.
⑧ ［德］马克思．资本论：第1卷［M］．北京：人民出版社，2004：861.
⑨ ［德］马克思．资本论：第1卷［M］．北京：人民出版社，2004：345.

声场方式中的实行而加速”①，“工厂立法是社会对其生产过程自发形态的第一次有意识、有计划的反作用”②。关于自由贸易法，马克思指出：“1846—1847年在英国经济史上划了一个时代。谷物法废除了，棉花和其他原料的进口税取消了，自有贸易被宣布为立法的指路明灯！一句话，千年王国出现了”③。关于信用制度，马克思指出：“由于信用，流通货商品形态变化的各个阶段，进而资本形态变化的各个阶段加快了，整个再生产过程因而也加快了”④。“信用制度加速了生产力的物质上的发展和世界市场的形成。”⑤关于公债制度，马克思指出：“公债成了原始积累的最强有力的手段之一。它像挥动魔杖一样，使不生产的货币具有了生殖力，这样就使它转化为资本，而又用不着承担投资于工业甚至高利贷时所不可避免的劳苦和风险”⑥。由此可见，在马克思看来，生产力的提高，客观上要求资产阶级对经济、法律等制度进行创立和革新，而这些中观层面的制度创新也有利于扫清生产力发展的障碍，并孕育出新的生产方式。

在宏观层面，马克思认为，生产力的性质决定生产关系的性质，有什么样的生产力就有什么样的生产关系与之相适应。正如马克思所说：“随着新生产力的获得，人们改变自己的生产方式，随着生产方式即保证自己生活方式的改变，人们也就改变自己的一切社会关系。手工磨产生的是封建主为首的社会，蒸汽磨产生的是工业资本家为首的是社会。”⑦在马克思看来，资本主义私有制的确立，从根本上说是社会生产力不断发展的结果。然而，资本主义私有制必将成为生产力进一步发展的桎梏，此时“资本主义私有制的丧钟就要敲响了”⑧，必将被更高一级的社会形态所代替，从而实现生产力的解放和发展。

---

① ［德］马克思．资本论：第1卷［M］．北京：人民出版社，2004：541.
② ［德］马克思．资本论：第1卷［M］．北京：人民出版社，2004：553.
③ ［德］马克思．资本论：第1卷［M］．北京：人民出版社，2004：327.
④ ［德］马克思．资本论：第3卷［M］．北京：人民出版社，2004：494.
⑤ ［德］马克思．资本论：第3卷［M］．北京：人民出版社，2004：500.
⑥ ［德］马克思．资本论：第1卷［M］．北京：人民出版社，2004：865.
⑦ ［德］马克思．哲学的贫困［M］．北京：人民出版社，1962：85.
⑧ ［德］马克思．资本论：第1卷［M］．北京：人民出版社，2004：874.

三、“技术创新与循环经济发展”的思想

学界普遍认为，循环经济思想最早可以追溯到20世纪60年代美国经济学家K. 鲍尔丁提出的“宇宙飞船理论”。实际上，早在《资本论》中，马克思虽然没有直接提出“循环经济”的概念，但他从人与自然之间物质变换关系的视角，论述了循环经济发展的动力、原则、条件、目标等思想，特别是在1894年出版的《资本论》第三卷第五章中，直接论述了技术进步条件下生产排泄物和消费排泄物的再利用问题。

关于循环经济发展的动力。马克思认为，一方面，“原料的日益昂贵，自然成为废物利用的刺激”[①]；另一方面，“化学的每一个进步不仅增加有用物质的数量和已知物质的用途，从而随着资本的增长扩大投资领域。同时，它还教人们把生产过程和消费过程中的废料投回到再生产过程的循环中去，从而无需预先支出资本，就能创造新的资本材料”[②]。此外，资本家为了提高利润率，会努力追求“不变资本使用上的节约”[③]。因此，原料价格、技术进步和资本家对利润率的追求是发展循环经济的直接动力。

关于循环经济发展的原则。马克思虽然没有明确提出循环经济发展的3R原则，但其基本思想在《资本论》的诸多表述中均有体现。在减量化方面，马克思指出，应该“把生产排泄物减少到最低限度和把一切进入生产中去的原料和辅助材料的直接利用提到最高限度”，而“废料的减少，部分地要取决于所使用的机器的质量。机器零件加工得越精确，抛光越好，机油、肥皂等物就越节省。这是就辅助材料而言的。但是部分地说，——而这一点是最重要的，——在生产过程中究竟有多大一部分原料变为废料，这取决于所使用的机器和工具的质量。最后，这还取决于原料本身的质量”[④]。在再利用方面，马克思引述了《工厂视察员报告》中的一

① ［德］马克思 . 资本论：第 3 卷［M］. 北京：人民出版社，2004：115.
② ［德］马克思 . 资本论：第 1 卷［M］. 北京：人民出版社，2004：698-699.
③ ［德］马克思 . 资本论：第 3 卷［M］. 北京：人民出版社，2004：91.
④ ［德］马克思 . 资本论：第 3 卷［M］. 北京：人民出版社，2004：117.

段评论："收集废毛和破烂毛织物进行再加工，过去一向认为是不光彩的事情，但是，对已成为约克郡毛纺织工业区的一个重要部门的再生呢绒业来说，这种偏见已经完全消除。毫无疑问，废棉加工业很快也会作为一个符合公认的需要的生产部门，而占有同样的位置"①。马克思还指出："这种再生羊毛，在1862年年底，已占英国工业全部羊毛消费量的1/3，"②英国的丝织业"从1839年到1862年，真正生丝的消费略为减少，而废丝的消费却增加了一倍"③。在资源化方面，马克思认为，"所谓的废料，几乎在每一种产业中都起着重要的作用"④。他指出："化学工业……不仅找到新的方法来利用本工业的废料，而且还利用其他各种各样工业的废料，例如，把以前毫无用处的煤焦油转化为苯胺染料、茜红染料（茜素），近来甚至把它转化为药品。"⑤"排泄物，即所谓的生产废料再转化为同一个产业部门或另一个产业部门的新的生产要素；就是这样一个过程，通过这个过程，这种所谓的排泄物就再回到生产从而消费（生产消费或个人消费）的循环中。"⑥

关于循环经济发展的条件。马克思认为，大量废物、机器改良和科学进步三者相互作用是废弃物循环利用的条件，他指出："总的说来，这种再利用的条件是：这种排泄物必须是大量的，而这只有在大规模的劳动的条件下才有可能；机器的改良，使那些在原有形式上本来不能利用的物质，获得一种在新的生产中可以利用的形态；科学的进步，特别是化学的进步，发现了哪些废物的有用性质"⑦。马克思还指出："由于大规模社会劳动所产生的废料数量很大，这些废料本身才重新成为商业的对象，从而成

① ［德］马克思．资本论：第3卷［M］．北京：人民出版社，2004：116.
② ［德］马克思．资本论：第3卷［M］．北京：人民出版社，2004：116-117.
③ ［德］马克思．资本论：第3卷［M］．北京：人民出版社，2004：117.
④ ［德］马克思．资本论：第3卷［M］．北京：人民出版社，2004：116.
⑤ ［德］马克思．资本论：第3卷［M］．北京：人民出版社，2004：117.
⑥ ［德］马克思．资本论：第3卷［M］．北京：人民出版社，2004：94.
⑦ ［德］马克思．资本论：第3卷［M］．北京：人民出版社，2004：115.

为新的生产要素。”[①]“由于机器的改良，废料减少了。”[②]“这种损失（亚麻的损失），用较好的机器就可以避免。”[③]他还认为，“一般劳动是一切科学劳动、一切发现、一切发明”，由于发明而产生了节约[④]。

关于循环经济发展的目标。对于资本家来讲，“在可变资本的量已定、剩余价值率已定时，不变资本这一部分的费用的减少，会相应地提高利润率”[⑤]，他们发展循环经济的目标正是提高利润率、实现剩余价值最大化。然而，马克思从人类社会可持续发展的视角，认为发展循环经济的目标是促进人与自然的和谐共处，达到人的解放和自然的解放，最终实现“社会化的人，联合起来的生产者，将合理地调节他们和自然之间的物质变换，把它置于他们的共同控制之下，而不让它作为一种盲目的力量来统治自己；靠消耗最小的力量，在最无愧于和最适合于他们的人类本性的条件下来进行这种物质变换”[⑥]。

综上所述，循环经济思想最早应追溯到马克思关于人与自然之间物质变换的思想。在马克思看来，技术创新既是循环经济发展的动力，又是循环经济发展的条件，在循环经济发展的每一个环节都离不开技术创新的支持。因此，马克思的循环经济思想应成为循环经济的理论源泉，成为指导我国循环经济发展的理论基石。

四、“技术与资本动态融合”的思想

在宏观层面，马克思通过深刻分析生产力与生产关系的矛盾运动，揭示了现代社会的经济运行规律。在微观生产领域，马克思充分认识到技术与资本的动态融合引发了资本主义生产方式革命。正如美国经济学家谢勒

① ［德］马克思．资本论：第 3 卷［M］．北京：人民出版社，2004：94.
② ［德］马克思．资本论：第 3 卷［M］．北京：人民出版社，2004：95.
③ ［德］马克思．资本论：第 3 卷［M］．北京：人民出版社，2004：116.
④ ［德］马克思．资本论：第 3 卷［M］．北京：人民出版社，2004：119.
⑤ ［德］马克思．资本论：第 3 卷［M］．北京：人民出版社，2004：94.
⑥ ［德］马克思．资本论：第 3 卷［M］．北京：人民出版社，2004：928-929.

所言："马克思不同于19世纪中期其他的经济学家，他察觉到资本主义基本的天才在于它能够把资本积累和不断的技术创新结合起来。"①

技术创新促进资本扩张。一是技术创新是资本积累的原动力。一方面，技术创新提高了劳动生产率，而"社会劳动生产率的发展成为积累的最强有力的杠杆"②；另一方面，技术创新提高了资本的有机构成，而资本积累正是"通过资本构成不断发生质的变化，通过减少资本的可变组成部分来不断增加资本的不变组成部分而实现的"③。二是技术创新使资本具有了不受限制的扩张能力。马克思指出："一旦与大工业相适应的一般生产条件形成起来，这种生产方式就获得一种弹性，一种突然地跳跃式地扩展的能力，只有原料和销售市场才是它的限制，""机器产品的便宜和交通运输业的变革是夺取国外市场的武器。……一种与机器生产中心相适应的新的国际分工产生了，它使地球的一部分转变为主要从事农业的生产地区，以服务于另一部分从事工业的生产地区，"④"科学和技术使执行职能的资本具有一种不以它的一定量转移的扩张能力。同时，这种扩张能力对原资本中已进入更新阶段的那一部分也发生反作用。"⑤三是技术创新引发了资本生产各要素的全面节约。技术创新通过促进循环经济发展，提高了生产资料的使用率，降低了生产成本，加速了资本增殖。四是技术成为资本扩张的统治工具。正是依靠对技术的占有，资本拥有了对工人的绝对强势地位，不仅制造了劳动力的贬值和过剩，而且将妇女和儿童加入工人的行列，使工人的可替代性增强，"不得不听命于资本强加给他们的规律"⑥。机器"还被资本公开地有意识地宣布为一种和雇佣工人敌对的力量并加以利用。机器成了镇压工人反抗资本专制的周期性暴动和罢工等的最强有力的武器"，"可以写出整整一部历史，说明1830年以来的许多发明，都只是作

① ［美］谢勒．技术创新：经济增长的原动力［M］．姚贤涛，王倩，译．北京：新华出版社，2001：31.

② ［德］马克思．资本论：第1卷［M］．北京：人民出版社，2004：717.

③ ［德］马克思．资本论：第1卷［M］．北京：人民出版社，2004：725.

④ ［德］马克思．资本论：第1卷［M］．北京：人民出版社，2004：519.

⑤ ［德］马克思．资本论：第1卷［M］．北京：人民出版社，2004：699.

⑥ ［德］马克思．资本论：第1卷［M］．北京：人民出版社，2004：469.

为资本对付工人暴动的武器而出现的"[①]。总之，"从封建生产方式开始的过渡有两条路径"，一条是"生产者变成商人和资本家"，另一条是"商人直接支配生产"，而前者"是真正革命化的道路"，后者会"随着资本主义生产方式的发展而消灭"。[②]

资本增殖的本能加速技术创新。马克思指出："资本只有一种生活本能，这就是增殖自身，创造剩余价值，用自己的不变部分即生产资料吮吸尽可能多的剩余劳动。资本是死劳动，它像吸血鬼一样，只有吮吸活劳动才有生命，吮吸的活劳动越多，它的生命就越旺盛。"[③]然而，由于"机器是生产剩余价值的手段"[④]，"采用机器的直接结果是，增加了剩余价值，同时也增加了体现这些剩余价值的产品量"[⑤]，所以，资本就"肆无忌惮地迫使人类去为生产而生产，从而去发展社会生产力，去创造生产的物质条件"[⑥]，即促使资本家加速技术创新。

总之，只有凭借技术，资本才能持续不断地积累；而技术只有依靠资本，才能实现更快的进步。"在技术与资本的相互作用下，资本主义经历了从工场手工业到机器大工业的转变，建立起现代生产方式。"[⑦]正如马克思所言："剩余价值不断再转化为资本，表现为进入生产过程的资本量的不断增长。这种增长又成为一种扩大的生产规模以及随之出现的提高劳动生产力和加速剩余价值生产的方法的基础。可见，一定程度的资本积累表现为特殊的资本主义的生产方式的条件，而特殊的资本主义的生产方式又反过来引起资本的加速积累。因此，特殊的资本主义的生产方式随着资本积累而发展，资本积累又随着特殊的资本主义的生产方式而发展。"[⑧]

---

① ［德］马克思．资本论：第 1 卷［M］．北京：人民出版社，2004：501.
② ［德］马克思．资本论：第 3 卷［M］．北京：人民出版社，2004：373.
③ ［德］马克思．资本论：第 1 卷［M］．北京：人民出版社，2004：269.
④ ［德］马克思．资本论：第 1 卷［M］．北京：人民出版社，2004：469.
⑤ ［德］马克思．资本论：第 1 卷［M］．北京：人民出版社，2004：512.
⑥ ［德］马克思．资本论：第 1 卷［M］．北京：人民出版社，2004：683.
⑦ 于春玲，陈凡．马克思技术批判视野中现代性追问的逻辑进程［J］．中国社会科学，2015（10）.
⑧ ［德］马克思．资本论：第 1 卷［M］．北京：人民出版社，2004：720-721.

五、“技术创新价值取向”的思想

资本家以及自熊彼特以来的技术创新理论的研究者和实践者，大多从推动经济增长出发，热衷于追求技术创新的经济价值，淡化甚至忽视技术创新的其他价值和负面价值。这种价值取向的确在推动经济发展中发挥了重要作用，但也令人类发展陷入困境。

与以追求经济价值为唯一目标的技术创新观不同，马克思既高度肯定了技术创新的正面价值，同时也警示了技术异化带来的负面价值，他对技术创新的关注和思考，目的不仅仅是经济价值，他主张将以谋求人的自由全面发展作为技术创新的终极价值目标，把维护无产阶级和广大人民群众的根本利益作为衡量技术创新价值的最高标准。

马克思强调，人是目的，人具有最高价值，一切创新活动都是为了满足人的各方面需要，实现人的彻底解放和自由全面发展，而实现这一目标的社会形态是共产主义社会。早在《1844年经济学哲学手稿》中，马克思就指出：“共产主义是私有财产即人的自我异化的积极的扬弃，因而是通过人并且是为了人而对人的本质的真正占有；因此，它是向人自身、向社会的即合乎人性的人的复归，这种复归是完全的、自觉的和在以往发展的全部财富的范围内生成的。这种共产主义，作为完成了的自然主义=人道主义，而作为完成了的人道主义=自然主义，它是人和自然之间、人和人之间的矛盾的真正解决，是存在和本质、对象和自我确证、自由和必然、个体和类之间的斗争的真正解决”[①]。在《共产党宣言》中，马克思、恩格斯进一步论证了资本主义必然灭亡和共产主义必然胜利的人类社会发展规律，第一次向全世界宣告了实现人的自由全面发展的道路——以共产主义代替资本主义。他们指出：“代替那存在着阶级和阶级对立的资产阶级旧社会的，将是这样一个联合体，在那里，每个人的自由发展是一切人的自

① 中共中央马恩列斯著作编译局，编译．马克思恩格斯全集：第3卷［M］．北京：人民出版社，2002：297.

由发展的条件。”[①]在《资本论》中，马克思将共产主义社会描述为“自由王国”，并明确指出：“自由王国只是在必要性和外在目的规定要做的劳动终止的地方才开始；因而按照事物的本性来说，它存在于真正物质生产领域的彼岸”[②]。

技术创新是通往自由王国的革命力量。马克思指出：“自由王国只有建立在必然王国的基础上，才能繁荣起来。”[③]所以，“作为价值增殖的狂热追求者，他（资本家）肆无忌惮地迫使人类去为生产而生产，从而去发展社会生产力，去创造生产的物质条件；而只有这样的条件，才能为一个更高级的、以每一个个人的全面而自由的发展为基本原则的社会形式建立现实基础”[④]。“只有在现实的世界中并使用现实的手段才能实现真正的解放；没有蒸汽机和珍妮走锭精纺机就不能消灭奴隶制；没有改良的农业就不能消灭农奴制；当人们还不能使自己的吃喝住穿在质和量方面得到充分保证的时候，人们就根本不能获得解放。”[⑤]可见，共产主义社会的实现是以生产力的极大发展和物质产品的极大丰富为前提，而技术创新不仅是生产关系变革的根本动力，而且为人的解放和自由全面发展提供了必要的物质基础，是通往自由王国的革命力量。为了推动技术创新，马克思还强调了教育的重要性，认为“未来教育对所有已满一定年龄的儿童来说，就是生产劳动同智育和体育相结合，它不仅是提高社会生产力的一种方法，而且是造就全面发展的人的唯一方法”[⑥]。

技术创新是消灭技术异化的根本途径。对于技术创新带来的负面价值，马克思并没有因此把技术本身当作罪恶之源，他认为技术异化的根源是资本主义私有制。他指出：“要学会把机器和机器的资本主义应用区别

① ［德］马克思，恩格斯．共产党宣言［EB/OL].2017–08–07，http://www.181855.com/xuanyan/001.htm。

② ［德］马克思．资本论：第 3 卷［M]．北京：人民出版社，2004：928.

③ ［德］马克思．资本论：第 3 卷［M]．北京：人民出版社，2004：929.

④ ［德］马克思．资本论：第 1 卷［M]．北京：人民出版社，2004：683.

⑤ 中共中央马恩列斯著作编译局，编译．马克思恩格斯文集：第 1 卷［M]．北京：人民出版社，2009：527.

⑥ ［德］马克思．资本论：第 1 卷［M]．北京：人民出版社，2004：556–557.

开来，从而学会把自己的攻击从物质资料本身转向物质生产资料的社会使用形式。”[①]因此，要消灭技术异化现象就必须消灭生产资料的资本主义私有制，实现由必然王国向自由王国的迈进，使技术不再成为资本增殖的手段，使全社会的人成为全部生产资料的主人，使技术创新的逻辑服从于人的自由全面发展的逻辑。然而，技术创新是通往自由王国的革命力量，所以技术异化现象最终还要依靠技术创新来解决。

六、马克思技术创新观的时代价值

现实不断证明，以熊彼特的技术创新观为理论指导犯了方向性的错误，在中国当前背景下必须加以扬弃，及时回归马克思的技术创新观，坚持将马克思的技术创新观与当代中国的具体实践相结合。为实现中华民族伟大复兴的中国梦，必须真正用好科学技术这个最高意义上的革命力量和有力杠杆，必须把科技创新摆在国家发展全局的核心位置，加快促进发展方式从以规模扩张为主导的粗放式增长向以质量效益为主导的可持续发展转变；发展要素从传统要素主导发展向创新要素主导发展转变；产业分工从价值链中低端向价值链中高端转变；创新能力从“跟踪、并行、领跑”并存、“跟踪”为主向“并行”“领跑”为主转变；资源配置从以研发环节为主向产业链、创新链、资金链统筹配置转变；创新群体从以科技人员的小众为主向小众与大众创新创业互动转变，不断满足人的生存、享受、发展需要，促进人的自由全面发展。

树立以人为本的技术创新观。与熊彼特单纯追求经济价值的技术创新观不同，马克思把维护无产阶级和广大人民群众的根本利益作为衡量技术创新价值的最高标准，创造性地提出了以谋求人的自由全面发展作为终极价值目标的技术创新观，本质上是以人为本的技术创新观，熊彼特的技术创新观虽然是对马克思技术创新思想的传承，但只是马克思技术创新

① ［德］马克思．资本论：第1卷［M］．北京：人民出版社，2004：493.

思想的一小部分，是不完整的。中国共产党代表中国先进生产力的发展要求，代表中国先进文化的前进方向，代表中国最广大人民的根本利益，党的最高理想和最终目标是实现共产主义，党的宗旨是全心全意为人民服务。因此，我们应该牢固树立马克思的技术创新观，以促进人的自由全面发展为己任，进一步解放生产力、发展生产力，努力满足人民大众的各种需求。

坚决践行“科学技术是第一生产力”的思想。我国经济长期依赖资源性行业和房地产行业“两条腿走路”，生产要素大量向这两个行业集中，使我国成为世界经济大国但并非是经济和创新强国。国家力量的核心支撑是科技创新能力，“创新强则国运昌，创新弱则国运殆”。全球新一轮科技革命、产业变革和军事变革正加速演进，科学探索从微观到宏观各个尺度上向纵深拓展，以智能、绿色、泛在为特征的群体性技术革命将引发国际产业分工重大调整，颠覆性技术不断涌现，正在重塑世界竞争格局、改变国家力量对比，创新驱动成为许多国家谋求竞争优势的核心战略。在这样的背景下，我国必须坚决践行“科学技术是第一生产力”的思想，必须依靠创新驱动打造发展新引擎，培育新的经济增长点，开辟发展的新空间。一方面，加快促进移动互联网、物联网、大数据、云计算、人工智能、现代能源技术等新兴技术与传统产业融合发展，推动传统产业生产、管理和营销模式变革，促进传统产业转型升级；另一方面，坚持问题导向，面向世界科技前沿、面向国家重大需求、面向国民经济主战场，大力发展战略性新兴产业，深入推进大众创业、万众创新，不断创造新技术和新产品、新模式和新业态、新需求和新市场，实现更可持续的发展、更高质量的就业、更高水平的收入、更高品质的生活。

着力推进技术与制度协同创新。马克思关于技术创新和制度创新辩证关系的理论告诉我们，技术创新和制度创新是相互作用、协同共进的关系，技术创新可以推动微观、中观、宏观层面的制度创新，而制度创新反过来又能加速技术创新。因此，我国在全力提高技术创新能力的同时，还必须从微观、中观、宏观层面推进体制机制改革创新，破除一切制约创新的思想障碍和制度藩篱。在微观层面，深化产、学、研协同创新机制，推进政、产、学、研、用、创紧密结合；引导企业加快商业模式、管理范式的变革和创新，加快科技成果转化；引导企业进行开放式创新，推动全球创新资源向企业集聚；加快国有企业制度创新，提高国有企业的核心竞争力和资源配置效率。在中观层面，使市场在资源配置中起决定性作用，深化简政放权、放管结合、优化服务改革，深入推进土地、财税、金融等制度改革，完善产权保护制度、创新导向的评价制度、科技成果转移转化机制等，推动政府职能从研发管理向创新服务转变，营造支撑科技创新的良好环境。在宏观层面，毫不动摇地巩固和发展公有制经济，毫不动摇地鼓励、支持、引导非公有制经济发展，积极发展混合所有制经济；持续推进大众创业、万众创新，形成创新型领军企业“顶天立地”、科技型中小微企业“铺天盖地”的发展格局；实施科技创新国际化战略，积极融入和主动布局全球创新网络，深度参与全球创新治理，促进创新资源双向开放和流动，全方位提升科技创新的国际化水平。

着力推进循环经济发展。面对我国当前资源枯竭、环境污染、生态恶化的现实问题，“必须正视技术的生态价值，改变传统的控制自然、占有自然的错误观念，重新树立科学技术与生态环境的良性互动，实现生态文明的发展道路。技术的利用所带来的环境破坏和资源消耗，最终还要依靠科技进步来解决”[①]。因此，应及时从马克思的循环经济思想中汲取营养，加快循环经济关键和共性技术开发，形成源头控制、清洁生产、末端治理和生态环境修复的技术体系，以最小的资源消耗、最小的环境代价实现经济社会的可持续发展。在减量化方面，积极发展资源能源高效利用和生态环保技术、新能源和可再生能源开发利用技术、有毒有害原材料替代技术、延长产业链和相关产业链接技术等，推动企业清洁循环式生产，从源头上提高资源能源利用效率，减少进入生产和消费过程的物质和能量流量。在再利用方面，积极推行模块化设计与生产技术、标准化生产技术、

① 何炼成，庄静怡．马克思技术思想与当代科技创新关系刍议：基于生态视角的马克思技术观［J］．理论学刊，2011（5）．

新材料技术、互联网技术、物联网技术等，提高产品质量，延长产品生命周期，尽可能多次或多种方式地使用产品，降低一次性消费，避免产品过早地成为垃圾。在资源化方面，利用互联网技术、物联网技术、大数据与云计算技术等，建立“互联网+分类回收+垃圾清运+废物治理”的废弃物回收利用体系，突破废旧物品资源化、无害化处置的关键和共性技术难题，积极应用绿色再制造技术，促进废旧钢铁、废旧塑料、废旧橡胶、废旧电子产品、废旧汽车、废旧电池等资源化利用和无害化处理。

着力推进技术与资本的深度融合。长期以来，我国许多产业仍处于全球价值链的中低端，一些关键核心技术受制于人，支撑产业升级、引领未来发展的科学技术储备亟待加强，科研和产业发展“两张皮”的窘境一直未能得到有效破解，许多科研成果被束之高阁，难以转化成现实生产力。同时，近年来传统行业不景气，大量资本找不到合适的投资领域，游离于虚拟市场。马克思关于技术与资本动态融合的思想表明，唯有推进技术与资本的深度融合，才能快速提高生产力，进而促进生产关系的调整和优化。在技术日新月异的背景下，我国应该积极引导资本“脱虚向实”，加快与技术的深度融合，建立从实验研究、中试到生产的全过程、多元化和差异性的科技创新融资模式，鼓励引导金融机构、社会资本参与产学研合作创新，形成各类金融工具协同融合的科技金融生态。切实加大对基础性、战略性和公益性研究的稳定支持力度，完善稳定支持和竞争性支持相协调的机制。改革中央财政科技计划和资金管理，提高资金的使用效益。充分发挥国家新兴产业创业投资引导基金和国家中小企业发展基金的作用，带动社会资本支持高新技术产业发展。完善激励企业研发的普惠性政策，引导企业成为技术创新投入的主体。鼓励金融机构开发符合创新需求的金融产品和服务，拓展多层次资本市场支持技术创新的功能，积极发展天使投资，壮大创业投资规模，运用互联网金融支持创新，建立符合中国国情、适合科技创业企业发展的金融服务模式。

着力深化供给侧结构性改革。“熊彼特主要从供给侧而非需求侧视角来定义创新"[①]，这种"为积累而积累，为生产而生产"[②]的技术创新的价值取向，必将出现如同恩格斯所指出的那样，"生产力按几何级数增长，而市场最多也只是按算术级数扩大"[③]，也必将导致产能过剩甚至经济危机。目前，落后产能过剩和企业经营困难已成为我国传统产业面临的普遍问题，甚至一些新兴产业如风电、光伏等产业也在短时间内出现产能过剩，这是在熊彼特技术创新观的指导下"为积累而积累，为生产而生产"的必然结果。当前，我国应及时从人类自由全面发展的需求出发，以科技创新推动供给侧结构性改革。在产业结构方面，积极培育高技术产业、高附加值产业、绿色低碳产业等，降低高消耗、高污染、高排放产业和低附加值产业的比重，扩大有效供给，满足群众不断升级的消费需求。在投入结构方面，强化人才、技术、知识、信息等高级要素投入比重，逐渐摆脱对劳动力、土地、资源等一般性生产要素的过度依赖，更多地实现创新驱动。在动力结构方面，高度重视不断提高的中等收入人口比重及不断扩大、不断升级的消费需求，促进经济发展动力尽快从投资、出口、需求的旧"三驾马车"，向需求、服务、高科技的新"三驾马车"转变。在分配结构方面，加快推进收入分配制度改革、社会福利制度改革、产权制度改革等，健全技术要素参与分配机制，提高科研技术人员的社会地位和收入福利水平。

参考文献

[1] [美] 熊彼特 . 经济发展理论 [M]. 邹建平，译 . 北京：中国画报出版社，2012：68-73.

[2] 中共中央马恩列斯著作编译局，编译 . 马克思恩格斯全集：第 19 卷 [M]. 北京：人民出版社，1972：372.

① 陈劲，贾根良 . 理解熊彼特：创新与经济发展的再思考 [M]. 北京：清华大学出版社，2013：69.

② [德] 马克思 . 资本论：第 1 卷 [M]. 北京：人民出版社，2004：686.

③ [德] 马克思 . 资本论：第 1 卷 [M]. 北京：人民出版社，2004：34.

[3] [德] 马克思，恩格斯.共产党宣言 [EB/OL]. 2017-08-07，http://www.181855.com/xuanyan/001.htm.

[4] 中共中央马恩列斯著作编译局，编译.马克思恩格斯全集：第 30 卷 [M]. 北京：人民出版社，1995：267.

[5] [德] 马克思.资本论：第 1 卷 [M]. 北京：人民出版社，2004：53.

[6] 潘恩荣.《资本论》研究需要引入"技术逻辑" [J]. 哲学研究，2015（9）.

[7] [德] 马克思.资本论：第 3 卷 [M]. 北京：人民出版社，2004：284.

[8] 刘红玉.马克思的创新思想研究 [D]. 长沙：湖南大学，2011：77.

[9] [德] 马克思.哲学的贫困 [M]. 北京：人民出版社，1962：85.

[10] [美] 谢勒.技术创新：经济增长的原动力 [M]. 姚贤涛，王倩，译.北京：新华出版社，2001：31.

[11] 于春玲，陈凡.马克思技术批判视野中现代性追问的逻辑进程 [J]. 中国社会科学，2015（10）.

[12] 中共中央马恩列斯著作编译局，编译.马克思恩格斯全集：第 3 卷 [M]. 北京：人民出版社，2002：297.

[13] [德] 马克思，恩格斯.共产党宣言 [EB/OL].2017-08-07，http://www.181855.com/xuanyan/001.htm。

[14] 中共中央马恩列斯著作编译局，编译.马克思恩格斯文集：第 1 卷 [M]. 北京：人民出版社，2009：527.

[15] 何炼成，庄静怡.马克思技术思想与当代科技创新关系刍议：基于生态视角的马克思技术观 [J]. 理论学刊，2011（5）.

[16] 陈劲，贾根良.理解熊彼特：创新与经济发展的再思考 [M]. 北京：清华大学出版社，2013：69.

第九章　马克思恩格斯城乡统筹发展思想对我国城乡发展一体化的启示*

宗成峰　何艳玲**

（中国农业大学 北京　100083；华南农业大学　广州　510642）

[内容提要]　马克思恩格斯城乡统筹发展思想是马克思主义理论的重要组成部分，具有丰富的内容及哲学意蕴。本文分析了马克思恩格斯城乡统筹发展思想的主要内容，展现了马克思恩格斯关于城乡分离、城乡对立、城乡统筹等问题的观点和看法，并以马克思恩格斯城乡统筹发展思想为基点，探寻我国城乡发展一体化的对策，有助于缩小城乡差距、实现城乡统筹发展。

[关键词]　**马克思恩格斯　城乡统筹　城乡发展一元化　启示**

马克思恩格斯城乡统筹发展思想是马克思主义理论的重要组成部分，其思想散见于《资本论》《德意志意识形态》《论住宅问题》等一系列经典

---

* 本文是作者主持的 2015 年度教育部人文社会科学研究青年基金项目（项目名称：马克思恩格斯城乡统筹发展思想及对我国城乡发展一体化的启示）、中央高校基本科研业务费专项资金资助项目（项目名称：基于马克思劳动力转移理论的新生代农民工市民化研究）和中国农业大学教育基金会“大北农教育基金”项目（项目名称：马克思恩格斯城乡关系思想研究）的阶段性成果。

** 宗成峰，博士，中国农业大学马克思主义学院副教授、硕士研究生导师。主要研究领域：马克思主义中国化问题。何艳玲，华南农业大学马克思主义学院讲师。

著作之中。关于城乡统筹思想的论述，大部分学者都是从马克思恩格斯经济学理论出发，以城乡统筹之概念来展开的。有学者从理论比较的角度来证明马克思恩格斯城乡统筹理论，他们认为，与新古典主义、发展经济学、空间理论、新发展理论的城乡统筹观相比较，马克思运用阶级分析的方法，在生产关系的研究中深入剖析了城乡对立的形成和解决城乡对立的根本途径，指出生产力的高度发展是走向城乡统筹要求的基础前提，城市带动是走向城乡统筹的重要途径。①

从城乡分离到统筹，实现城乡的协调发展，构建城市与自然的和谐统一，虽然是一个漫长的过程，但却是历史发展的必然趋势。马克思恩格斯的城乡统筹思想不仅丰富和发展了马克思的科学社会主义学说，而且强调只有消灭了资本主义私有制才能使社会全体成员得到全面的发展，只有通过城乡的统筹，才能实现人与自然的和谐发展，即“只有通过城市和乡村的统筹，现在的空气、水和土地的污毒才能排除，只有通过这种统筹，才能使现在城市中日益病弱的群众的粪便不致引起疾病”②。正如马克思所说：“城乡关系的面貌一改变，整个社会的面貌也跟着改变。”③

一、马克思恩格斯城乡统筹发展思想的主要内容

马克思、恩格斯凝练出了科学而富有预见性的城乡统筹发展思想，这离不开他们对城乡对立尖锐化的客观现实的深刻认识。马克思恩格斯的城乡统筹发展思想阐述了城乡关系发展的进程，具体分析了从城乡分离、城乡对立到城乡统筹的历史演化过程，批判了资本主义社会和资本主义时代城乡对立的状况，并以此为基础，提出了消除城乡对立、实现城乡统筹的

① 陈伟东，张大维．马克思恩格斯的城乡统筹发展思想研究［J］．当代世界与社会主义，2009（3）．

② 中共中央马恩列斯著作编译局，编译．马克思恩格斯选集：第3卷［M］．北京：人民出版社，1995：646-647.

③ 中共中央马恩列斯著作编译局，编译．马克思恩格斯全集：第4卷［M］．北京：人民出版社，1995：159.

途径。具体而言，马克思恩格斯的城乡关系思想主要包括以下几个方面内容：

（一）城乡分离：城乡统筹发展的逻辑起点

马克思、恩格斯论述城乡关系始于恩格斯于1844年撰写的《英国工人阶级状况》，他们认为在人类历史的时间跨度上，城市与乡村要经历3个阶段：依存、分离并出现对立和融合。马克思、恩格斯在多数情况下使用的“城乡分离”，仅指城市出现与发展的过程与趋势。他们认为，城乡分离是一个历史范畴，城市并不是从来就有的，它是社会生产力发展到一定阶段的产物。城乡分离是随着私有制（包括动产私有制和不动产私有制）的产生而形成的，它的形成是资本不依赖于地产而存在的开始，也是以劳动和交换为基础的私有制的开端。他们指出：“城市和乡村的分离还可以看作是资本和地产的分离，看作是资本不依赖于地产而存在和发展的开始，也就是仅仅以劳动和交换为基础的所有制的开始。”①马克思、恩格斯认为，城市和乡村的分离是物质劳动和精神劳动的最大一次分工。在《德意志意识形态》中，马克思、恩格斯从社会分工的角度阐述了城乡的分离，把社会分工看成是城乡分离的基础。他们指出：“一个民族内部的分工，首先会引起工商业劳动和农业劳动的分离，从而也就引起城乡的分离和城乡利益的对立。”②

由于生产力的发展、社会分工的加深，城市和乡村在政治、经济和社会关系上日益趋于分离和对立。城乡分离导致了“城市病”的产生和加剧，“城市病”是指在城乡分离、对立的条件下不断涌现的城市问题，如人口拥挤、房屋密集、街区狼藉、垃圾遍布、空气污浊、环境恶化以及流行病蔓延等。这些问题对城市的发展和城乡居民的健康造成了极大的危害。这些问题的产生是城市人口和工业生产超过城市空间和环境的容纳能力的集中体现，它们根源于城市和乡村的分离、对立以及资本主义的剥削制

---

① 中共中央马恩列斯著作编译局，编译 . 马克思恩格斯选集：第 3 卷 [M]. 北京：人民出版社，1995：105.

② 中共中央马恩列斯著作编译局，编译 . 马克思恩格斯选集：第 1 卷 [M]. 北京：人民出版社，1995：68.

度。产业工人不断在城市聚集致使城市人口急剧增长是这些问题的开端。“由于城市大大膨胀，城市居民从那时起已经增加了一半以上，那些原来宽敞、清洁的街区，现在也同从前最声名狼藉的街区一样，房屋密集、污秽、挤满了人。”[①]城市工人由于收入低微，居于被支配的弱势地位，他们的工作和生活状况被完全忽视。因此，这些城市问题在工人住宅区表现得尤为明显。“城市和乡村的分离，立即使农村人口陷于数千年的愚昧状况，使城市居民受到各自的专门手艺的奴役。”[②]它在历史上曾经促进社会物质生产和精神生产的发展，但其分离是随着生产资料私有制和阶级的形成而发展的，所以它们的分离是对立的。表现为剥削者从事精神生产，被剥削的广大劳动者只能从事物质生产，从而形成脑力劳动和体力劳动的差别与对立；它们也表现为手工业和工业集中于城市，统治者也集中于城市，城市压迫农村，使城乡之间形成对立。

（二）城乡对立：城乡矛盾最突出的阶段

19世纪初，英国由于受到工业革命的影响，大量的农村人口涌入城市，城市难以容纳大量从农村迁入的大量人口，正是这种城乡之间的矛盾，才导致了城乡之间的对立。城乡对立，是指随着城市的产生和发展，城乡关系逐渐走向分离，城市和乡村背后利益的不同导致了城乡矛盾的产生和加剧，城乡之间处于不断加速的敌对状况。马克思、恩格斯认为，城乡对立产生于野蛮时代向文明时代过渡的阶段，并贯穿了整个文明时代的全部历史。马克思、恩格斯一方面肯定了城市的出现以及城乡分离作为劳动分工的合理性、必然性和历史进步性。另一方面，主要立足于对资本主义条件下劳动分工不合理性的批判，深刻地揭露和批判了资本主义制度下城市盲目扩张造成的乡村衰落、城市病态和城乡间尖锐的对立和冲突等问

① 中共中央马恩列斯著作编译局，编译．马克思恩格斯选集：第3卷［M］．北京：人民出版社，1995：195.

② 中共中央马恩列斯著作编译局，编译．马克思恩格斯选集：第3卷［M］．北京：人民出版社，1972：330.

题。恩格斯揭示了社会分工造成城乡的对立:“村镇的居民，特别是年轻一代，逐渐习惯于工厂劳动，逐渐熟悉这种劳动；当第一个工厂很自然地已经不能保证所有的人就业时，工资就下降，结果就是新的厂主搬到这里来。于是村镇变成小城市，小城市变成大城市。城市越大，定居到这里就越有利，因为这里有铁路、运河和公路；挑选熟练工人的机会越来越多；由于附近的建筑业主和机器制造厂主之间的竞争，在这种地方开办新企业就比偏远地区花费要少。”①

如果按照这种方式发展，每一个工业区都会变成巨大的工业城市，而事实上农村由于地理位置的原因，在工资等其他方面比城市更具有竞争优势，这样一来，农村和城市的竞争就日趋激烈。恩格斯指出，城乡对立是随着社会分工带来的生产、生活要素趋向城市集中而出现的，城市已经表明了人口、生产工具、资本、享受和需求的集中这个事实，乡村则是相反的情况：隔绝和分散。“城乡之间的对立是随着野蛮向文明的过渡、部落制度向国家的过渡、地域局限性向民族的过渡而开始的，它贯穿着文明的全部历史直至现在。”②

在恩格斯看来，社会分工是迄今为止历史发展的主要力量之一，大工业劳动使农业和工业分离，既形成作为大的生产中心的城市，又形成孤立和隔绝的农村，人口的集中使得城市文化具有比农村文化更大的集聚力、影响力和辐射力，造成城市剥削农村、农村依附城市的城乡对立格局。一是城乡对立不但导致了农村居民的贫困、愚昧，还直接损害了农业这一国民经济的基础，农业的落后状态必将拖整个国民经济的后腿。二是私有制使城市和乡村发展处于严重失衡状态，进一步扩大了城乡间的差距，居住在城市的统治阶级可利用其特殊的经济政治地位剥削乡村劳动人民，使乡村陷于贫困落后和愚昧状态中。马克思、恩格斯在著作中阐述了城乡差别会对经济、政治、文化和社会发展产生负面影响，阻碍未来社会人的自由

---

① 中共中央马恩列斯著作编译局，编译．马克思恩格斯选集：第 1 卷［M］．北京：人民出版社，1995：34.

② 中共中央马恩列斯著作编译局，编译．马克思恩格斯选集：第 1 卷［M］．北京：人民出版社，1995：88.

而全面地发展。马克思、恩格斯在《德意志意识形态》《资本论》中也对城乡对立的表象问题进行了阐述，认为城市已经表明了人口、生产工具、资本、享受和需求的集中这个事实；而在乡村则是完全相反的情况：隔绝和分散。农业和工业的分离、大的生产中心的形成，使得农村反而相对孤立化。

（三）城乡统筹：生产力发展的必然结果

马克思、恩格斯论述的城乡对立是一个历史范畴，是作为整个分工的社会化产物。城乡对立是一种历史的社会现象，不是永恒的自然现象。圣西门、傅立叶和欧文等空想社会主义学者认为未来社会中是没有城乡差别和城乡对立的，城市不是农村的主宰，乡村也不是城市的附庸，二者是平等的。马克思、恩格斯在批判这一观点的基础上提出了城乡统筹这一概念，他们“天才设想未来的社会不是固化城乡的分裂，而是城乡在新的基础上平衡、协调，即实现城乡统筹”①。马克思、恩格斯认为所谓城乡统筹，就是“结合城市和乡村生活方式的优点而避免二者的偏颇和缺点”②。这表明，城乡统筹实际是指城乡之间相互吸收生活方式之优点基础上的社会本身整体发展状况，是整个社会统筹、协调发展的结果。因此，城乡统筹不是某些产业之间的统筹，也不是社会某些领域之间的统筹，而是指社会整体各子系统之间优势互补、协调统一的存在状态和发展态势，是社会整体协调发展的理想状态。当时西方主要发达国家的城市化进入快速发展阶段，在城乡对立中出现了城乡协调发展的萌芽。城乡统筹是社会生产力发展的必然要求。城乡关系走向统筹与一体化发展，首先是农业发展和乡村摆脱愚昧落后状态的需要，它使农村人口从他们数千年来几乎一成不变地在其中受煎熬的那种与世隔绝的和愚昧无知的状态中挣脱出来。其次是

---

① 祝小宁，罗敏．对马克思恩格斯城乡统筹发展理论体系的当代解读［J］．西华师范大学学报（哲学社会科学版），2008（5）．

② 中共中央马恩列斯著作编译局，编译．马克思恩格斯全集：第4卷［M］．北京：人民出版社，1958：368．

大工业发展和解决“城市病”的实际需要。马克思、恩格斯指出：“它已经成为工业生产本身的自觉需要，正如它已经成为农业生产和公共卫生事业的需要一样。只有通过城市和乡村的统筹，现在的空气、水和土地的污毒才能排除。”[①]最后，城乡统筹是实现个人自由而全面发展的根本要求。因为人的自由全面发展要求消除城乡分离造成的劳动活动本身的畸形发展，是作为消灭整个旧的分工的第一个条件。只有消除城乡对立，才会使劳动者的劳动方式、生活方式和文明程度发生改变和提高，才会使“生产劳动给每一个人提供全面发展和表现自己全部的即体力的和脑力的能力的机会，这样，生产劳动就不再是奴役人的手段，而成了解放人的手段”。[②]马克思、恩格斯还提出了促进城乡统筹的前提条件及路径选择，包括生产力的发展、生产关系和生产方式的变革。

马克思、恩格斯将“城乡统筹”视作未来社会的重要特征：“由社会全体成员组成的共同联合体来共同而有计划地尽量利用生产力；把生产发展到能够满足全体成员需要的规模；消灭牺牲一些人的利益来满足另一些人的需要的情况；彻底消灭阶级和阶级对立；通过消除旧的分工，进行生产教育、变换工种、共同享受大家创造出来的福利，以及城乡的统筹，使社会全体成员的才能得到全面的发展；这一切都将是废除私有制的最主要的结果。”[③]

二、马克思恩格斯城乡统筹发展思想对我国城乡发展一体化的启示

在现阶段，我国的城乡差距大、城乡关系不协调是不可否认的事实。我国城乡居民收入差距扩大、城乡收入分配失衡、城乡基本公共服务投入

① 中共中央马恩列斯著作编译局，编译．马克思恩格斯选集：第 3 卷［M］. 北京：人民出版社，1995：646–647.

② 中共中央马恩列斯著作编译局，编译．马克思恩格斯选集：第 3 卷［M］. 北京：人民出版社，1995：701.

③ 中共中央马恩列斯著作编译局，编译．马克思恩格斯全集：第 4 卷［M］. 北京：人民出版社，1995：371.

的严重不平等都严重影响到我国经济的发展，甚至已经成为影响社会稳定的因素。党的十六届三中全会首次明确了城乡发展一体化的战略要求，后经十七大、十七届五中全会、十七届六中全会等党的重要会议的逐步深化，城乡发展一体化，构建新型工农、城乡关系，已成为我们党在推进社会主义现代化建设和构建社会主义和谐社会进程中高度关注和极端重视的全局性问题。党的十八大报告中指出："解决好农业、农村、农民问题是全党工作重中之重，城乡发展一体化是解决'三农'问题的根本途径。要加大城乡发展一体化力度，增强农村发展活力，逐步缩小城乡差距，促进城乡共同繁荣。"进一步强调了良好城乡关系对我国发展的重大意义，将城乡发展一体化的战略推至一个历史新高度。党的十八届三中全会中又再次强调，"城乡二元结构是制约城乡发展一体化的主要障碍。必须健全体制机制，形成以工促农、以城带乡、工农互惠、城乡一体的新型工农城乡关系，让广大农民平等参与现代化进程、共同分享现代成果"。

马克思恩格斯城乡统筹发展思想的丰富内容及其哲学意蕴，在当前仍然具有重要的启示意义和实践价值，马克思、恩格斯在其丰富的城乡关系思想中，提出了一些实现城乡统筹的方法和途径，虽然他们所处的背景是资本主义发展初期，但其提供的方法论上的指导无疑对我国城乡发展一体化具有重要的启示和借鉴意义。以马克思恩格斯城乡统筹发展思想为基点，探寻我国城乡发展一体化的对策，有助于缩小城乡差距、实现城乡协调发展。

（一）坚持实施"以工补农、以城带乡"的新政策

2015年4月30日，中共中央总书记习近平在主持中共中央政治局第二十二次集体学习时强调：要把工业和农业、城市和乡村作为一个整体统筹谋划，促进城乡在规划布局、要素配置、产业发展、公共服务、生态保护等方面相互融合和共同发展。着力点是通过建立城乡融合的体制机制，形成以工促农、以城带乡、工农互惠、城乡一体的新型工农城乡关系，目标是逐步实现城乡居民基本权益平等化、城乡公共服务均等化、城乡居民收入均衡化、城乡要素配置合理化，以及城乡产业发展融合化。马克思、

恩格斯在《共产党宣言》中指出："把农业和工业结合起来，促使城乡对立逐步消失。"[①]并看到了将二者结合起来从而达成在生产力发展后，工业要腾出足够的人员，给农业提供重要的发展动力。这些论述在今天仍然有重要的启示。长期以来，我国城乡二元结构影响着生产、生活和社会的各个方面，制约着农村、农业和农民的发展，也使得不协调的城乡关系成为我国经济社会发展的障碍。当前我国已经进入新的发展阶段，为解决日益严重的"三农"问题、加快社会主义新农村建设，必须坚持城乡发展一体化的思路，实施"以工补农、以城带乡"的新政策。

（二）推动科技进步，促进农业、农村的进一步发展

马克思、恩格斯敏锐地看到了科学技术对城乡关系将要起到的巨大作用。他们指出："（电的）这一发现使工业几乎彻底摆脱地方条件所规定的一切界限，并且使极遥远的水力的利用成为可能，如果在最初它只是对城市有利，那么到最后它终将成为消除城乡对立的最强有力的杠杆。"[②]中国是一个拥有13亿人口的大国，吃饭是头等重要的大事，但是我国人多地少、土地经营规模小、产出水平较低。要确保粮食95%自给的安全线，必须通过科技手段提高农业生产的效率和效益。而且，随着人们生活水平的提高，人们对农产品的质量也提出了更高的要求，要满足人民生活的需求，必须开发新品种、发展生态农业和绿色产品，这一切也离不开科技手段。科技是第一生产力，城市集中着大量的科研机构和高等院校等，城市是科技发展的孵化器。只有科技得到进一步发展，并把先进的科技方法科学地运用到农业中，才能提高农业劳动生产效率、提高农产品质量。

① 中共中央马恩列斯著作编译局，编译. 马克思主义经典著作选读 [M]. 北京：人民出版社，2004：55.

② 中共中央马恩列斯著作编译局，编译. 马克思恩格斯全集：第35卷 [M]. 北京：人民出版社，1995：446.

（三）推进城镇化、工业化与农业现代化协调发展

我国总体上已到了城镇化加速期、工业化转型期和农业现代化加快期的阶段。目前，我国城镇化、工业化和农业现代化这“三化”的状况是：城镇化滞后于工业化，农业现代化滞后于工业化和城镇化，“三化”总体上不是很同步和协调。推进我国城镇化、工业化和农业现代化协调发展，要推进城乡联动户籍制度改革，加快城乡二元体制破解；扭转城镇化发展偏差，加快中小城市发展；注重内源性产业转型升级，加快增长方式转变；创新现代农业经营机制，加快现代农业发展。

（四）实现统筹城乡的一体化宏观管理

当前我国传统的城乡二元结构还没有根本改变，城乡之间在资金、市场、技术和劳动力等方面仍存在着不少壁垒，生产要素在城乡之间的交流仍不顺畅；传统的城市偏向政策仍然有很大的影响力，在户籍政策、劳动保护、就业以及公共服务方面仍然城乡有别。我们要根本改变这一情况，消除城乡之间法律和政策上的不平等，取消城乡居民在待遇上的不平等，实现城乡平等的一体化宏观管理。正如马克思、恩格斯所说的，“正像现代工业实际上消灭了一切差异一样，现代社会也必须消灭城乡之间在法律和政治上的一切壁障，在这个社会中还存在着阶级，可是已不再有等级了”[①]。

总之，统筹城乡发展是一个过程，正如马克思所指出的，消灭城乡之间的对立，是社会统一的首要条件之一，这个条件又取决于许多物质条件，而且一看就知道，这个条件单靠意志是不能实现的。因此，从这个意义上看，统筹城乡发展既是目标，也是过程。作为过程，统筹城乡发展是具体的、历史的，是分阶段、有层次的，绝不是一蹴而就的。

---

① 中共中央马恩列斯著作编译局，编译．马克思恩格斯全集：第6卷［M］．北京：人民出版社，1995：302.

参考文献

[1] 中共中央马恩列斯著作编译局，编译．马克思恩格斯全集：第 4 卷［M］．北京：人民出版社，1958.

[2] 中共中央马恩列斯著作编译局，编译．马克思恩格斯全集：第 6 卷［M］．北京：人民出版社，1995.

[3] 中共中央马恩列斯著作编译局，编译．马克思恩格斯全集：第 1~3 卷［M］．北京：人民出版社，1972.

[4] 中共中央马恩列斯著作编译局，编译．马克思恩格斯全集：第 21 卷［M］．北京：人民出版社，1965.

[5] 中共中央马恩列斯著作编译局，编译．马克思恩格斯全集：第 46 卷·上［M］．北京：人民出版社，1979.

[6] 中共中央马恩列斯著作编译局，编译．马克思恩格斯全集：第 35 卷［M］．北京：人民出版社，1995.

[7] 中共中央马恩列斯著作编译局，编译．马克思恩格斯选集：第 1~4 卷［M］．北京：人民出版社，1995.

[8] ［德］马克思．资本论：第 3 卷［M］．北京：人民出版社，1975.

[9] ［德］马克思．资本论：第 13 卷［M］．北京：人民出版社，2004.

[10] 祝小宁，罗敏．对马克思恩格斯城乡统筹发展理论体系的当代解读［J］．西华师范大学学报（哲学社会科学版），2008（5）.

[11] 韩长赋．正确把握和处理新阶段的城乡关系［J］．求是，2009（19）.

[12] 陈伟东，张大维．马克思恩格斯的城乡统筹发展思想研究［J］．当代世界与社会主义，2009（3）.

[13] 赵洋．统筹城乡发展视阈下马克思恩格斯城乡发展思想研究［J］．学术论坛，2011（3）.

[14] 曾长秋．马克思恩格斯城乡关系思想的哲学审视［J］．求是，2013（2）.

第十章 《资本论》生态经济思想的内涵及其对绿色发展的启示

江佳翼*

（西北大学经济管理学院；陕西　西安　710127）

[内容提要]　作为引领时代发展潮流的五大发展理念之一的绿色发展，随着经济发展以及人类社会的进步已经从单纯的经济学名词转化为人类社会发展的基本共识，而《资本论》作为指导社会主义国家发展理论的马克思主义的经典代表作，其生态经济思想也是值得广大学者深入讨论的重要理论。本文通过对《资本论》生态经济思想的梳理，总结出了其相关内涵，同时，对《资本论》中生态经济思想对绿色发展的启示进行了探讨。

[关键词]　**资本论　生态经济思想　绿色发展**

一、引　言

创新、协调、绿色、开放、共享五大发展理念是马克思主义政治经济学中国化的最新成果，它从理论上解决了怎样发展的问题，对我们全面建设小康社会具有纲领性的指导作用，而作为五大发展理念重要组成部分的

* 江佳翼，西北大学经济管理学院硕士研究生。

绿色发展，也得到了政界以及学术界的高度关注。习近平总书记在多个场合针对绿色发展做出了重要讲话，认为绿色发展是我国生态文明建设的必由之路。中共中央、国务院发布的《关于加强推进生态文明建设的意见》中明确提出："坚持把绿色发展、循环发展、低碳发展作为基本途径。从根本上缓解经济发展与资源环境之间的矛盾，必须构建科技含量高、资源消耗低、环境污染少的产业结构，加快推动生产方式绿色化，大幅提高经济绿色化程度，有效降低发展的资源环境代价。"①绿色发展，从狭义上来说，是没有污染、全面节约、高效利用资源的发展，从广义上来说，是经济、社会、环境和谐可持续发展。

理论是行动的指南，认识是行动的先导，因此，要想实现绿色发展，必须要有先进的绿色发展理论作为指导。作为马克思系列著作的代表，《资本论》无疑是对人类历史发展产生过巨大影响的鸿篇巨制，学术界以往对《资本论》的研究多集中在其经济思想上，然而生态经济思想也是《资本论》的重要构成。而《资本论》的生态经济思想中，马克思以商品为逻辑起点，以劳动、资本为逻辑载体，以资本主义生产方式为逻辑主线，深度剖析了由人类劳动与自然所发生的物质变换过程及自然异化的制度根源，初步提出了更好地利用自然力来促进整个社会生产力提高，更好地解决人与自然关系恶化、实现可持续发展发展的路径和方法，对绿色发展有重要的指示作用。

二、国内外学者对《资本论》生态思想的评述

《资本论》有无生态思想一直是西方学者争论的焦点问题，部分学者认为，《资本论》不包含生态思想，他们认为马克思在《资本论》中的着眼点在于无产阶级以及人类解放，虽然有对资本主义的生态破坏批判，但这些无非是为了揭露资本主义丑陋而使用的论证工具，并非属于生态思

① 中共中央、国务院关于加快推进生态文明建设的意见［N］. 人民日报，2015-05-06.

想。美国学者詹姆斯·奥康纳认为人类在马克思的思想中占据了太过主动和重要的地位，自然却被忽视了，他在《自然的理由：生态学马克思主义研究》一书中写道："马克思的观点中的确不包含把自然界不仅指认为生产力，而且指认为终极目的的所谓生态社会的思想"①。然而西方学者对《资本论》的研究，主要还是以其经济学含义为主，因此存在着"只注重修辞形式而不重纪实内容，甚至还存在着断章取义、肢解马克思的片面研究"②的问题，这是对《资本论》的误解。

明确肯定马克思有生态思想的代表人物有保罗·波科特、约翰·贝拉米·福斯特和日本学者岩佐茂。波科特认为，马克思的劳动价值论对人与自然的新陈代谢关系进行了具体阐释，凸显了其现代生态学意义；福斯特则以《资本论》为依据系统阐述了自然和社会的新陈代谢过程，集中论述了马克思运用新陈代谢的观点，系统分析了资本主义社会中人口、工业和土地的关系：其一，认识自然的产物需要与自然进行物质变换，自然则是人体器官的延伸；其二，劳动在人与自然物质变换中充当媒介；其三，社会性的劳动沟通了整个人类社会的新陈代谢；其四，应对这种整个社会的新陈代谢予以控制的观点。在此基础上，福斯特率先提出和使用了"马克思的生态学"的概念③。岩佐茂也借用马克思《资本论》中的物质变换思想，指出生态环境遭到破坏的根源是人与自然物质变换的断裂，因此他特别强调应把"控制自然"和"控制人与自然的关系"加以区分，因为这是关系人的健康与生命的重要问题。"资本主义的生产不仅引起了'人与自然之间的物质变换'与自然的'扰乱'和'破坏'，而且同时'破坏'了劳动者的'身体健康''精神生活'。"④

由此发现，否定者对马克思生态思想的否定主要是拘泥于对《资本论》中以劳动价值论、劳动过程论等而展开的，认为这些范畴凸显了马克

① ［美］詹姆斯·奥康纳.自然的理由：生态学马克思主义研究［M］.臧佩洪，唐正东，译.南京：南京大学出版社，2003：4.

② 俞吾金.对"马克思热"的冷思考［J］.探索与争鸣，2010（10）：10–12.

③ Paul Burkett. *Marx and Nature*［M］. St. Martin's Press，1995: 5，14.

④ ［日］岩佐茂.环境的思想：环境保护与马克思主义的结合处［M］.韩立新，张桂权，刘荣华，等，译.北京：中央编译出版社，2007:113.

思政治经济学对生态环境的漠视、对人类中心论过度张扬以及对自然普罗米修斯式态度的认可，这一切都极易引发环境问题甚至就是其诱发之因。否定者对以《资本论》为代表的政治经济学某些范畴的解读有一定的深度，是传统经济学与自然系统相脱节的现实反映，这有利于追思环境问题的经济诱因。但其缺陷在于：一是通过对某些范畴的断章取义理解就断定《资本论》没有生态思想，有失公允；二是将自己对马克思政治经济学范畴的理解等同于马克思政治经济学本真含义，有些牵强。因为实际上，《资本论》有着深刻的生态思想蕴涵，这种蕴涵只是以一种较隐蔽的方式得以体现而不被人们重视罢了。这需要深入具体文本进行全面解读。肯定者的辩驳体现出对马克思生态思想解读的宏阔维度和深度理解，有利于把握马克思生态思想。但是囿于只是辩驳需要，而对《资本论》生态思想的展示还不够系统全面和深入完善。不过无论如何，这些学术论辩都有利于凸显《资本论》生态思想，有利于引发对《资本论》及现代经济学的绿色审视，完善经济学对多种因素特别是对生态环境因素的深度考量。

三、《资本论》生态经济思想的内涵

《资本论》无疑是对人类历史发展已经产生过巨大影响的鸿篇巨制，这是不容辩驳的事实，而不管人们赞成与反对。《资本论》中的生态思想确实不如经济思想那样清晰。然而，伴随着生态问题在全球范围内的日渐凸显，对《资本论》中所蕴藏的生态智慧进行挖掘，对其理论逻辑进行梳理与解析，必然是在新的历史境遇下，捍卫与发展《资本论》理论智慧的一种尝试，本文通过对《资本论》的深入阅读，以及对相关学者的研究进行思考，从以下几个方面对《资本论》的生态经济思想进行了总结。

（一）人与自然的关系问题

人与自然的关系问题是生态思想的核心。《资本论》中对人、对自然以及对人与自然的辩证关系的认识贯穿始终。要明确人与自然的关系，首先需要明确《资本论》中关于自然、人的本质以及劳动的界定。

在《资本论》中，马克思对自然概念的使用主要是“现实的自然”，即与人相关联的自然，离开了人类社会的自然也就失去了其存在的价值。就自然对人的意义而言，自然是人类存在与活动的现实基础，马克思在《资本论》中借用了威廉·配第的话“土地是财富之母”①，自然界为人类生存提供基本的物质生活资料和生产资料，为人类的精神生活提供素材。从商品价值形成的视角，马克思这样描写道“良好的自然条件始终只能提供剩余劳动的可能性”，以此揭示出自然条件只是剩余价值形成的一个前提条件而非决定条件。

人的概念与本质较自然而言更加复杂，向来是生态学关注的焦点问题，在《资本论》中，马克思从劳动实践的视角对人的本质做出了进一步的理解。马克思在论及劳动概念时，特别是界定抽象劳动属性时，突出了人体自然的重要性，他这样讲到，所有劳动都是“人的脑、肌肉、神经和手等等的生产耗费”②。在区分不变资本与可变资本时，马克思也这样提到，“人本身单纯地作为劳动力的存在来看，也是自然对象，是物”③。人是自然的一部分凸显了人的自然属性，而人的社会属性才是人的本质属性，“天生的社会动物”表明了人的社会属性，马克思在《资本论》中有过这样的看法：“人即使不像亚里士多德所说的那样，天生是政治动物，无论如何也天生是社会动物”④。

《资本论》中的劳动范畴既是一个政治经济学概念，更是一个带有共性的人类一般劳动的哲学范畴，它是打开马克思生态哲学大门的一把“金钥匙”。马克思在阐述劳动价值理论时首先界定了劳动这一范畴，他指出：“劳动首先是人与自然之间的过程，是人以自身的活动来引起、调整

① ［德］马克思. 资本论：第1卷［M］. 北京：人民出版社，2004：57.
② ［德］马克思. 资本论：第1卷［M］. 北京：人民出版社，2004：57.
③ ［德］马克思. 资本论：第1卷［M］. 北京：人民出版社，2004：228.
④ ［德］马克思. 资本论：第1卷［M］. 北京：人民出版社，2004：363.

和控制的物质变换的过程”[①]。劳动是人与自然间物质变换的一般条件，同时也是创造人类生活永恒自然条件的过程，这一过程的两端是自然与劳动者，中介是劳动。这就是劳动过程的要素，正如马克思所说：“一边是人及其劳动，另一边是自然及其物质”[②]。劳动过程几乎蕴含着人类世界的最基本的关系即人与自然的关系、人与人的关系以及在这一过程中支配人的行为的意识活动。对此，马克思也有清晰的表述：“劳动过程结束时的结果，在这个过程开始前就已经在劳动者的表现中存在着，即已经观念地存在着，他不仅使自然物发生形式变化，同时他还在自然物中实现自己的目的”[③]。

人与自然的关系，是在我们明晰自然概念和人的概念之后所要进一步理清的逻辑，有关两者关系的分析几乎伴随《资本论》的始终。在资本主义生产过程中，人与人的关系以及人与自然的关系是同一生产过程的两个方面：一方面，人与人只有结成一定的关系，才能去利用和改造自然；另一方面，如果离开人与自然的关系，人与人关系的形成也就失去了赖以存在的物质基础。人与人的关系是对人与自然关系的发展与延伸；人与自然的关系对人和人关系而言是其存在与发展的前提与基础，人与人的关系现实价值体现在人与自然的关系之中，正如《资本论》所记述的那样，人在改造自然的过程中体现了人自身的目的性。[④]人与自然相互改变，“当他作用于自然并使自然改变的同时其自身也随之而改变”。[⑤]

马克思在《资本论》中对人与自然关系的生态学解读，特别是人与自然关系的辨析，对于我们从整体上把握人与自然的对立与矛盾，并将其纳入整个社会领域的总体框架下去解决这一总体路径有着重要的理论指引作用。

① ［德］马克思．资本论：第1卷［M］．北京：人民出版社，2004：201.
② ［德］马克思．资本论：第1卷［M］．北京：人民出版社，2004：209.
③ ［德］马克思．资本论：第1卷［M］．北京：人民出版社，2004：202.
④ ［德］马克思．资本论：第1卷［M］．北京：人民出版社，2004：202.
⑤ ［德］马克思．资本论：第1卷［M］．北京：人民出版社，2004：202.

（二）物质变换与物质代谢的永恒发展

物质变换与物质代谢是马克思《资本论》中生态经济思想的核心内容之一，而研究物质变换与物质代谢，须对其理论基础以及发展历程有较为清楚的认识。

劳动价值学说和剩余价值学说是马克思主义政治经济学的两大重要组成部分，也是《资本论》的重要内容，几乎马克思所有的经济学思想都是基于这两大学说的，当然马克思的生态经济思想也势必从中汲取营养。正如马克思所说："只要承认某种产品有价值，那么产生它的源泉唯有价值。"[①]"劳动构成了财富的唯一本质。"[②]马克思着重强调了劳动并不是一开始就是创造价值的源泉，如原始社会劳动还不具备这一职能，只有随着社会的发展进步，达到特定的历史阶段，劳动被区分为具体劳动和抽象劳动时，抽象劳动才成为创造价值的唯一源泉。在资本主义社会中，劳动者和自己生产的劳动产品相异化，劳动者和资本家也处于异化的状态，究其原因就在于资本主义私有制的存在。故此，只有从根本上消除资本主义私有制才能消除这些异化现象，物质资料生产的目的才会摆脱价值增殖的束缚，人与自然的物质交换将打破价值增殖的魔咒，从而人与自然以及人与人的异化最终得以消除，进而自然生态和经济社会才能实现平衡发展。马克思这样分析，"劳动力的价值和劳动力在劳动过程中创造的价值增殖，是两个不同的量。资本家购买劳动力时，正是看中了这个价值差额[③]"。而剩余价值理论的建构深刻揭示了资本家进行生产的实质，指出了资本家和工人对立的经济根源。为其建构人的自由解放学说奠定了经济学基础，人的自由解放是马克思主义理论所追求的终极目标，资本主义没有实现这一目标，更不可能达到人的自由而全面发展的状态。只有取代资本主义社会的更高级的社会形态，才能实现人与自然的和解、人与人、人与社会的和谐相处，从而达到生态自然和经济社会和谐发展。由此可见，剩余价值理

① ［德］马克思．资本论：第1卷［M］．北京：人民出版社，2004：57.

② ［德］马克思．1844年经济学哲学手稿［M］．北京：人民出版社，2000：50.

③ ［德］马克思．资本论：第1卷［M］．北京：人民出版社，2004：225.

论使工人看到了自身异化以及人与人异化、人与社会异化的经济根源，从而为其阐释生态经济思想奠定了理论基石。

马克思在《资本论》中论及的生态思想是从商品这一起点出发，经过对商品基本属性的分析、劳动二重性的逻辑追溯，再到生产过程的分析，逐渐清晰地建构起生态经济思想的演绎逻辑。首先，商品二重性所体现的是人对自然的物质依赖。商品是人对自然物进行改造加工的产物，是内在包含使用价值与价值的矛盾统一体，是人类同一劳动两个方面的产物与结晶，也是人类进行社会劳动的目的追求。马克思在《资本论》中这样分析，“价值只有在使用和消费中才能实现”，“使用价值又是交换价值的物质承担者”[①]。马克思告诉我们，把握商品必须从自然生态关系和社会关系的统一两方面去全方位地认识，既要看到人与自然生态关系的表面，还要探寻其背后隐藏的人与人的社会关系。劳动过程凸显了人与自然的物质变换。在《资本论》中，马克思对商品的二重性背后的决定性因素——劳动的二重性进行了探讨，马克思对劳动概念这样表述，“劳动首先是人和自然之间的过程，是人以自身的活动来引起、调整和控制人和自然之间的物质变换的过程”[②]。从劳动概念本身我们可以体会到劳动二重性中浮现的生态经济关系：一方面，劳动作为架起人与自然的物质变换的中介，从自身的目的出发去作用于自然物，把自然物改造成对自己有用的东西，这一过程改变了自然物本身的形式，人的目的性恰恰体现在自然物形式的改变当中。另一方面，劳动本身又折射出社会性的光芒，这种劳动为人所独有，体现在这一过程中的是人与人的社会经济关系。因此，劳动是人类赖以生存的基本前提，劳动过程所展现的是自然界的人化过程与人的自然化过程的有机统一，人与自然双向互动的生态关系体现在这一进程中，人与人的经济关系隐藏在其背后，两对关系的融会贯通演绎出了生态经济关系的“乐章”。而物质循环过程研究的是社会再生产过程，这个过程不是一成不变的，而是变化发展的，人类进行经济活动的首要物质前提就是从自然

① ［德］马克思．资本论：第 1 卷［M］．北京：人民出版社，2004：49.
② ［德］马克思．资本论：第 1 卷［M］．北京：人民出版社，2004：207-208.

界中获取自身所需物质，通过具体劳动赋予其有用性，为人们所必需，以此推动人类不断繁衍、发展，在这一交换过程中又不断地把产生的无用物质投放回自然界，重返自然生态系统，经过自然转换再次成为人类所需的物质，这样周而往复，以至无穷地循环发展下去。反过来，生态自然在这一过程中也不是完全被动的，它不断地向人类反馈，人类通过经济关系对生态自然所产生的作用，这种效用经常是以生态平衡和生态失衡表现出来的。自然生态系统在不断满足人类经济系统需要的同时，客观上也要求人类的经济系统不断对生态系统做出补偿。两者通过生产实践相互联系，借助于生产实践，社会与自然有机地联系在一起。经济和生态动态平衡，生态系统和经济系统在物质循环这一社会再生产过程中形成了相互联系又彼此制约的生态经济关系。

（三）资本主义制度与生态的矛盾

生态问题在马克思的时代还不明显，然而作为天才的思想家，马克思以其犀利的目光对资本主义的生态环境问题倾注了自己的心血，较早认识到了生态危机的发展趋势，对生态问题产生的根源进行了深刻的剖析。马克思对自己生活的那个资本主义时代的环境问题进行了考证，并对当时的环境问题进行了详尽的分类，概括起来包括自然环境问题的变迁、人居环境的恶化以及工人工作环境的改变。自然环境中的土地、河流、森林、空气都遭到了破坏与污染，工人的工作环境和人居环境不断恶化。他认为，生态危机的制度根源是资本主义制度，马克思把生态问题的研究起点建立在这一分析基础之上，马克思在《资本论》中曾经把工人生存环境的恶化与资本积累联系起来，因循这一思路进行追溯，就会发现马克思对生态问题进行制度归因的源泉是自然的异化，批判生态问题的现实逻辑是追求利润最大化的资本积累，而根治生态危机的根本途径就是制度变革。

资本主义生态问题的实质是自然异化。马克思指出："资本主义生产方式按照它的矛盾的、对立的性质，还把浪费工人的生命和健康，压低工人的生存条件本身，看作不变资本使用上的节约，从而看作提高利润率的手段。”[①]资本家追求利润的无止境性，必然会导致资本主义生产的无限扩大，而生产扩大所造成的恶果就是资本家无限掠夺资源和环境遭到破坏，这样就使生产过程与自然过程直接对立。而造成这一对立的罪魁祸首就是资本主义的生产方式。因此，造成劳动异化与自然异化的本质根源就是资本主义制度。自然异化在资本主义当中就表现为环境的恶化和生态的破坏。他借用资本主义生产所造成的河水与鱼的对立，十分形象地比喻了资本主义生态环境恶化与人的本质的异化关系。马克思还进一步引证环境污染所造成的毒害人性的恶果，“他的任何一种感觉不仅不再以人的方式存在，而且不再以非人的方式因而甚至不再以动物的方式存在”[②]。十分深刻地揭示出资本主义生产方式下工人的悲惨命运。

生态危机的根源是资本与资本主义制度。马克思认为生态危机的根源，就是资本逻辑的驱使，就是资本对自然的占有，他这样阐释，“在资产阶级看来，世界上没有一样东西不是为了金钱而存在的，连他们本身也不例外，因为他们活着就是为了赚钱，除了快快发财，他们不知道还有别的幸福，除了金钱的损失，不知道有别的痛苦”[③]。在资本主义条件下，资本家关心的只有利润，因此，在资本逻辑的支配下，人与自然的关系必然被资本对自然的占有关系掩盖。资本的在生态问题上的另一个罪状就是由其所决定的资本主义生产方式及技术进步所带来的反生态本性。马克思对此感触颇深，他认识到了资本主义生产方式所带来的一系列生态影响，它带来了人与自然物质变换的异化，它在带来工业进步、农业发展的同时，给工人带来了压抑，给农民带来了环境的污染。它带来了城乡二元格局的加剧，它在带来技术进步的同时，也加剧了技术对自然的破坏力和损害作用。对此，马克思一针见血地指出资本的反自然本性，他说：“资本主义

① ［德］马克思．资本论：第 3 卷［M］. 北京：人民出版社，2004：101.

② 中共中央马恩列斯著作编译局，编译．马克思恩格斯文集：第 1 卷［M］. 北京：人民出版社，2009：225.

③ 中共中央马恩列斯著作编译局，编译．马克思恩格斯文集：第 1 卷［M］. 北京：人民出版社，2009：476.

生产方式以人对自然的支配为前提”[①]。与此同时，他也对资本所带来的反自然后果进行了清晰的说明，他指出：“资本主义农业的任何进步，都不仅是掠夺劳动者的技巧的进步，而且是掠夺土地的技巧的进步，在一定时期内提高土地肥力的任何进步，同时也是破坏土地肥力持久源泉的进步。一个国家，例如北美合众国，越是以大工业作为自己发展的基础，这个破坏过程就越迅速。因此，资本主义生产发展了社会生产过程的技术和结合，只是由于它同时破坏了一切财富的源泉——土地和工人”[②]。马克思在深刻剖析资本主义生态危机的根源基础上，为摆脱生态危机指明了出路，即消灭资本主义生态危机，必须消除资本逻辑，而消除资本逻辑就必须解决生产资料私有制与社会化大生产的矛盾，这就需要社会化的人和自由的生产者的联合。人与自然的最终和谐取决于人与人关系的和解。

（四）自然力是无偿的生产力

在《资本论》中，马克思指出：自然力是“特别高的劳动生产力的自然基础”[③]。从物质本源论的角度出发，马克思认为自然力在本体论意义上的本源性和优先地位，规定了自然力是生产力发展的根源性物质条件[④]。同时，自然环境的差异是形成社会分工的自然基础，它制约着生产力的布局，影响着生产力发展能力。而且，自然力是价值增殖的自然基础，马克思认为，级差地租便是由独占劳动较高的自然生产力使土地产品的个别生产价格低于社会生产价格获得的超额利润转化来的。

自然力是生产力的内在要素和生态源泉。马克思认为，生产力具有两重属性：自然属性和社会属性。而传统的生产力理论把生产力仅仅等同于社会生产力，片面注重生产力的社会属性，忽视了生产力的自然属性，

---

① 中共中央马恩列斯著作编译局，编译．马克思恩格斯文集：第5卷［M］．北京：人民出版社，2009：587.

② 中共中央马恩列斯著作编译局，编译．马克思恩格斯文集：第5卷［M］．北京：人民出版社，2009：579.

③ ［德］马克思．资本论：第3卷［M］北京：人民出版社，2004：728.

④ 温莲香．论马克思生产力理论中的自然力向度[J]．当代经济研究，2013（2）：11-16.

把自然力当作生产力发展的外部条件，否认自然力是生产力的内在要素，这是对马克思生产力理论的曲解。我国学者柯宗瑞将其称为“半边生产力论”“致残生产力论”。[①]事实上，自然力作为生产力中一个不可或缺的要素，早就被马克思纳入生产力系统中，他指出:“如果把不同人的天然特性和他们的生产技能上的区别撇开不谈，那么劳动生产力主要应当取决于：①劳动的自然条件，如土地的肥沃程度、矿山的丰富程度等等；②劳动的社会力量的日益改进，这种改进是由以下各种因素引起的，即大规模的生产，资本的集中，劳动的联合，分工，机器，生产方法的改良，化学及其他自然因素的应用”[②]。由此看出，马克思的生产力中包含自然力，生产力是自然力和社会力的有机结合。基于生态维度的视角，自然力不仅是生产力的重要因素，而且是生产力的生态源泉。

“资本的生产力”对自然力的破坏。马克思把资本主义生产关系下的各种生产力统称为“资本的生产力”，这是一种以追求剩余价值为目的、使自然完全成为资本的附属物、以破坏自然力为代价的片面发展的生产力。

首先，“资本的生产力”的发展是以掠夺式使用自然力为代价的。马克思以土地的自然力为例，揭露资本生产力的富有是以劫夺土地丰度为条件的。第一，土地是人类的衣食之源，是农业生产力发展的基础。但在资本主义土地所有制下，贪得无厌的农场主靠掠夺土地肥力来提高收获量，他们“直接地滥用和破坏土地的自然力，……使土地日益贫瘠”[③]。第二，资本主义农业的经营，代替了“土地的自觉的合理的经营”，为实现高额利润，只顾从土地上掠夺肥力，而资本主义农业技术的不断进步，只不过是资本家掠夺土地生产力和土地肥力持久源泉的手段。第三，资本主义工业和商业携手联合，为农业提供使土地贫瘠的各种手段，从而破坏了农业生态系统的物质循环和能量转化，破坏了土地生产力的可持续性，最终引

① 柯宗瑞．生态生产力 [J]. 上海社会科学院学术季刊，1991（1）：15.

② 中共中央马恩列斯著作编译局，编译．马克思恩格斯全集：第 16 卷 [M] 北京：人民出版社，1964：140.

③ 中共中央马恩列斯著作编译局，编译．马克思恩格斯全集：第 25 卷 [M] 北京：人民出版社，1974：917.

起人与自然物质变换的断裂。

其次，“资本的生产力”的发展是以自然力的不可持续利用为代价的。一方面，“资本的生产力”造成了自然力的绝对稀缺。资本主义生产受剩余价值规律的驱动，呈无限扩大的趋势，因而对自然力的需求增加；随着资本有机构成的不断提高，资本对可变资本的需求相对减少，对不变资本的需求增大，所以，不断从自然界索取大量的自然力成为资本家的不二选择，最终导致资源快速消耗和枯竭，使自然力在量上绝对下降，严重威胁着生产力的可持续利用。“文明和产业的整个发展，对森林的破坏从来就起很大的作用，对比之下，对森林的养护和生产，简直不起作用。”[①]“我们只要想一想决定大部分原料数量的季节的影响，森林、煤矿、铁矿的枯竭等，就明白了。”[②]类似的情况恩格斯也多次谈道：“能的储备——煤炭、矿山、森林等等方面的浪费的情况，你比我知道得更清楚。”[③]马克思、恩格斯用“破坏”“枯竭”“浪费”等词描述自然资源的不可持续性。另一方面，“资本的生产力”使自然力在质上也不可持续。资本主义生产方式下人与自然物质变换关系的断裂使有害的排泄物不断返回自然界，积累于自然生态环境系统中，直至排放量超过自然生态环境系统的自净能力，使得生态循环受阻，导致环境污染、[④]自然力质量下降和服务功能减退。而且，人类的过度干扰，致使自然力的抗变力和恢复力部分丧失，自然再生产能力下降，因而生产力的可持续发展受到严峻的挑战。

四、《资本论》生态经济思想对绿色发展的启示

作为引领社会发展的五大发展理念之一，“绿色发展”理念的提出，

---

① 中共中央马恩列斯著作编译局，编译 . 马克思恩格斯全集：第 24 卷［M］北京：人民出版社，1972：272.

② 中共中央马恩列斯著作编译局，编译 . 马克思恩格斯全集：第 25 卷［M］北京：人民出版社，1974：289.

③ 马克思恩格斯全集：第 35 卷［M］北京：人民出版社，1971：129.

④ 温莲香 . 马克思批判视域中的生产力可持续发展论［J］. 学术论坛，2011（12）：22.

让人与自然的关系问题又一次成为国家持久发展中重要的战略问题，而马克思在《资本论》中所阐述的生态思想具有深远的前瞻性和历史价值，对指导我国探寻绿色发展的有效建设措施，坚持在发展中突出生态环境保护，实现经济与社会、人与自然全面协调和可持续发展，积极构建社会主义和谐社会具有重要意义。通过分析《资本论》生态经济思想的内涵，可以发现其在以下几个方面对绿色发展有着重要启示。

（一）遵循劳动的自然生产力规律，树立“生态是永久生产力”的绿色发展理念

《资本论》中关于人与自然的辩证关系的认识贯穿始终。在生产过程中，人与人只有结成一定的关系，才能去利用和改造自然；另一方面，如果离开人与自然的关系，人与人关系的形成也就失去了赖以存在的物质基础。人与人的关系是对人与自然关系的发展与延伸；人与自然的关系对人和人的关系而言是其存在与发展的前提与基础，人与人的关系的现实价值体现在人与自然的关系之中。

强调在遵循自然规律的基础上发挥人的主观能动性是马克思的一贯思想，也是马克思在《资本论》中的重要观点。这一观点要求必须处理好自然优先性和人主体性的辩证关系。在中国社会主义建设的初期，由于过于强调人的主体性，夸大马克思所说的人的主观能动性，提出“人定胜天”的绝对论观点，结果造成对自然资源的极大挥霍和浪费。改革开放以后，中国又在相当长的一段时期内盲目追求GDP产值，在“金山银山”和“绿水青山”之间，选择了“金山银山”，牺牲了“绿水青山”，违背了马克思在《资本论》中所提出的“靠消耗最小的力量，在最无愧于和最适合他们的人类本性的条件下进行这种物质变换”的思想，结果造成了中国比较严重的生态危机。从某种意义上说，“保护生态环境就是保护生产力、改善生态环境就是发展生产力”的理念就是建立在劳动的自然生产力的基础上，毕竟作为“为了人类的需要而对自然物的占有”和“人和自然之间的

物质变换的一般条件”的劳动，“是人类生活的永恒的自然条件”，“不以人类生活的任何形式为转移”。人类劳动需要占有自然界提供的各种各样的劳动资料，如果自然生态环境遭到破坏，自然力就会走向反面，没有了足够的劳动资料，也就形成不了满足人类进一步发展所需要的生产力。当然，造成生态环境危机，除了政府盲目追求GDP的因素，还有私有资本追逐利益的因素。无论是在资本主义社会还是在中国社会主义初级阶段，只要资本雇佣劳动的现象没有得到消除，只要资本的贪婪和剥削的本性没有彻底丧失，生态环境的恶化所造成的生态危机就不可能从根本上得到解决。而要解决这一难题和走出生态危机的困境，就必须进一步巩固公有制的主体地位，切实提高劳动者的主体意识，重新界定社会主义条件下“资本”的含义、特征，确立货币资本和劳动资本的平等关系，使传统的“资本”概念在社会主义制度下获得重生，保证货币资本家和劳动资本家在政治和法律的地位上获得真正的平等，并形成强烈的命运共同体意识，从而更好地处理人与人、人与自然的关系，促进经济社会全面、协调、可持续的绿色发展。

（二）把握物质变换规律，构筑尊崇自然、绿色发展的生态体系

在《资本论》中，马克思阐述了“自然界的物质转换”“人与自然的物质变换”和“社会的物质变换”，其中“人与自然的物质变换”最能彰显马克思的绿色发展思想。按照马克思在《资本论》中的描述，劳动是人与自然之间进行一系列物质变换的过程，物质变换的主体是人，出发点和落实点也是人，人不仅可以借助自身主观能动性的发挥从自然界获得劳动所需要的自然资源，而且可以借助生产工具改变自然物质的状态，生产出各种各样的产品以满足人的需要。但马克思也指出:“(劳动者)不仅使自然物发生形式变化，同时他还在自然物中实现自己的目的，这个目的是他所知道的，是作为规律决定着他的活动的方式和方法的，他必须使他的意志服从于这个目的。”也就是说，在处理人与自然物质的变换关系时，人绝对不能随心所欲，必须自觉地遵循大自然本身的客观规律，善待自然，保护自然，实现人与自然关系的和谐。但在资本逐利本性的驱使下，物质变

换或多或少地存在着反自然的特征，造成一定程度的生态环境破坏。这就更需要认真研究和把握马克思所说的物质变换规律，构筑尊崇自然、绿色发展的生态体系。马克思针对工农业生产中的排泄物，提出排泄物的利用应遵循人与自然之间的物质变换和物质循环规律，依靠科技进步，通过新的生产过程、新的方法、新的途径发展生态经济。破解生态危机、发展生态经济、改善生态环境，必须依靠科技进步和创新，实现绿色发展、清洁发展和全面、协调可持续发展。这就要求变革传统的生产方式和生活方式，改变传统消费模式，形成生态消费模式，以减少环境污染，有效保护自然生态环境，实现经济效益、社会效益和生态效益的统一。

2015年9月，习近平在联合国大会上指出:“人类可以利用自然、改造自然，但归根结底是自然的一部分，必须呵护自然，不能凌驾于自然之上。我们要解决好工业文明带来的矛盾，以人与自然和谐相处为目标，实现世界的可持续发展和人的全面发展。”[①]2017年1月，习近平在联合国的主旨演讲中进一步指出:“人与自然共生共存，伤害自然最终将伤及人类。空气、水、土壤、蓝天等自然资源用之不觉，失之难续。工业化创造了前所未有的物质财富，也产生了难以弥补的生态创伤。我们不能吃祖宗饭、断子孙路、用破坏性方式搞发展”[②]。要构筑尊崇自然、绿色发展的生态体系，就必须坚持节约资源和保护环境的基本国策，正确处理好发展和生态环境保护的关系,“构建低碳能源体系、发展绿色建筑和低碳交通、建立全国碳排放交易市场等[③]。另外，还要建立生态综合治理目标、责任及落实制度体系。

(三)注重建设生态政治，保障生态建设扎实推进

马克思在《资本论》中指出，资本的利润动机与生态保护的矛盾根源

① 习近平 . 携手构建合作共赢、公平合理的气候变化治理机制——在气候变化巴黎大会开幕式上的讲话 [N]. 光明日报，2015-12-01.

② 习近平 . 共同构建人类命运共同体——在联合国日内瓦总部的演讲 [N] 光明日报，2017-01-20.

③ 习近平 . 携手构建合作共赢、公平合理的气候变化治理机制——在气候变化巴黎大会开幕式上的讲话 [N] 光明日报，2015-12-01.

在于制度安排与利益诉求。生态危机的日益严峻，使得对生态问题的解决也必须从制度层而、政治领域入手。建设中国特色社会主义生态文明，“不只是经济问题，实际上是个政治问题”。生态政治是基于人类所面临的日益严峻的生态危机，从生态与政治相结合的角度所阐明的全新的政治思维。它要求人类的经济、政治、文化和社会制度的安排建立在保护生态环境、实现人与自然和谐相处的基础之上。在中国特色社会主义生态文明建设过程中，要高度重视生态政治建设，为我国生态文明建设的扎实推进提供重要保障。

以绿色发展共同目标为导向，更好地发挥政府在绿色发展中的作用。由于生态系统具有公共物品的属性，保护生态环境的社会收益与私人收益差距较大，因而市场机制并不必然激励人们保护生态环境。提升政府的科学决策水平，发挥政府的宏观调控力、行政组织能力和行为引导力，制定严格且适宜的环境管理制度，提高人们参与环境保护的积极性，让人们的绿色行为变被动为主动，使企业有意愿进行绿色转型，提供更多的绿色产品和服务，鼓励社会资本进入生态环保和社会服务市场，引导和扶持环境保护、社会绿色组织发育成长；支持群众对生态环境领域公共政策制定过程的参与和行政管理过程的参与，建立资源开发信息公开制度，对涉及公众环境权益的项目，要通过听证会或社会公示等形式充分听取人民群众的意见，接受社会监督；完善行政考核体系，在充分重视经济增长质量和效益的同时，将节约资源、环境保护等因素纳入领导干部政绩考核指标体系，不以经济指标论“英雄”；加强生态文明建设的宣传教育，增强全民生态意识、环保意识和节约意识，将生态理念内化为人们的自觉行动，营造爱护环境、节约资源和绿色消费的良好社会风尚，把建设环境友好型、资源节约型社会的历史使命和责任落实到人们的日常工作、生产和生活中去。

（四）从可持续发展的视角，注重对自然力的开发利用

马克思认为一切生产力都归结为自然界，一切生产力都归结为自然力，因此，自然力能否可持续利用直接关系到生产力能否实现可持续发

展。想要实现自然力的可持续发展，首先，务必要节约自然力。马克思崇尚节约，反对自然力的浪费，在他看来，自然力是稀缺的，是有限的，如果维持经济高增长、高消费而滥用自然力，会导致自然力的供给不足，而作为生产要素，自然力供给不足，会导致经济衰退甚至灾荒，因此，要节约自然力。同时，在生产力发展过程中，应当认识和尊重自然力的规律，减少自然力的报复。人类应当负责任地调控生产与自然力的关系，把对自然力的利用控制在其可承载范围内，减少对自然力的扰动，少投入、少排放，让自然力能休养生息、恢复活力。其次，应当发展循环生产，高效利用自然力。应该将依靠增加资源投入带动的模式转变为提高资源利用率带动的模式，让投入的所有资源能在不断进行的经济循环中得到合理、充分、持续的利用，从而把经济活动给自然环境带来的不良影响降到最低。而扩大自然力的供给，从外延上是扩大自然力的利用范围和领域，从内涵上是合理、全面、持久地提高现有各种自然力的利用效率。因此，在未来发展过程中，应当依靠科学技术创新，逐渐将对自然力的利用从外延式的扩大利用转变为内涵式的扩大利用，将潜在的自然力变成现实的自然力，实现对不可再生自然力替代品的开发，实现自然力的可持续发展。最后，应当通过各方协调努力，实现自然力的可持续利用。马克思要求人类合理地使用自然力，有效保护自然力，主张通过消除城乡对立、人口均匀分布、工农业结合、发展生态农业等途径来恢复和保持土壤的生产力，既保证当代人的福利提高，又不影响后代人的福利增加，保证代内公平和代际公平。

马克思关于可持续开发利用自然力的相关理论，对实现绿色发展有着极其重要的指导意义，实现绿色发展，不仅是实现当代人与自然的和谐相处，更是要将这种模式继续下去，实现整个社会可持续的绿色发展。因此，在绿色发展的过程中，人类仍然应该注意节约自然力，认识和尊重自然力的规律，高效利用自然力，实现绿色发展与创新发展的结合，提高自然力的利用效率，从而实现自然力的可持续发展。

参考文献

[1] 中共中央、国务院关于加快推进生态文明建设的意见[N]. 人民日报，2015-05-06.

[2] [美]詹姆斯·奥康纳. 自然的理由：生态学马克思主义研究[M]. 臧佩洪，唐正东，译. 南京：南京大学出版社，2003：4.

[3] 俞吾金. 对“马克思热”的冷思考[J]. 探索与争鸣，2010（10）：10-12.

[4] [德]马克思.1844年经济学哲学手稿[M]. 北京：人民出版社，2000：53.

[5] 中共中央马恩列斯著作编译局，编译. 马克思恩格斯选集：第1卷[M]. 北京：人民出版社，1995：66.

[6] [美]乔纳森·休斯. 生态与历史唯物主义[M]. 张晓琼，侯晓滨，译. 南京：江苏人民出版社，2011：140-141.

[7] Paul Burkett. *Marx and Nature*[M].St. Martin's Press，1995：14.

[8] [日]岩佐茂. 环境的思想：环境保护与马克思主义的结合处[M]. 韩立新，张桂权，刘荣华，等，译. 北京：中央编译出版社，2007:113

[9] [德]马克思. 资本论：第1卷[M]. 北京：人民出版社，2004:57.

[10] [德]马克思. 资本论：第3卷[M]. 北京：人民出版社，2004:101.

[11] 中共中央马恩列斯著作编译局，编译. 马克思恩格斯文集：第1卷[M]. 北京：人民出版社，2009:225.

[12] 中共中央马恩列斯著作编译局，编译. 马克思恩格斯文集：第5卷[M]. 北京：人民出版社，2009:587.

[13] 温莲香. 论马克思生产力理论中的自然力向度[J]. 当代经济研究，2013，（2）:11-16.

[14] 柯宗瑞. 生态生产力[J]. 上海社会科学院学术季刊，1991（1）：15.

[15] 中共中央马恩列斯著作编译局，编译. 马克思恩格斯全集：第16卷[M]. 北京：人民出版社，1964 :140.

[16] 中共中央马恩列斯著作编译局，编译．马克思恩格斯全集：第 25 卷 [M]. 北京：人民出版社，1974：917.

[17] 中共中央马恩列斯著作编译局，编译．马克思恩格斯全集：第 24 卷 [M]. 北京：人民出版社，1972:272.

[18] 中共中央马恩列斯著作编译局，编译．马克思恩格斯全集：第 35 卷 [M]. 北京：人民出版社，1971：129.

[19] 温莲香．马克思批判视域中的生产力可持续发展论 [J]. 学术论坛，2011（12）:22.

[20] 习近平．携手构建合作共赢、公平合理的气候变化治理机制——在气候变化巴黎大会开幕式上的讲话 [N]. 光明日报，2015-12-01.

[21] 习近平．共同构建人类命运共同体——在联合国日内瓦总部的演讲 [N] 光明日报，2017-01-20.

第十一章　绿色发展理念与马克思主义政治经济学*

李雪娇**

（西北大学经济管理学院；陕西　西安　710127）

[内容提要]　绿色发展注重解决人和自然的和谐共生问题，是破解资源约束、化解生态危机、创造新经济增长点的有利契机，是当代中国的必然选择。在经济新常态下，治理环境就是解放生产力，改善环境就是发展生产力，保护环境就是保护生产力。同时，社会主义生产关系的先进性也决定了在面临资源环境瓶颈的当代中国，必须要推进绿色发展理念，这也是保持和发展社会主义生产关系先进性的现实需要。绿色发展理念是对马克思生产力理论和社会主义生产关系理论的继承和发展，开拓了中国特色社会主义政治经济学发展的新境界。

[关键词]：**绿色发展　政治经济学　新常态　生产力　生产关系**

绿色发展就是要解决好人与自然和谐共生的关系[1]154。党的十八届五中全会提出，要"坚持绿色发展，必须坚持节约资源和保护环境的基本国

* 本文受陕西省社会科学基金项目"中国特色社会主义政治经济学的创新发展研究"（批准号：2016ZDA18）资助。

** 李雪娇，西北大学经济管理学院政治经济学专业博士研究生。

策，坚持可持续发展，坚定走生产发展、生活富裕、生态良好的文明发展道路”[2]。经济新常态下，资源环境的双重约束使我国的经济发展面临瓶颈，绿色发展理念是对新时期下经济发展的战略部署，是马克思主义政治经济学时代化和中国化的理论成果。绿色发展理念在生产力和生产关系两个方面继承和发展了马克思主义政治经济学，对马克思主义政治经济学的中国化和时代化做出了突出贡献。一方面，绿色发展理念首次将环境保护提到发展理念的高度，是对马克思主义政治经济学生产力理论的继承和发展。生态资源的先天不足和后期生产的环境污染导致资源环境成为经济发展的短板，要破解资源环境约束，解放新时期的社会主义生产力，必须要治理环境；自然环境是一切自然生产力和社会生产力发展的前提，新常态下生态优势就是经济优势，社会主义生产力的发展离不开环境的改善；自然环境不仅仅是劳动的对象，更是劳动的资料，是生产力发展中的必备条件，保护环境就是保护生产力。另一方面，绿色发展理念旨在解决人和自然之间的物质变换问题，是对社会主义生产关系理论的继承和发展。社会主义生产关系是物质生产能力高度发展时与之相适应的生产关系，重新建立物质变换形式以弥补资本主义的裂缝是社会主义生产关系先进性的客观体现；要保持这种先进性，就必须满足新时期下人们共享美好环境的生态需求，并不断自我完善，促进生产力的进一步发展；文明和财富的代际传递建立在生态环境可持续发展的基础上，社会主义生产关系的演进和发展首要的是保证生态环境的保护和延续。

一、绿色发展是新常态下经济发展的必然选择

传统的经济发展方式破坏了人类赖以生存的自然基础，加剧了资源环境约束，带来了严重的经济社会问题。新常态下的经济发展需要寻求新的经济增长点，在保护生态环境的前提下发展经济，促进环境保护和经济增长的双向互动。绿色发展兼顾环境保护和经济增长，破解资源约束，改善供给质量，调整经济结构，是新常态下经济发展的必然选择。

1. 绿色发展为实现永续发展提供了自然基础

绿色发展要解决的是人与自然的和谐发展问题。自然是财富和生命的源头，“人不仅仅是自然存在物，而且是人的自然存在物”，“自然界，就它本身不是人的身体而言，是人的无机的身体”，任何“不以伟大的自然规律为依据的人类计划，只会带来灾难”。“自然界为劳动提供材料，劳动把材料转变为财富”，农耕文明之前的财富“与其说来自劳动不如说是来自自然本身”。自然作为生产资料的重要组成，直接参与生产过程，是人类创造物质财富的前提条件。粗放的生产方式中自然要素的投入比例过高，生产力越发展，自然遭受的危机就越严重。而“资产阶级在它的不到一百年的阶级统治中所创造的生产力，比过去一切世代创造的全部生产力还要多、还要大”，资本在生产中不断降低自然的价值，导致了生产条件的重构，引发了“第二重资本主义危机”。自然条件的可持续发展是经济实现长期发展的客观基础，绿色发展重视自然在生产中的价值，保护了人类赖以存在的自然基础，是实现人类永续发展的客观前提。

2. 绿色发展是突破资源约束的必经之路

科学技术革命加速了“人和自然之间的物质变换过程”，人类在创造出巨大物质财富的同时，也从“绿色的农业文明时代”走向了“黑色的工业文明时代”，作为“劳动的富源”的资源环境条件遭到了巨大破坏，稀缺的资源环境成为经济发展的瓶颈。粗放的生产方式不仅造成了自然资源的巨大浪费，而且生产中的废气、废水和固体废弃物等副产品还会污染外在环境，给生态系统造成二次伤害。自然资本的不断衰减威胁着后代人的生存基础，有悖于人类社会的永续发展。新常态下资源环境条件的改变需要经济结构实现由高碳向低碳、由开发利用环境向清洁保护环境的绿色转型。新的发展理念强调经济发展过程中的环保目标，在保护生产条件的前提下寻求经济增长，必要时甚至牺牲经济利益以完成生态保护。绿色发展通过废物回收和资源改造逐步降低社会生产对资源环境的依赖，利用能源替代和绿色技术消除环境污染，是在新常态下突破资源环境约束的必经之路。

3. 绿色发展是提高供给质量的有效途径

供给与需求的结构失衡是中国经济新常态下面临的重要问题，供给侧改革就是要清理“僵尸企业”、淘汰落后产能，将发展方向锁定在新兴领域、创新领域，创造新的经济增长点。绿色发展提倡使用清洁生产技术对产品生产和流通过程中的废弃物进行回收，通过循环生产和低碳改造“使那些在原有形式上本来不能利用的物质，获得一种在新的生产中可以利用的形态”，实现资源到产品、产品到资源的循环利用，降低企业生产过程中的资源消耗和环境污染。生产清洁不仅保证了产品的卫生安全，也为改善环境质量做出了贡献，是提高供给质量的重要方式。绿色发展通过环境标准标识并淘汰落后产能来调整供给结构，满足人们对安全产品、清新空气和干净饮水的市场需求，促进产品市场的供需平衡。在资源约束趋紧、生态不断退化和环境严重污染的新常态背景下，绿色发展促进产品清洁、调整市场供需，是提高供给质量、优化供给结构的有效途径。

4. 绿色发展蕴含着创造新经济增长点的巨大潜力

传统经济增长方式以资源消耗和环境污染为代价，在新的资源环境约束下已经难以为继，中国经济必须从粗放的规模速度型增长转变为集约的质量效率型增长。我们已经认识到生态环境也是生产力，不能再拿“绿水青山”换取“金山银山”，必须寻找新的经济增长点来缓解经济下行压力。绿色科技作为新一代的技术革命，在增加物质财富规模的同时还关注自然环境质量，“是当今时代科技革命和产业变革的方向，是最有前途的发展领域……可以形成很多新的经济增长点”。绿色发展是在“生态环境容量和资源可承载能力”的基础上，利用绿色科技创新实现传统工业的绿色转型，通过产业之间的循环互动促进资源的回收利用，最终实现绿色富国、绿色惠民的更高级的符合时代潮流的社会发展模式。“绿水青山就是金山银山”，绿色发展通过研发生态科技、寻找低碳能源、鼓励资源替代，不断挖掘环境保护产业的经济潜力，实现环保发展经济、经济促进环保的目的。

二、绿色发展是对马克思生产力理论的新拓展

政治经济学是研究生产力发展的学说，马克思指出无产阶级取得政权后要“利用自己的政治统治……尽可能快地增加生产力的总量”[3]48。社会主义生产力在新时期遇到了资源环境瓶颈，全面深化改革就必须“处理好经济发展同生态环境保护的关系……更加自觉地推动绿色发展、循环发展、低碳发展，决不以牺牲环境为代价去换取一时的经济增长”[4]。新常态下，治理环境就是解放生产力，改善环境就是发展生产力，保护环境就是保护生产力。

1. 从资源环境约束看，治理环境就是解放生产力

资源环境问题已经成为新时期生产力发展的桎梏，因此，治理环境就是解放生产力。生产力在每个社会发展阶段都会遇到不同形式的束缚，只有把生产力从束缚中解放出来，让“财富的一切源泉都充分涌流”，才能更快、更好地发展生产力。邓小平同志指出：社会主义革命和经济体制改革都是解放生产力。“推翻帝国主义、封建主义、官僚主义的反动统治，使中国人民的生产力获得解放，这是革命，所以革命是解放生产力。社会主义基本制度确定以后，还要从根本上改变束缚生产力发展的经济体制，建立起充满生机和活力的社会主义经济体制，促进生产力的发展，这是改革，所以改革也是解放生产力。”[5]370市场经济体制改革释放了经济活力，实现了社会主义制度的自我完善，同时，人们利用自然、改造自然的能力获得了极大的提高，实现了物质生产能力的巨大飞跃。然而，随着自然资源的不断消耗以及生产废弃物的逐渐累积，脆弱的环境和有限的资源成为新时期生产力发展的桎梏，阻碍了生产力的进一步发展。全面深化改革就必须把生产力从对环境的依赖中解放出来，积极治理环境，利用自然法则和社会法则双向保护生态环境的改良和重建。新常态下，生态修复是生产力发展的前提，治理环境就是要修复自然生态的自组织能力，打破新时期经济发展的瓶颈，突破新常态下生产力发展的约束。所以说，治理环境就是解放生产力。

经济新常态下解放生产力必须要治理环境。我国的生态资源天然不足，而且背负了巨大的人口压力，属于全球生态最脆弱的国家之一。统计显示，我国水资源、森林、草地、耕地的人均占有量分别为世界平均水平的1/4、1/6、1/2、1/3。粗放型的发展方式又加剧了生态系统的恶化，目前全国近2/3的中型城市空气质量未达到二级标准，将近一半的海水为四类或劣四类，近四成的国土面积发生了水土流失，资源短缺和环境恶化已经成为中国特色社会主义经济建设中的短板。“生态兴则文明兴，生态衰则文明衰”，生态状况是衡量社会文明程度的重要标准。任何忽视生态环境的发展都是暂时的，恩格斯早就指出：“我们不要过分陶醉于我们对自然界的胜利。对于每一次这样的胜利，自然界都报复了我们。每一次胜利，在第一步确实取得了我们预期的结果，但是在第二步和第三步却有了完全不同的、出乎预料的影响，常常把第一个结果又取消了”[6]158。生态资源的禀赋劣势决定了中华文明的复兴首先要重视资源环境，正是由于早期的经济发展没有足够重视资源环境，才导致自然环境成为新时期下的发展瓶颈。新常态下要克服经济发展短板，必须及时治理污染，推动生态系统的重建，只有如此，才能提高自然环境和劳动者的生产效率，才能解放新时期下的社会主义生产力。

2. 从经济结构转型看，改善环境就是发展生产力

改善环境不仅能直接提高自然生产力，而且还能间接增加社会生产力，因此，改善环境就是发展生产力。马克思认为自然力不仅是生产力发展的重要决定因素，而且是一切生产力的起点，甚至“一切生产力都归结为自然力”[7]166。作为劳动对象，一切社会劳动都离不开自然界，马克思特别指出：“没有自然界，没有感性的外部世界，工人就什么也不能创造”[7]42。作为劳动资料，自然力是生产力发展的源泉，光照、瀑布、地热等自然力量直接参与生产过程，是决定生产力发展的重要构成。另一方面，“自然力……是特别高的劳动生产力的自然基础”[9]728，是劳动生产力发展的先决条件。“自然界以食物、燃料、衣着、住房的形式转化到劳动者体内，维持和发展劳动者的体力与智力，可见自然力是人的生命及其力

量的第一源泉”[8]11。而劳动者的脑力和体力发展又是社会生产力发展的前提，因此只有自然力的发展得到保证，劳动者的劳动效率才有可能得到保证，社会生产力才有可能实现长期可持续的发展。改善自然环境就是修复自然界本身的生产能力，生态重建的过程就是自然力自我调节、重新焕发生机的过程，是通过完善劳动者的智力、体力来发展社会生产力的过程。因此，无论是从自然生产力还是从社会生产力角度，改善环境都是发展生产力。

绿色发展是新时期下的富国之路，发展生产力必须要改善环境质量。在全球经济发展都被资源和环境掣肘的时代，生态优势就是经济优势，绿色空间就是财富空间，环境资本就是生产资本。作为改革的新方向和新领域，绿色发展就是通过低碳、循环、环保的生产方式，在经济发展的同时进行环境治理和生态重建，为子孙后代建立可持续利用的绿色银行。习总书记早就指出“绿水青山就是金山银山”，“什么时候闽东的山都绿了，什么时候闽东就富了”，论证了环境管理和经济发展的辩证统一。经济新常态下资源约束趋紧、环境瓶颈凸显，宏观经济的发展首先就要进行环境治理，而且环境改善的过程就是经济绿色转型的过程。低碳科技和循环经济是科技创新和产业革命的重要领域，不仅能推动社会生产向节能高效、清洁环保、绿色安全的生产方式转型，而且具有巨大的经济增长潜力，易形成新的经济增长点。而且只有向节能环保的生产方式转型，通过循环生产和清洁生产的模式实现环境改善和经济发展，才有可能降低社会生产对环境的依赖，才能实现人类社会的长期可持续发展。“良好的环境也有经济社会效益”，良好的生态环境已经成为集聚人才的重要方式，是提高城市竞争力的重要砝码。因此，改善环境不仅能够发展生产力，而且经济新常态下要想发展生产力必须改善环境。

3. 从生产力的本质看，保护环境就是保护生产力

自然环境是一切生产力发展的前提和基础，因此保护环境就是保护生产力。自然环境是全面的人的组成部分，保护环境就是保护人本身，就是保护劳动资料。“所谓人的肉体和精神生活同自然界相联系，不外是说自

然界同自身的联系，因为人是自然界的一部分”[4]56-57。自然界本身是人的“无机的身体”，人的全面自由发展本身就内含有自然环境的发展，而且只有“身体”健康才能充分发挥人的主动性和能动性，实现规模化、现代化的生产。自然环境是一切劳动的对象，而劳动本质上就是“人和自然之间的过程，是人以自身的活动来引起、调整和控制人和自然之间的物质变换的过程”[9]201-202。任何物质财富的创造都离不开自然界，马克思在《哥达纲领批判》中强调“劳动不是一切财富的源泉，自然界同劳动一样也是使用价值（而物质财富就是由使用价值构成的！）的源泉，劳动本身不过是一种自然力即人的劳动力的表现”[10]298。作为劳动的对象，自然环境在生产中的基础地位不可撼动，因为“人只有凭借现实的、感性的对象才能表现自己的生命”[4]106，脱离自然的任何劳动都是没有意义的。保护自然生态环境，不仅是对人类自身生存条件的保全和维护，更是对劳动对象和劳动能力的保卫和发展。可以说，保护生态环境就是保护生产力，而且不仅仅是保护生产力。

新常态下保护生产力首先要保护环境。“生态环境没有替代品，用之不觉，失之难存”[11]，生产中忽略环境的行为已经给经济社会带来了沉重且深远的负担：雾霾和沙尘笼罩整个北方，污染的空气和水源威胁着人类健康，沙化的土地挤走了耕地和牧场，成堆的垃圾包围了城市和农村。生态资源禀赋是大自然给我们的馈赠，资源就是最好的储蓄，环境就是最贵的财富，“在生态环境保护问题上，就是不能越雷池一步，否则就应该受到惩罚”[12]。“山水林田湖是一个生命共同体”，环境破坏牵一发而动全身，良好的生态环境是否能够代际传递，是中华文明延续和传承的关键，要建立美丽中国、实现中华民族的永续发展必须保护生态环境。习近平主席在贯彻党的十八届五中全会的研讨班上强调“在生态环境保护上，一定要树立大局观、长远观、整体观，不能因小失大、顾此失彼、寅吃卯粮、急功近利。我们要坚持节约资源和保护环境的基本国策，像保护眼睛一样保护生态环境，像对待生命一样对待生态环境，推动形成绿色发展方式和生活方式，协同推进人民富裕、国家强盛、中国美丽”[19]。因此，保护自然环境不仅是保护社会主义生产力的重要途径，而且是保护社会主义生产力的必要前提。

三、绿色发展是发展社会主义生产关系的客观需要

绿色发展理念实际上就是人与自然之间物质变换的协调关系，是攸关人类社会发展的根本问题[12]，是社会主义生产关系先进性和优越性的重要体现。要保持社会主义生产关系的先进性就必须满足人们新时期下的绿色消费需求，共享经济发展的环境效益。同时，推进绿色发展、建设美丽中国也是社会主义生产关系的演进与发展的现实需要。

1. 社会主义生产关系先进性的客观体现

社会主义生产关系是人类历史发展至今最先进的生产关系，是物质生产能力高度发达时期与生产力发展相适应的生产关系。资本主义社会中资本家为赚取高额利润展开激烈竞争，这种无序竞争使生产长期处于无政府状态，不仅造成大量人力和物力的浪费，还让自然环境承受了沉重的负担，给生产力的发展戴上无形的枷锁。社会主义社会中“人们第一次成为自然界的自觉的和真正的主人，因为他们已经成为自身的社会结合的主人了。人们自己的社会行动的规律，这些一直作为异己的、支配着人们的自然规律而同人们相对立的规律，那时将被人们熟练地运用了，因而将听从人们的支配”[13]300–301。资本主义生产方式建立在私有制基础上，造成了物质变换的裂缝，只有消除资本主义生产关系的固有矛盾，消灭劳动异化和私有制，产生不用担心个人生活资料、没有阶级差别的真正的自由人，才能“同已被认识的自然规律和谐一致的生活”[18]456。马克思认为基于公有制的社会主义能够达到人和人之间、人和自然之间的共同发展，“社会化的人，联合起来的生产者，将合理地调节他们和自然之间的物质变换，把它置于他们的共同控制之下，而不让它作为盲目的力量来统治自己；靠消耗最小的力量，在最无愧于和最适合于他们的人类本性的条件下来进行这种物质变换”[15]926–927。绿色发展理念旨在解决经济发展中人与自然的关系，正是社会主义先进生产关系的客观体现。

在发展的不同阶段满足人们的环境利益诉求是先进生产关系的应有之

义。“人们所奋斗的一切，都同他们的利益有关”[15]82，而“利益在本质上属于社会关系的范畴”[16]376。环境利益作为一种普遍的社会生产关系，随着经济社会的发展不断演变，人类社会发展初期的社会生产是直接从自然界获得物质产品，环境利益直接决定经济利益，甚至可以说环境利益就是经济利益。生产力的发展使社会生产在越来越大的规模上进行，人类改造自然的能力逐渐增强，获取经济利益的过程中伴随着环境利益的损耗，经济利益和环境利益之间存在竞争关系。在生产力发展的高级阶段，人从对物的依赖中解脱出来，开始寻求经济利益和环境利益的共同实现。绿色发展是新时期下“满足人的全面需求的发展理念，也是适应社会主义生产关系的发展理念”[17]348，是与新时期的生产力相适应的发展理念。人类比其他动物强的本质原因就在于“动物仅仅利用外部自然界，单纯地以自己的存在来使自然界改变；而人则通过他所作出的改变来使自然界为自己的目的服务”[14]158，人类“能够认识和正确运用自然规律”[14]159，发现“整个自然界被证明是在永恒的流动和循环中运动着”的[18]270，生态系统也是一个由低级向高级不断上升发展的过程，是一个周而复始的不断循环的过程。关注经济新常态下人们的环境利益，认识新时期下自然界的运动规律，并利用这种规律引领经济发展和社会进步，不仅是生产关系、生产力的现实需要，更是社会主义生产关系先进性的重要体现。

2. 保持生产关系先进性的现实必要

保持生产关系的先进性，必须要不断满足升级了的需求结构。人们的需求结构随生产力的发展不断升级，“老百姓过去‘盼温饱’，现在‘盼环保’，过去‘求生存’，现在‘求生态’”[1]233。改革初期，我国的社会生产水平严重滞后，基本的生产资料和生活资料都得不到满足，社会生产的首要目的是满足广大人民的生存和发展，无暇顾及环境质量。以经济发展为中心的战略被实施之后，中国经济出现了飞跃式发展，人均国内生产总值增长了约45倍，国民总收入翻了将近6番，人们的物质文化需求逐渐得到满足，对环境质量的诉求开始觉醒，如今环境利益和经济利益一起成为人们行为选择的基本出发点。需求结构的升级影响了人们在生产、交换、分配和消费各阶段之间的关系，要保持社会主义生产关系的先进性必须满足这种升级了的需求结构。社会主义拥有先进的制度环境，公有制突破了私有制的藩篱，让全体公民共同享有更优质的生产资料和生活资料，更加有序、有效地实现社会化大生产。我们要共同分享的是碧水蓝天，而非雾霾和垃圾，只有满足了公众的环境需求，让人民切实享受到公共所有的好处，充分发挥制度优势，释放制度红利，才能避免工厂侵占耕地、菜园代替绿化的悲剧，才有可能保持公有制的优越性和先进性。

“良好的生态环境是最公平的公共产品，是最普惠的民生福祉。”生态环境质量与人民幸福密切相关，清新的空气、清洁的水源、安全的食品关系到每个人的根本利益，满足广大人民群众的利益诉求，是保持社会主义生产关系先进性的重要方式。“建设生态文明是关系人民福祉、关乎民族未来的大计”[1]230。生态环境质量在人民幸福指数中的权重逐渐提升，“环境就是民生，青山就是美丽，蓝天也是幸福”[1]233，建设美好生态环境是满足人民福祉、保持社会主义生产关系先进性的必经之路。另外，推进绿色发展也是解决社会主义落后的生产力与先进的生产关系之间矛盾的重要途径。杰里米·里夫金（Jeremy Rifkin）提出互联网科技和可再生能源的结合将引发人类的第三次工业革命，进而带来生产力的巨大飞跃，而中国特有的制度环境将有可能引领这一趋势。发展社会主义生产力是节约社会必要劳动时间的前提，只有让人们从繁重的劳动和污浊的空气中解脱出来，把“社会必要劳动缩减到最低限度……给所有的人腾出了时间和创造了手段，个人会在艺术、科学等等方面得到发展”[19]197，进而实现人的全面自由的发展。只有发挥好社会主义的制度优势，利用好时代机遇，实现生产力的再次飞跃，才能让社会主义生产力和生产关系更相适应，进而保持社会主义生产关系的先进性。

3. 社会主义生产关系演进的现实需要

“保护生态环境，功在当代，利在千秋”[1]233。良好生态环境的代际传递是人类社会永续发展的前提条件，我们改善和破坏环境的一切后果都将由当代人和后代人共同承担。联合国发表的《人类环境宣言》中指出：我们不只是继承了父辈的地球，而且是借用儿孙的地球。工业化建设过程中已经造成了对环境的巨大破坏，必须通过生态重建和环境治理改善自然环境，这不仅仅是改善当代人生活质量的需要，更是中华文明传承和发展的需要。习近平同志也曾强调“要协调推进新型工业化、信息化、城镇化、农业现代化和绿色化，走出一条经济发展和生态文明相辅相成、相得益彰的新发展道路，让良好生态环境成为人民生活质量的增长点、成为展现我国良好形象的发力点，让老百姓切实感受到经济发展带来的实实在在的环境效益，为子孙后代留下可持续发展的‘绿色银行’”[1]236。文明的延续建立在生态环境传承的基础上，没有良好的生态环境，人们的基本生活都难以保证，更谈不上生产力和生产关系的进一步发展。只有确保经济建设中不降低生态功能，不改变生态环境性质，不减少绿化植被的面积，才能给自然留下更多修复空间，给农业留下更多良田，给子孙留下天蓝、地绿、水清的美好家园。生产关系的发展与演进离不开良好的生态环境，推进绿色发展是社会主义生产关系演进的现实需要。

建设美丽中国是中国特色社会主义发展的重要目标。“人因自然而生，人与自然是一种共生关系，对自然的伤害最终会伤及人类自身”[1]134，要促进社会主义生产关系的演进和发展，就必须先处理好人和自然的关系。“人类发展活动必须尊重自然、顺应自然、保护自然，否则就会受到大自然的报复。这个规律谁也无法抗拒。”[10]社会主义生产关系消灭了资本主义的寄生性消费，消除了生产和消费的对抗，社会主义的生产和消费是相互依存、相互促进的关系。满足人们的环境消费需求本身就是新常态下社会主义生产的目的，而环境消费需求又通过促进清洁生产等方式加快了生产的发展和升级，“所谓社会主义生产关系比旧时代生产关系更能够适合生产力发展的性质，就是指能够容许生产力以旧社会所没有的速度迅速发展，因而生产不断扩大，因而使人民不断增长的需要能够逐步得到满足的这样一种情况”[20]。保护生态、治理环境是让社会主义生产关系与生产力发展更相适应、促进生产关系演进的重要途径。要严格控制资源消耗的上限，守护环境质量的底线，不能突破生态保护的红线，将经济建设限制在资源环境的可承受范围之内，这不仅是保持社会主义生产关系先进性的必要，也是社会主义生产关系能够继续发展演进的需要。

参考文献

[1] 习近平总书记系列讲话重要读本 [M]. 北京：人民出版社，2016.

[2] 中国共产党第十八届中央委员会第五次全体会议公报 [J]. 求是，2015（21）:3–7.

[3] [德] 马克思 . 共产党宣言 [M]. 北京：人民出版社，1997.

[4] 习近平 . 坚持节约资源和保护环境基本国策，努力走向社会主义生态文明新时代 [N]. 人民日报，2013–5–25（1）.

[5] 邓小平 . 邓小平文选：第 3 卷 [M]. 北京：人民出版社，1993.

[6] [德] 恩格斯 . 自然辩证法 [M]. 北京：人民出版社，1971.

[7] [德] 马克思 . 政治经济学批判大纲（草稿）：第 3 分册 [M]. 北京：人民出版社，1963.

[8] 温莲香 . 论马克思生产力理论中的自然力向度 [J]. 当代经济研究，2013（2）:11–16，93.

[9] 中共中央马恩列斯著作编译局，编译 . 马克思恩格斯全集：第 23 卷 [M]. 北京：人民出版社，1972.

[10] 中共中央马恩列斯著作编译局，编译 . 马克思恩格斯选集：第 3 卷 [M]. 北京：人民出版社，1995.

[11] 习近平在省部级主要领导干部学习贯彻党的十八届五中全会精神年专题研讨班上的讲话 [N]. 人民日报，2016–05–10（2）.

[12] 吴宣恭 . 五大发展理念是社会主义基本经济规律内涵的深化拓宽和高度概括 [J]. 马克思主义研究，2016（8）:63–71，160.

[13] [德] 恩格斯 . 反杜林论 [M]. 北京：人民出版社，1999.

[14] 中共中央马恩列斯著作编译局，编译 . 马克思恩格斯全集：第 25 卷 [M]. 北京：人民出版社，1974.

[15] 中共中央马恩列斯著作编译局，编译 . 马克思恩格斯全集：第 1

卷［M］. 北京：人民出版社，1960.

［16］李淮春 . 马克思主义哲学全书［M］. 北京：中国人民大学出版社，1996.

［17］刘思华 . 生态马克思主义经济学原理（修订版）［M］. 北京：人民出版社，2014.

［18］中共中央马恩列斯著作编译局，编译 . 马克思恩格斯选集：第 4 卷［M］. 北京：人民出版社，1995.

［19］中共中央马恩列斯著作编译局，编译 . 马克思恩格斯文集：第 8 卷［M］. 北京：人民出版社，2009.

［20］毛泽东 . 关于正确处理人民内部矛盾的问题［N］. 人民日报，1957-06-19（2）.

第十二章 从世界市场到“人类命运共同体”：“一带一路”的理论本源与中国智慧的政治经济学分析*

高 煜**
（西北大学 中国西部经济发展研究中心 经济管理学院；陕西 西安 710127）

[内容提要] 本文以“一带一路”倡议为背景，基于政治经济学范式，对“人类命运共同体”和“一带一路”的相关问题进行了探讨。本文梳理了马克思国际贸易理论和世界市场理论，对二者进行了比较分析。对我国提出的“人类命运共同体”和“一带一路”进行了论证，认为这是中国智慧对马克思主义政治经济学的丰富与贡献。

[关键词] **“一带一路” “人类命运共同体” 马克思主义政治经济学 世界市场理论 马克思国际贸易理论 中国智慧**

在中国特色社会主义新时代下，创新、协调、绿色、开放、共享的“五大发展理念”是引领发展的核心思想，其中开放发展具有十分重要的作用。“一带一路”倡议作为中国现在与未来新型开放发展的新方向与新

---

* 本文系教育部人文社会科学重点研究基地重大项目（16JJD790049）的阶段研究成果。

** 高煜，男，西北大学中国西部经济发展研究中心、西北大学经济管理学院经济学系主任，教授，博士生导师，主要研究方向：理论经济学。

模式，体现着中国特色社会主义政治经济学的中国智慧。

在“一带一路”倡议的背景下，如何理解“人类命运共同体”提出的内涵与背景，“一带一路”的本质是什么，“人类命运共同体”与“一带一路”的关系是什么，对于这些问题的理解，必须从政治经济学视角深入考察“一带一路”倡议的理论本源及其发展的中国智慧。

一、马克思国际贸易与世界市场理论：“一带一路”倡议的理论本源

马克思在1859年《政治经济学批判第一分册》序言中指出：“我考察资产阶级经济制度是按照以下的顺序：资本、土地所有制、雇佣劳动；国家、对外贸易、世界市场。”[1]从中可以看出，“六册计划”（及其前身“五篇计划”）是马克思研究资本主义生产方式的一个较为完整的框架。虽然对于《资本论》在“六册计划”中的位置及其相互关系、“六册计划”的内容及实施等问题，国内外还存在不同的理解，[2][3]但是，以《资本论》为基础的“六册计划”的框架对于遵循马克思政治经济学理论全面研究资本主义生产方式，并进而对社会主义相关问题研究提供指导，无疑具有十分重大的意义。

以“六册计划”为思路，马克思较为明确地提出了世界市场理论观点，主要包括以下几个方面。

（一）世界市场的生产力基础

以大工业为表现的现代生产力的发展是世界市场形成的物质基础。在《德意志意识形态》中，马克思指出：“大工业创造了交通工具和现代的世界市场，……它使每个文明国家以及这些国家中的每一个人的需要的满足都依赖于整个世界”[4]。

（二）世界市场与资本主义关系

第一，世界市场与资本主义发展是相互推动的。“世界市场是资本主

义生产方式的基础和生活条件。”[5]“对外贸易的扩大，虽然在资本主义生产方式的幼年时期是这种生产方式的基础，但在资本主义生产方式的发展中，由于这种生产方式的内在必然性，由于这种生产方式要求不断扩大市场，它成为这种生产方式本身的产物。”[6]第二，以世界市场为形式的经济社会全球化是资本主义发展的必然趋势与特征。“创造世界市场的趋势已经直接包含在资本概念本身。”[7]第三，世界市场的性质是资本主义性质。“它迫使一切民族……采用资产阶级的生产方式……它按照自己的面貌为自己创造出一个世界。”[8]

（三）世界市场的国家与民族的联系功能

第一，世界市场使得各个国家和民族的关系相互依赖，并形成世界性联系。第二，这种联系不仅包含生产和消费，还包含文化等精神联系。第三，影响这种联系的因素包括各个国家的生产力水平、分工方式和联系程度等。马克思指出：“由于开拓了世界市场，使一切国家的生产和消费都成为世界性的了……过去那种地方的和民族的自给自足和闭关自守状态，被各民族的各方面的互相往来和各方面的互相依赖所代替了。……各民族的精神产品成了公共的财产。民族的片面的和局限性日益成为不可能，于是由许多种民族的和地方的文学形成了一种世界的文学。”[9]“建立了世界市场这一点，就把全球各国人民，尤其是各文明国家的人民，彼此紧紧地联系起来，以致每一国家的人民都受到另一国家发生的事情的影响。”[10]“各民族之间的相互关系取决于每一个民族的生产力、分工和内部交往的发展程度。”[11]

（四）资本主义世界市场的危机属性

第一，资本主义的世界市场具有内在的危机属性。第二，这种危机属性内在于资本主义的生产方式之中。第三，这种危机的本质是资本主义危机在世界市场的延伸与表现。马克思指出：“无产阶级之所以陷入绝境，这种状况是以世界市场的存在为前提的。”“各国人民日益被卷入世界市场网，从而资本主义制度日益具有国际的性质……生产资料的集中和劳动的社会化，达到了同它们的资本主义外壳不能相容的地步。这个外壳就要炸毁了。资本主义私有制的丧钟就要响了。”[12]

除此之外，刘明远（2016）等的研究认为，按照“六册计划”，马克思国际贸易与世界市场理论还应当包括：资本主义世界体系；经济全球化与经济一体化的进程；世界经济组织；全世界雇佣劳动者、资本家、土地所有者的经济生活条件等内容。[13]

二、马克思国际贸易与世界市场理论的内涵：一个比较分析的视角

深刻理解马克思国际贸易与世界市场的理论内涵，必须在其与新古典经济学国际贸易理论的比较分析中进行。

（一）新古典国际贸易理论的思想

新古典贸易理论首先由赫克歇尔与俄林（1933）提出要素禀赋理论，[14]并经萨缪尔森（1947）完成技术性描述。[15]其主要思想是：价格比的差异是国际贸易产生的原因，贸易可以使得所有人受益，其中市场机制发挥着核心作用，贸易是市场均衡的结果。其核心思想是市场机制通过推动贸易实现各国的经济增长。

（二）马克思国际贸易与世界市场理论内涵的比较分析

马克思政治经济学与新古典经济学范式在诸多方面存在着显著的甚至是本质性的差别，主要表现在：

第一，研究框架的效率与公平的内在统一。马克思政治经济学既充分肯定资本主义极大地创造物质财富的事实，又以劳动价值论为基础，深刻揭示其内在的危机属性及导致劳动阶级收入分配不公平的内在本质，从而

将效率与公平纳入统一的研究框架。而新古典范式中以帕累托效率为思想的研究思路，尚无法将公平问题研究有机地纳入一个统一的框架。

第二，研究目的的制度演进指向。马克思政治经济学以资本主义生产方式研究为核心，目的在于揭示从资本主义制度到社会主义制度的内在必然规律，因而其研究目的具有明确的制度演进指向。而新古典范式传统上专注于市场机制中资源配置问题的相关规律的深入研究，而非制度演进的内在规律的研究。

第三，研究方法的动态化特征。马克思政治经济学以制度演进为研究指向，因而在研究视角上具有自然的动态性特征，即在唯物史观的指导下，从资本主义生产方式内在危机及收入分配不公平视角研究从资本主义制度到社会主义制度的动态演进。而新古典范式传统上专注于以个体最优化决策为基础的市场均衡研究，虽然采用了比较静态分析、动态分析等方法，但是其研究视角仍然是对市场机制本身的静态化分析。

第四，研究视角的劳动者立场。主要体现在两个方面：一是将人的全面发展作为社会进步的目标。马克思政治经济学从经济、文化、历史发展等视角全面考察人的发展，并将人的全面发展作为社会进步的目标。而新古典范式将对人的研究收敛于消费者、生产要素等的简约化分析之中，专注于给定制度结构下的资源配置与经济增长问题，而非在这一过程中的人的发展问题。二是在社会集团划分基础上的劳动者立场。马克思政治经济学以微观个体劳动分析为前提，以阶级划分为基础，从劳动者立场出发研究经济制度的历史演进及趋势。而新古典范式在个体最优决策研究的基础上，研究社会整体福利问题。

从以上分析可以看出，在研究框架、研究目的、研究方法、研究立场等方面，马克思政治经济学与新古典经济学范式存在着显著差异。

在这个基础上，马克思国际贸易与世界市场理论与新古典经济学贸易理论虽然都认为贸易及其推动的世界经济联系是必然趋势，贸易具有推动经济增长的效应，但是在许多方面存在根本性差异：

一是贸易产生的原因。马克思政治经济学认为各国的生产力水平、分工方式和联系程度等是贸易产生的原因，而新古典经济学贸易理论认为市场机制基础上的价格比差异是贸易产生的原因。

二是贸易利益的分配。马克思政治经济学认为资本主义性质的国际贸易与世界市场会造成劳动阶级的分配不公平，而新古典经济学贸易理论设定分配问题可以有解决的方法。

三是贸易推动下的世界经济发展趋势。马克思政治经济学认为资本主义性质的世界市场具有危机性质，而新古典经济学贸易理论则未考虑贸易及其推动的世界经济增长的可持续性问题。

四是研究立场。马克思政治经济学对于国际贸易与世界市场的研究是其研究资本主义生产方式的重要组成部分，因而其研究立场与视角体现着劳动者立场与视角。而新古典经济学贸易理论则是从市场机制资源配置角度进行研究的。

从以上分析可以看出，马克思政治经济学国际贸易与世界市场理论的核心思想是资本主义性质的世界市场蕴含危机属性，必然被新型世界市场所替代。而新古典经济学国际贸易理论的核心思想是市场机制可以自动创造贸易，以及其基础上的世界经济增长。因此，马克思政治经济学国际贸易与世界市场理论与新古典经济学国际贸易理论在研究立场、研究视角、研究问题、研究方法、研究结论等方面存在系统性的根本差异。

三、“人类命运共同体”：中国智慧的内涵与背景

（一）“人类命运共同体”的提出：中国智慧的内涵

2013年9月和10月，习近平总书记先后提出共建“丝绸之路经济带”和“21世纪海上丝绸之路”的倡议。2016年9月，习近平总书记在20国集团杭州峰会上指出：“要树立人类命运共同体意识，”“携手构建人类命运共同体”[16]。2017年10月18日，习近平总书记在十九大报告中指出：“坚持推动构建人类命运共同体”。“人类命运共同体”的提出，其实质是构建一

种全新的世界关系，其内涵深刻地体现在4个方面：

一是主体的全面性。这种全新的世界关系在参与主体上应当涵盖全世界各个国家、各个地区，是全世界，特别是应当全面包含发达经济体、新兴经济体与发展中经济体的共同参与的全新的世界关系。

二是关系的互利性。在这种全新的世界关系中，全世界各个国家之间的关系是密切交往、相互依存、相互平等、互利共赢的新型关系。其核心是通过共同参与、多极架构、新型治理，实现各个国家之间的互利共赢。

三是利益的共享性。在这种全新的世界关系中，全球化发展的利益应当在各个国家之间，以及各个国家内部各个社会群体之间实现公平分配，让各个国家、各个社会群体都能够共享全球化发展的利益，而不应只为少数国家、少数社会群体所独占。

四是内容的广泛性。“人类命运共同体”不应仅仅只是“人类经济共同体”，而应当包含更广泛的内容，这种全新的世界关系应当在经济共同发展的基础上，涵盖全世界经济、政治、社会、文化、卫生、环境、气候等广泛而全面的各个领域。在这些领域，全世界通力协作，共同发展，推动全世界在上述各个领域实现广泛而全面的发展。

（二）“人类命运共同体”提出的背景：既有经济全球化模式的困境与转型

“人类命运共同体”的提出具有其深刻的世界时代背景。目前，经济全球化发展到一定阶段后，既有经济全球化模式导致的各种问题凸显，发展陷于多重困境，世界发展正在进入巨大而深刻的全球化大转型的时代。

1. 既有经济全球化模式的困境

既有的全球化模式使得世界发展出现了4个重大困境：

困境之一：贸易带动增长的作用明显下降。2010年以来，贸易大国的出口额同比增长率大幅下降。到2016年，全球贸易增速连续5年低于

3%，是20世纪80年代以来“最糟糕”的时期。[17]贸易带动增长的作用明显下降。

困境之二：世界增长的严重非均衡。一是增长速度的非均衡；二是增长模式的非均衡；三是增长利益的非均衡。在增长速度方面，世界各经济体明显分成三类：第一类是高速增长的新兴经济体，第二类是中速增长的发达经济体，第三类是低速甚至停滞的发展中经济体。在增长模式方面，发达经济体的创新增长与发展中经济体的贫困化增长趋势形成了巨大差异。在增长利益分配方面，全球化带来的增长利益更多地为发达经济体获得，而发展中经济体的利益有限。

困境之三：经济全球化利益分配的非公平性持续累积。全球化利益在各个国家内部，包括资本家等高收入群体，科技人员、金融从业人员、管理人员等中等收入群体，体力劳动者等普通收入群体，贫困人口等低收入群体等在内的各个社会群体之间的分配严重不公平。而且这种不公平呈现出持续累积和自强化趋势。

困境之四：既有经济全球化模式下引发的非经济问题日益突出。既有全球化模式所产生的上述诸多经济问题引发了包括国家及国家集团关系巨变，世界及国家内部的社会分化尖锐，传统安全和非传统安全问题严峻，气候、环境、资源问题突出等在内的一系列问题广泛爆发。

2. 世界经济发展的大转型

上述一系列问题突出地表明，世界发展正在进入巨大而深刻的经济全球化大转型时代。

转型之一：世界经济增长动力的生产力转型。随着传统技术、传统产业、传统经济等的增长日渐放缓，以及以第三次产业革命为代表的新技术、新产业、新经济的飞速发展，推动世界经济增长的动力必然由传统生产力向以信息网络技术、智能技术等为代表的新兴生产力加速转型，由工业化向信息化加速转型，由资源、要素驱动向创新驱动加速转型。

转型之二：世界经济增长动力的经济主体转型。随着经济全球化过程中，新兴经济体特别是以金砖国家为代表的新兴大国经济体的快速增长，以及传统发达经济体的增长速度长期放缓，世界经济增长动力的经济主体由过去长期依赖传统发达经济体的单极驱动，向发达经济体与新兴经济体共同作用的多极驱动转型。

转型之三：世界经济的分工体系转型。在既有经济全球化模式下，传统的产业间分工、产业内分工，与近20年迅速发展的产品间分工成为主要的国际分工形式，其中，基于资源与要素禀赋的产业间分工与产品内分工的纵向分工形式，形成了发达经济体与发展中经济体以及新兴经济体之间的分工体系；而基于规模经济与产品多样化的产业内分工的横向分工形式，则形成了发达经济体内部的分工体系。这种分工体系是既有经济全球化模式下各经济体非均衡增长的原因。随着世界经济增长动力的生产力转型，新兴经济体在信息网络技术、智能技术、信息化、创新驱动等方面的后发优势与“弯道超车”，将推动形成新兴经济体与发达经济体及发展中经济体的新型分工形式，推动世界经济的分工体系转型。

转型之四：世界经济增长利益的分配方式转型。在既有经济全球化模式及其决定的收入分配方式下，世界经济增长的利益分配在不同社会群体间产生了严重的非公平性。随着世界经济增长动力的生产力转型，世界经济增长利益的分配方式也必将出现转型。一是信息网络技术等新技术的快速发展、创新驱动模式的形成，使得创新成为经济利益分配主体的重要部分，这就为更多的社会群体参与经济利益分配提供了基本前提。二是互联网金融的快速发展扩大了公众参与金融资本与产业资本的渠道。三是智能制造等模式将从根本上改变劳动的方式与形式，进而对收入分配的方式产生根本性影响。

转型之五：世界经济的治理体系转型。既有经济全球化模式下，在既有的生产力、分工体系、增长主体等多种因素的共同作用下，世界经济治理体系更多地表现为发达经济体的主导与推动。而上述的四方面转型要求世界经济治理体系必须向包含新兴经济体与发展中经济体共同参与的多边治理体系转型。

四、“一带一路”：中国智慧的继承与创新发展

（一）“一带一路”：“人类命运共同体”重要的实现路径

从以上分析可以看出，“人类命运共同体”的提出，是在针对既有经济全球化模式的根本性质，及由此必然导致的诸多困境，准确前瞻世界经济模式的大转型的基础上提出的。其实质是世界经济的未来模式，以及在此基础上世界未来发展的根本方向与目标。而“一带一路”正是当前实现“人类命运共同体”这一未来经济全球化全新模式与世界共同发展根本目标的可行的现实路径。

从以上分析可以看出，“人类命运共同体”及其实现路径“一带一路”是中国智慧的充分体现。

（二）“人类命运共同体”与“一带一路”：中国智慧的坚持与继承

“人类命运共同体”与“一带一路”内含着中国智慧对马克思政治经济学的坚持与继承。

1. 坚持生产力的发展是世界经济发展的动力，以及在此基础上的全球经济一体化的必然性

马克思政治经济学认为，以大工业为表现的现代生产力的发展是世界市场形成的物质基础。而“人类命运共同体”与“一带一路”充分体现了对于马克思政治经济学这一基本认识的坚持。一是“人类命运共同体”正是以坚持生产力的发展是世界经济发展的动力为前提，提出通过“一带一路”推动下生产力的快速发展实现世界经济增长及其基础上的“人类命运共同体”。二是“人类命运共同体”与“一带一路”以坚持全球经济一体化的趋势为基础，提出更协调、更广泛地推动全球经济一体化。习近平指出：“我们要……维护多边贸易体制，推动自由贸易区建设，促进贸易和投资自由化便利化。”[18]这与当前反全球化的主张与行动形成了鲜明对比。

2. 坚持世界经济中各国地位由其分工地位决定

马克思政治经济学认为各个国家的生产力水平、分工方式和联系程度等决定了其在世界分工中的地位。而“人类命运共同体”与“一带一路”正是在坚持这一认识的基础上，提出通过改善分工地位提升参与水平。习近平指出：“推动产业和产品向价值链中高端跃升，塑造更多依靠创新驱动、更多发挥先发优势的引领性发展。”[16]

3. 坚持世界发展是包含经济、文化等在内的广泛发展

马克思政治经济学指出，世界发展是包含经济、文化等在内的具有广泛内涵的发展。在坚持这一认识的基础上，“人类命运共同体”的提出包含了经济、政治、社会、文化、卫生、环境、气候等各个领域的广泛的共同发展，“一带一路”倡议提出了包含政策沟通、设施联通、贸易畅通、资金融通、民心相通等在内的“五通”的全面发展概念。

4. 坚持世界经济发展趋势及其未来发展方向

马克思政治经济学认为，由资本主义主义推动的世界市场的性质决定了它的危机属性，因而不可持续，而未来必须实现新方式的世界经济一体化。正是在坚持这一认识的基础上，深刻认识并准确判断既有经济全球化模式的困境及大转型趋势，“人类命运共同体”提出了世界经济未来发展的方向与目标，“一带一路”提出了其重要的实施路径。

（三）“人类命运共同体”与“一带一路”：中国智慧的创新发展

在坚持与继承马克思政治经济学的基础上，“人类命运共同体”与“一带一路”更内含着中国智慧对马克思政治经济学的创新发展。

1. 创新性地提出了生产力转换推动世界经济新发展

在坚持马克思政治经济学的生产力发展是世界经济发展动力的认识的基础上，结合当今世界技术、产业、经济发展的新趋势，“人类命运共同

体”与“一带一路”提出了生产力转换推动世界经济新发展的创新论断。从而在生产力决定世界市场形成与发展的理论基础上，发展出生产力转换推动全球经济一体化发展转换的新认识，发展和丰富了生产力与世界经济关系的认识。

2. 创新性地提出新兴经济体与发展中经济体在世界经济中的升级路径

马克思政治经济学指出，分工决定了各国在世界经济中的地位，但是对于经济落后的国家如何提升在世界经济中的地位并未深入论及。“人类命运共同体”与“一带一路”倡议在分析当今世界经济发展趋势，与总结中国经济发展实践的基础上，指出了中国在世界经济中地位升级的路径，即开放、创新、改革。具体而言，“丝绸之路经济带”以发展经济为基础，实现西向发展，而“21世纪海上丝绸之路”则在已有的与东向密切经贸往来的基础上，全面发展广泛的联系，最终实现与世界的协调发展。

3. 创新性地提出了世界经济治理的新观念、新内涵、具体路径

马克思政治经济学指出了资本主义世界市场的性质，但是对于其治理以及新型治理的含义与路径并未深入阐释。“人类命运共同体”与“一带一路”倡议提出了世界经济新型治理的理念——“共同完善全球经济治理”[16]。指明了实现路径：“全球经济治理特别要抓住以下重点：共同构建公正、高效的全球金融治理格局，维护世界经济稳定大局；共同构建开放、透明的全球贸易和投资治理格局，巩固多边贸易体制，释放全球经贸投资合作潜力；共同构建绿色、低碳的全球能源治理格局，推动全球绿色发展合作；共同构建包容、联动的全球发展治理格局，以落实联合国2030年可持续发展议程为目标，共同增进全人类福祉！”[16]

4. 创新性地明确了世界经济未来发展的目标、内涵与实现路径

马克思政治经济学指出，新型世界联系是世界市场未来的发展方向，但是并未明确提出这一目标的具体内涵和实现路径。“人类命运共同体”

与“一带一路”倡议在坚持马克思政治经济学论断的基础上，创新性地提出“人类命运共同体”，并明确了其丰富的内涵。同时，明确提出了其实现路径，即通过以“一带一路”为载体的互利共赢的经济发展道路，而非其他方式，来实现“人类命运共同体”的目标。“中国愿同世界各国分享发展经验，但不会干涉他国内政，不会输出社会制度和发展模式，更不会强加于人。我们推进‘一带一路’建设不会重复地缘博弈的老套路，而将开创合作共赢的新模式；不会形成破坏稳定的小集团，而将建设和谐共存的大家庭。”[18]

综上所述，马克思政治经济学的国际贸易与世界市场理论与新古典经济学的国际贸易理论在研究立场、研究视角、研究问题、研究方法、研究结论等方面存在系统性的根本差异。作为“人类命运共同体”实现路径的“一带一路”，在充分坚持与继承马克政治经济学的基础上，深刻分析了世界经济的困境与新变化，结合中国的发展实践，提出了世界经济发展目标与实现路径的崭新认识与论断，体现了中国智慧对马克思主义政治经济学的极大丰富与贡献，是中国特色社会主义政治经济学的重要发展创新。

参考文献

[1] 中共中央马恩列斯著作编译局，编译 . 马克思恩格斯选集 [M]. 北京：人民出版社，2012.

[2] 许兴亚 . 马克思政治经济学著作的“六册计划”与《资本论》——读《〈资本论〉续篇探索》一书的思考 [J]. 中国社会科学，1997（3）.

[3] 刘明远 . 马克思政治经济学著作“六册计划”的总体结构与内容探索 [J]. 政治经济学评论，2016（7）.

[4] 中共中央马恩列斯著作编译局，编译 . 马克思恩格斯选集 [M]. 北京：人民出版社，1995.

[5] ［德］马克思 . 资本论 [M]. 北京：人民出版社，1975.

[6] 中共中央马恩列斯著作编译局，编译 . 马克思恩格斯全集 [M].

北京：人民出版社，2008.

[7] 中共中央马恩列斯著作编译局，编译．马克思恩格斯全集：第46卷（上）[M]. 北京：人民出版社，1979：391.

[8] 中共中央马恩列斯著作编译局，编译．马克思恩格斯全集：第25卷[M]. 北京：人民出版社，1979：276.

[9] 中共中央马恩列斯著作编译局，编译．马克思恩格斯选集：第1卷[M]. 北京：人民出版社，1995：276.

[10] 中共中央马恩列斯著作编译局，编译．马克思恩格斯选集：第1卷[M]. 北京：人民出版社，1995：241.

[11] 中共中央马恩列斯著作编译局，编译．马克思恩格斯选集：第1卷[M]. 北京：人民出版社，1995：68.

[12] 中共中央马恩列斯著作编译局，编译．马克思恩格斯文集：第5卷[M] 北京：人民出版社，2009：874.

[13] 刘明远．马克思经济学著作“六册计划”的总体结构与内容探索[J]. 政治经济学评论，2016，7(4):131−161.

[14] 俄林．区际与国际贸易[M]. 北京：商务印书馆，1986.

[15] [美] 萨缪尔森．经济分析基础[M]. 北京：商务印书馆，1986.

[16] 习近平．中国发展新起点全球增长新蓝图——在二十国集团工商峰会开幕式上的主旨演讲[J]. 现代企业，2016(9):3−6.

[17] 徐长春．当前全球贸易的重大调整与变化[M]// 国际经济分析与展望．北京：社会科学文献出版社，2017.

[18] 习近平．携手推进“一带一路”建设——在“一带一路”国际合作高峰论坛开幕式上的演讲[J]. 中国产经，2017(6):12−15.

第十三章　“一带一路”倡议下产能合作的内在逻辑：政治经济学视角 *

付雅梅　师　博　韩海燕 **

（西北大学经济管理学院；陕西　西安　710127）

[内容提要]　“一带一路”倡议下的国际产能合作具有重大的战略意义，即化解产能过剩，在全球范围内进一步优化中国产业布局，推进产业结构升级，形成全球产业布局新格局，共建全球经济新增长点。本文以发展的政治经济学思维，从丝绸之路经济带沿线国家利益约束、产能合作中的矛盾与冲突、共建产能合作新平台几个方面渐进、深入剖析了“一带一路”战略下国际产能合作的困境、动力与机制，可以为未来更好地推进“一带一路”下的国际产能合作建设提供思考。

[关键词]　**一带一路　国际产能合作　政治经济学**

---

* 本文受到教育部人文社科基金项目“新常态下中国经济增长数量和质量多维互动机制研究”（17XJA90004）、西北大学研究生自主创新项目“新常态下中国经济增长数量和质量收敛性的互动机制研究”（YZZ17016）的资助。

** 付雅梅，西北大学经济管理学院硕士研究生；师博，西北大学经济管理学院副教授；韩海燕，陕西省社科院人文杂志社副研究员。

一、引 言

近年来，受国际金融危机的影响，世界经济增长乏力，复苏进程曲折艰难。发达国家受金融危机的深层次影响与债务危机相互交织，经济实力下滑，失业与结构矛盾交错；中国经济进入“三期叠加”的新常态，经济增速放缓，产能过剩问题日益突显，国内要素成本快速上涨，进一步推进产业转型升级刻不容缓；以中亚、巴西等为代表的发展中国家组成的新兴经济体发展迅速，资源丰富但受基础薄弱、资金技术缺乏、体制政策局限等瓶颈制约，工业化进程节奏缓慢。在这种背景下，加强区域合作成为推动世界经济发展的重要动力，也成为全球化下的一种趋势。中国的“一带一路”倡议，作为中国在应对全球范围区域经济一体化发展新趋势时提出的具有重要战略意义的经济发展思路，为中国对外经济合作指明了新方向，也为沿线国家加快经济发展提供了新机遇。2015年5月，国务院发布的《关于推进国际产能和装备制造合作的指导意见》中明确提出把推进国际产能和装备制造合作作为推进“一带一路”建设，保持我国中高速经济增长，发展高水平对外开放、开展互利合作的关键举措[1]。作为“一带一路”倡议的重要实施途径，国际产能合作被视为“走出去”战略的升级版，将通过利用多方比较优势，带动沿线国家产能合作，开发沿线优势要素资源，进一步融入全球产业链要素分工，促进整体区域产业布局合理，推进产业结构升级，形成全球产业布局新格局。

当前“丝绸之路经济带”国内外产能合作开展得如火如荼，既充满机遇也存在挑战，要想深入研究，就必须深入把握合作经济主体的核心利益格局变化，进而根据主体行为之间的博弈制定和调整激励结构来保障其顺利实施和推进，这符合政治经济学的研究思维，因此我们可以通过政治经济学这个角度来分析[2]。本文借鉴发展的政治经济学框架，根据“利益格局变化—主体行为博弈—调整制度安排—设置激励结构”的思维，从“丝绸之路经济带”沿线国家利益约束、产能合作中的矛盾与冲突、共建产能合作新平台几个方面渐进、深入剖析了“一带一路”倡议下国际产能合作的困境、动力与机制，为未来更好地推进“一带一路”

下的国际产能合作建设提供思考。

二、“丝绸之路经济带”沿线产能合作的利益格局分析

“丝绸之路经济带”沿线产能合作的开展主要围绕中亚等处于工业化、城镇化初期的新兴发展中国家，进而延伸至南亚、西亚和中东欧等其他地区，涉及政治、经济、社会和安全等诸多领域。在进行产能合作的过程中，国家之间的关系首先体现为利益的联系，国家的行为动力实质为利益的驱动，国家的社会经济活动将根据其自身利益的最大化来理性选择，其利益则受历史、地理、政治、经济等多方面因素的制约。中亚五国作为我国共建“丝绸之路经济带”的天然伙伴，也是我国进行国际产能合作的主体国家，因此，我们在合作主体上以中亚五国为重点进行产能合作的利益格局分析。中国和中亚五国作为“丝绸之路经济带”沿线进行国际产能合作最为主要的利益相关主体，在进行合作过程中存在利益的相互约束、交叉和互补。

（一）中亚五国在产能合作中的物质利益分析

中亚五国，包括哈萨克斯坦，乌兹别克斯坦、吉尔吉斯斯坦、塔吉克斯坦和土库曼斯坦5个国家。由于位居内陆，气候干燥，大部分国家地广人稀，经济发展的先天条件不足，加之苏联模式对中亚国家制度的深刻影响，中亚国家的经济发展并不理想，除哈萨克斯坦与土库曼斯坦经济相对发达外，其余三国均属于低水平发展国家。但中亚国家资源丰富，哈萨克斯坦、土库曼斯坦、乌兹别克斯坦等国以天然气、黄金、石油、棉花、稀有金属等宝藏和原料著称，具有良好的发展潜力，在“一带一路”的倡议背景下，开展国际产能合作具有巨大的利益空间。

1. 完善产业结构，加快工业化进程

中亚五国以能源工业为经济支柱，其工业化发展基础条件非常优越，

然而由于基础设施薄弱、技术资金缺乏、部分历史原因及地缘政治原因，中亚五国产业分布不均衡，产业结构相对单一，加工工业尤其发展滞后，工业化进程缓慢。图1是2014年中亚五国三次产业结构对比图，可以看出经过近年来的不断发展，中亚五国基本拥有较全面的三次产业结构，但经济结构都比较单一，如以重化工业为主的土库曼斯坦和农业仍占很大比重的塔吉克斯坦。表1给出了2014年中亚五国出口前5位商品排名百分比，表明中亚五国在出口商品结构上虽各有侧重，但高度集中在矿产资源类和农业原材料类，且排名前5位的商品大多数属于初级产品，这反映出中亚各国原材料工业非常发达而加工制造能力不足。尽管资源类初级产品是中亚国家现阶段的比较优势，这种资源主导型的畸形产业结构将使经济缺乏独立性，需要进口多种产品满足国内需求，对外依赖严重，就此不重视自身制造能力的提升，将很有可能被永远排挤在全球产业分工的外围。

由此可见，开展对外产能合作是中亚国家推进工业化发展、快速加入全球产业分工的必由之路。利用中亚国家的能源优势加以中国制造业成熟的技术、管理、资金支持与高性价比的产能输出将帮助中亚国家尽快建立完善的产业体系，使得产业布局进一步合理化，尽快加入全球产业链分工，提高产业发展水平，摆脱对外经济依赖，从而加快工业化的发展进程。

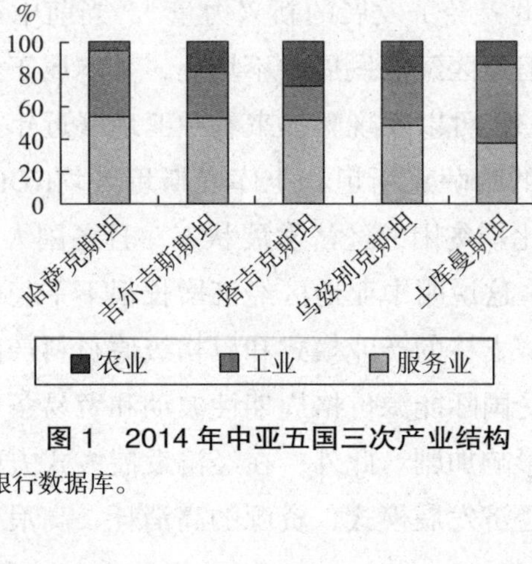

图1 2014年中亚五国三次产业结构

数据来源：世界银行数据库。

表1 2014年中亚五国出口前5位商品

哈萨克斯坦		吉尔吉斯斯坦		塔吉克斯坦		土库曼斯坦		乌兹别克斯坦	
名称	占比	名称	占比	名称	占比	名称	占比	名称	占比
1.原油及沥青	76.4	1.非货币黄金	41.9	1.铝	53.8	1.矿物燃料及油类产品	81.0	1.棉花	34.9
2.铁和钢	4.3	2.矿物燃料及油类产品	9.4	2.棉花	14.5	2.棉花	12.4	2.铜	12.6
3.无机化学贵金属	3.6	3.蔬菜及产品	6.2	3.棉织品	13.3	3.重油及沥青	1.5	3.矿物燃料及油类产品	9.3
4.矿石、矿渣及灰	3.3	4.汽车、火车零件配件	4.8	4.金属矿石与精矿	5.3	4.服装及配件	1.1	4.食用水果及坚果	7.8
5.铜	2.3	5.服装及配件	4.6	5.食用水果及坚果	3.5	5.棉织品	0.5	5.放射性材料	6.5
合计	89.8	合计	66.9	合计	90.4	合计	96.6	合计	71.1

数据来源：联合国贸发组织数据库。

2. 促进经济增长，提升经济发展水平

自20世纪90年代独立以来，中亚五国经历了经济转型，近20年间对外开放程度逐渐提高，能源工业快速增长，各国经济发展水平也取得了显著提升，日益成为世界经济发展的新兴力量[3]。当前中亚地区已经进入相对稳定发展阶段，但地区经济发展并不均衡，基本属于经济转型的发展中国家。观察图2和图3，可以发现整体来看中亚地区近年来经济一直保持增长，其中比较发达的哈萨克斯坦和土库曼斯坦人均GDP达1万美元以上，而其余三国仍处于比较贫困的经济发展状态，且各国人均GDP波动较大，尤其是在2000年后。这说明中亚地区经济增长很不平稳，其原因主要在于其以能源产业为经济支柱的产业模式和以初级原材料产品为导向的出口模式，导致经济增长受国际能源价格周期性波动和贸易条件变化带来的不确定性和周期性风险影响加剧。此外，在经济发展方式方面，中亚仍保持着其不可持续的粗放经济发展模式，资源的高消耗、高浪费、高污染和高破

坏降低了经济增长的质量和效益，也为其未来发展埋下了巨大的隐患。

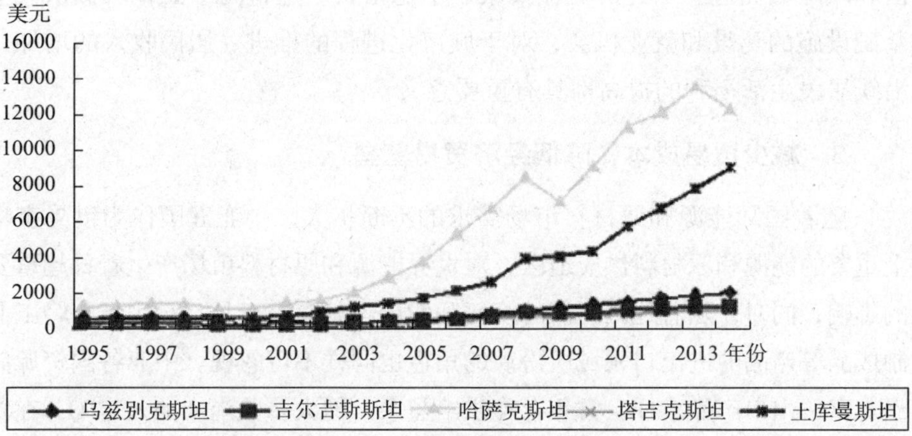

图 2 1995—2014 年中亚五国人均 GDP

数据来源：世界银行数据库。

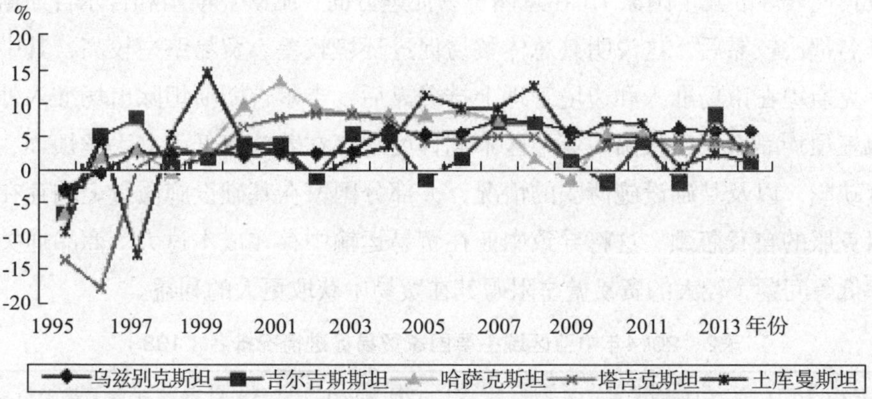

图 3 1995—2014 中亚五国人均 GDP 增长率

数据来源：世界银行数据库。

开展国际产能合作将为中亚地区未来经济增长注入新动力，通过产能合作，一方面，利用发展中经济体流动性相对较低的生产要素低成本优势，吸引生产要素向具有成本优势的发展中经济体流动和集聚，助推中亚经济体经济进一步增长；另一方面，可以优化产业布局和产业结构升级并促进经济向集约型经济发展模式转换，以完善的产业体系规避国际逆向冲击和风险，促进中亚经济更加健康、平稳增长。这将为中亚地区提供大量基础设施的建设和就业机会，对于城市化进程的推进、居民收入的增加、沿线居民生活福利的提高都具有重要意义。

3. 减少贸易成本，降低经济贸易壁垒

随着国际能源和原材料市场需求的不断扩大，中亚五国作为世界市场上重要的能源和原材料供应地区，对世界能源和原材料市场产生着日趋重要的影响；同时，随着地区经济的恢复和发展，其在农产品、日用品、轻工业制成品等产品的进出口领域所扮演的角色也同样不可忽视。中亚各国资源储量丰富，出口产品多样，常年存在供给盈余，但大多数尚未加入WTO，在贸易中壁垒高、市场交易范围小，难以维护自己的贸易利益，在国际经济贸易中处于弱势地位。表2和表3分别是2014年和2015年中亚区域主要国家贸易促进情况及基础设施情况排名（由于部分数据难以获得，这里考虑了中亚地区较具代表性的几个国家），在总体贸易促进方面，哈萨克斯坦和吉尔吉斯斯坦排名都比较靠后，这说明其总体贸易促进环境较差、贸易壁垒较高，其中哈萨克斯坦在市场准入和边境管理上排名靠后，吉尔吉斯斯坦除市场准入外其他三项均靠后，反映出中亚地区不同程度地存在着效率低下、手续烦琐、制度缺陷，以及基础设施薄弱的情况，大部分国家在基础设施质量上均存在难以克服的自我瓶颈。这将导致中亚在贸易运输中存在成本过大、商品通关效率低等问题，较大的贸易壁垒阻碍其在贸易中获取更大的利益。

表2　2014年中亚区域主要国家贸易促进情况排名（138）

指标国家		中国	哈萨克斯坦	吉尔吉斯斯坦
总指数	贸易促进指数（ETI）	54	94	111
子指数	市场准入指数	119	108	31
	边境管理指数	48	127	111
	基础设施指数	36	53	127
	运营环境指数	37	67	101

数据来源：世界经济论坛《2014年全球贸易促进报告》。

表3 2015年中亚区域主要国家基础设施排名（140）

指标国家		中国	哈萨克斯坦	吉尔吉斯斯坦	塔吉克斯坦
1	基础设施总体质量	39	58	127	111
2	交通基础设施质量	29	79	119	96
3	电力和通信基础设施质量	70	48	127	113

数据来源：世界经济论坛《2015—2016年全球竞争力报告》。

自上海合作组织、中亚区域合作组织（CARCE）等成立以来，中亚国家与中国在边境口岸合作、海关便利化措施、过境运输和标准一致化等贸易方面已经取得了较大进展。进一步开展“一带一路”的国际产能合作开启了与中亚各国新的也是更加深入的合作模式。这不仅是中亚地区经济发展的迫切需要，更是其更快融入全球化发展的必要途径，将使中亚国家拥有贸易的地缘便利性，可以降低贸易壁垒，充分利用两国的资源和市场，减少长距离、大规模的浪费，利用关税的减免、贸易结算平台等来节约贸易中的交易费用，借由WTO小型市场共享，扩大贸易的范围，从而实现贸易利益的最大化。与中国进行更加深入、广阔的国际产能合作，同样标志着中亚地区对外开放程度的进一步提升。可以不断完善区域合作模式与机制，改善投资环境，推动与中亚地区经济合作的深层次、宽领域发展。

4. 维护地区安全，保持政治格局稳定

由于独特的地理地位和能源储备优势，从古至今，中亚地区都是军事战略、地缘政治和地缘经济的利益中心和“力量投射”地[4]。随着全球石油、天然气、铀以及其他重要工业矿物等不可再生资源的需求激增时代的到来，中亚成为世界新的能源富集区，大国纷纷就中亚资源的控制权展开了激烈的争夺，中亚地区具有重要的经济战略地位，同时也面临各种冲突和矛盾。此外，中亚地区由5个独立国家组成，虽然过去受苏联的共同统治，在经济、文化、地理和历史上具有共性，但在意识形态、文化、民族、宗教之间仍存在很大的差异，其社会环境具有极大的不稳定和复杂性。在这种情况下，中亚地区的内部多种复杂势力极易受其他国家战略博弈的影响，导致政治争端不断，政权波动剧烈不利于中亚国家的安全稳定及经济发展。中亚政局的动荡给了极端势力趁势作乱的绝好时机，其利用各国政治矛盾、社会失控和外部势力渗透等条件，企图拓展生存空间，扩大社会影响，严重威胁到地区安全。动荡的政局同时加剧了跨国犯罪、贩卖毒品等犯罪活动猖獗进行，不仅严重影响了经济发展，并且危害到其居民生活的幸福安定。

开展深入的产能合作有助于保持政局稳定。短期来看，通过国际产能合作将解决大量失业人口的就业问题，从而降低失业率，提升地区经济发展水平，不仅会提高居民的收入，还可以促进政府增加公共支出、失业补助、最低生活保障等福利性补助，最终将提升整体地区的社会福利并降低犯罪率。长期来看，借产能合作推进“一带一路”建设，将帮助中亚地区真正走向崛起和独立，拥有国际话语权。这些都将帮助中亚地区化解地区发展中的社会与经济冲突，维护政局稳定，进而为地区经济发展营造更好的环境。

（二）中国在产能合作中的物质利益分析

1. 化解产能过剩，推动产业转型升级

中国当前正处于工业化后期，产能周期性过剩与结构性过剩并存，国内生产要素价格上升，通过中外产能合作在全球范围内进一步优化我国的产业布局，化解国内过剩产能，在国际产业链和经济合作网络中占据更加有利的地位，借全球化趋势推动我国产业转型升级，具有重要的战略意义。这符合国际产业转移规律，工业化国家资源要素成本上涨到一定程度时，不再具有成本比较优势，要通过扩大对外投资和贸易在全球范围内转移低链条优质产能、化解国内产能过剩、助推产业结构升级、改善贸易条件从而控制产业链，占据国际竞争优势地位。早先中国处于产业链低端，在产品内分工时代通过加工贸易参与国际分工，主要表现为承接发达国家劳动密集型产业，向发达国家输出加工品。经过几十年的开放已成功转变

为中等收入水平国家，未来与发达国家经济仍有很多合作领域和空间，同时与新兴经济体及广大发展中国家经济合作的重要性将会显著提升。在当前经济全球化不断深入发展以及中国“一带一路”倡议推进实施的大背景下，要通过国际产能合作借全球化趋势推动产业升级，发挥我国制造业优势，助力“中国制造”走向世界，将出口导向战略升级为多层次的产业合作，实施以核心技术为核心的产业转移，占据产业链制高点。

2. 推进结构转型，打造经济增长新动能

当前经济进入新常态，经济增速由高速向中高速转换，过去对投资和出口长期过分依赖、“高污染、高浪费、高消耗”的不平衡经济增长模式已然不可持续。“一带一路”通过扩大对沿线广大国家开放并推进双向广泛务实的经济合作，拓宽和改善了中国经济开放发展的国际空间与外部环境。与中亚地区开展国际产能合作，可以推动优势装备产能“走出去”，通过促进沿线要素资源的合理配置，汇集全球优势产能，打造新的经济增长点，借助全球化趋势推进经济结构顺利实现转型。伴随我国改革开放的不断推进，在新形势下以全球为范围开拓市场、扩大内需，促进长期、持续、快速、健康发展，具有重要的战略意义。另一方面，这也将给中国边陲地区经济发展带来全新的机遇，新疆、甘肃、西安等西部内陆地区将借此迎来新的合作转机，为中国国内区域经济结构调整注入新动力。

(三)整体利益格局变化

通过上文对中亚和中国的物质利益关系分析，我们可以发现在国际产能合作推进中二者核心利益的互补交叉性。随着要素成本与比较优势结构演变，“一带一路”沿线国家可以依据各自所处发展阶段的不同，借助资本流动和产能合作破解中国与亚洲众多发展中国家的瓶颈，推进本国结构调整与经济共同发展。“丝绸之路经济带”沿线发展中国家可以借助优势产能解决其产业结构单一的问题，而中国可以借助其制造业优势转移优势产能，化解国内产能过剩，整体来看，将会促进整个“丝绸之路经济带”

的产业布局合理化，推动整体区域产业结构升级，形成拥有前向后向关联的一体化产业链，进而构建全球产业新布局。在这种互利共赢的合作机制的推进下，二者将顺应全球经济一体化趋势，进一步融入全球产业链，推进区域经济共同发展。由此，在“一带一路”倡议下，经济主体的各自为营的利益格局将成为区域整体发展的利益格局，推动着国际产能合作新格局的建立。借助于国家间动态意义上更为紧密的经贸联系，形成中国与沿线国家携手共进、良性互动的新形势，培育全球经济新增长点，更好地实现后危机时代全球经济强劲可持续增长目标。

三、国际产能合作中的矛盾与冲突

基于上文的分析，中国与“丝绸之路经济带”沿线国家开展国际产能合作有着天然的利益互补动力，然而在产能合作的进一步深入推进中也存在着内在与外在的矛盾与冲突，将会影响经济主体的既定合作行为，阻碍产能合作的进行，在推进产能合作建设中应该格外注意，主要有过去单一能源主导的合作方式受排斥国际竞争激烈两方面。

（一）过去单一能源主导的合作方式受排斥

传统的国际产能合作主要是指国际产能转移，即通过国际贸易、国际投资等方式，将产能从一个国家或地区转移到另一个国家和地区的过程，从而实现生产要素在全球范围内的重新配置组合。工业革命以来，世界经历了数次大的产业转移，4次产业转移中，美国、日本和原联邦德国、“亚洲四小龙”、中国等新兴工业化国家和地区依次成为产业转移的最大受益者，同样也是“受害者”[5]。过去发达国家的产业输出经验是通过扩大对外投资和贸易在全球范围内转移低产业链产能、化解国内产能过剩、助推产业结构升级、改善贸易条件，并借此向他国“植入”本国技术格式、产业标准、控制产业链，占据国际竞争优势地位。低产业链过剩产能输出是指劳动密集型的工业产能输出，这种产能输出一般要求接受方拥有低成本的生产要素，作为全球产业的低端产业链生产方参与全球要素分工，符合大多数工业化初期国家的比较优势，但这种产能输出尤其是在能源产业容易给接收方国家带来极大的工业污染。随着近年来全球环境保护意识的提高，这类资源耗费型、环境破坏型工业越来越受接受方的排斥。

“丝绸之路经济带”沿线以中亚为代表进行产能合作的发展中国家大多能源储量丰富，过去进行的以单一能源合作为主导的合作方式可能引起它们的极大排斥，阻碍产能合作的推进。单一的能源合作方式主要涉及能源方面的贸易与能源产业的产能输出，能源资源富集的发展中国家认为这种合作方式是对其单纯的能源争夺，并且会对本国资源和环境造成巨大的伤害和损失。在推进”一带一路”产能合作中，应该以多元化、包容化的合作形式开展产能合作，以对外投资结合产业转移，产业输出与产品贸易并存，优势互补，互利共赢，并且注重结合沿线国家实际情况进行产能合作的实施。

（二）国际竞争激烈

由于独特的地缘政治特点，中亚地区在世界范围内形成了大国政治、军事、经贸的博弈局面，俄罗斯、日本、欧美均是我们推进产能合作进程之中强劲的竞争对手。一方面，地缘政治与地缘经济所主导的大国政治经济合作战每天都在上演；另一方面，欧美、日本作为发达经济体其工业产能的优势也不容忽视。高铁和核电等技术、资金密集型产业，不仅是中国对外产能合作的重点发展领域，同样也是发达国家的传统“阵地”[6]。以高铁市场为例，全球目前形成了“中日欧”三雄逐鹿的局面。在印度高铁公司的全球招标中，中国公司与印度本地企业组成的联合体，经过与德、法等国企业的激烈竞争，在2015年9月获得授标函，承担新德里至孟买高速铁路的研究建设工作。而为了将新干线技术推向海外市场，日本也专门成立了国际高铁协会，以减少日企间各自为政的弊端。从印度尼西亚的雅万高铁到新马高铁，日本在东南亚展开了强大的高铁推销攻势。核电是相对敏感的技术，更是出口国和接受国长期进行合作的项目，各国在抉择时都非常慎重。法国、俄罗斯等核电强国海外经验丰富，都在不遗余力地开拓国际市场，中国核电目前仅仅是一个开端，“走出去”仍需渐进的过程。南非目前电力供应紧张，核电需求强劲，招标金额高达800亿美元，已吸引中、法、俄、美等多国公司参与[7]。在日益激烈的国际竞争中，实力决定着最终能否合作成功，中国在产能合作推进中应该发挥自己优势产业性价比高的特点，不断积累经验，不断提升服务水平，来推进产能合作更好地开展。

四、共建产能合作新平台

中国与“丝绸之路经济带”沿线国家经济主体在国际产能合作开展中既要遵循利益互补动机的驱动，同时也应注意避免合作中的矛盾与冲突，在协调各方的利益、实现共同利益最大化基础上，设计激励结构，完善制度体系，从而真正地实现产能合作下的双方共赢。因此，在“一带一路”倡议下，我国应该秉承“一带一路”倡议中的“五通”原则——政策沟通、道路沟通、贸易沟通、货币沟通、民意沟通，与沿线国家在基础设施建设和先进装备制造业方面实施产能合作，力求构建命运共同体、利益共同体和责任共同体，以“互利共赢”为原则，共同建设产能合作新平台，保障“一带一路”倡议下国际产能合作的顺利实施和可持续发展。当前我国在产能合作新平台的进一步推进建设方面，应当逐步构建以协调利益关系下的和谐可持续发展、“走出去”背景下的制度体系完善、利益驱动下的激励结构设置三方面为内容的合作推进机制来坚持推进“一带一路”倡议下的产能合作建设。

（一）协调利益关系下的和谐可持续发展

“丝绸之路经济带”上的长期产能合作推进一定是在各个经济主体利益关系合理协调下的推进，通过平衡各种基于不同利益追求下的矛盾与冲突，促进互利共赢来追求产能合作的长期和谐可持续发展。这里主要有三层的利益关系。

第一层是“国家与国家”层面，推进“丝绸之路经济带”作为国家重要发展倡议首先体现为国家之间的核心利益协调，在合作推进的过程中应当以互利包容、繁荣共进的心态统筹利益协调，立足于各国的共同发展，以“丝绸之路经济带”沿线国家间的利益契合点和利益共同点来推动产能合作的实施，来促进产能合作的长期和谐可持续推进。在这一层面，更多的是中国应以多种手段协调利益关系，采取我国经济外交的新思路与新理念推进区域一体化合作，必须通过经济、政治等资源的整合，相互支撑，形成政策沟通与合作的合力。

第二层是“企业与国家”层面，推进“丝绸之路经济带”属于国家战略，但同样也是企业的发展先机，工业产能合作的动力机制不仅源于企业的资本收益，还源于国家的战略利益，企业对外直接投资的收益更多或更直接地体现为宏观经济利益，注重企业利益与国家利益的协调与结合，促进以政府为支持、企业为主导的海外优势产能合作。“丝绸之路经济带”沿线国家与中国双方政府作为合作引导主体，应该做好规划衔接和交流协调，在企业对外投资中提供公平、自由的市场环境，便捷和优质的服务和设施，以市场为导向，保障对外合作的顺利进行。

第三层是“居民与企业”层面，推进“丝绸之路经济带”建设中不可忽略的利益协调微观主体应当是“丝绸之路经济带”沿线的居民，我国政府在推进沿线产能合作中应当注意协调当地居民与对外投资企业之间的利益关系，这里的矛盾与冲突不仅存在于居民就业、企业对外投资中的文化交流和冲击，还存在于转移产能可能带来的环境污染对当地居民生活产生损害等多个方面。统筹协调对外投资企业与当地居民的利益，无论是对于我国产能合作的顺利开展还是“一带一路”倡议的顺利推进都具有关键的意义。

（二）“走出去”背景下的制度体系完善

在协调各经济主体利益的基础上，进一步完善我国的制度体系，促进企业更好、更积极、更顺利地“走出去”。制度作为对行为的一种引导和规范，可以提供帮助企业顺利进行产能合作的良好环境。企业作为中国“走出去”的主体，企业“走出去”对外直接投资、到不熟悉的市场上去摸爬滚打、将企业做大做强，不是一蹴而就的事情，当前我国企业进行对外投资仍存在许多问题，政府需要在合理的范围内对企业做出引导，形成一套企业境外投资的规划体系、政策体系、服务体系和管理体系。

在硬件设施方面，政府要出资进行基础设施建设，为企业合作建立良好的基础。以亚投行、丝路基金等与“一带一路 ”产能建设相辅相成，相互促进。通过亚洲基础设施网络建设，形成亚洲经济一体化的硬件体系，通过人民币国际化，促进与周边发达国家和地区的资本市场一体化。为企业提供电、网、水等重要基础资源，促进企业集群发展。

在金融支持方面，拓宽融资渠道，缓解“走出去”压力。“丝绸之路经济带”产能合作离不开金融的大力支持，解决资金问题是企业能顺利“走出去”进行对外投资合作的基础与前提。包括制定相应的金融、保险促进与支持政策，设立“丝绸之路经济带”合作专项基金积极支持基础设施的建设，还应构建“丝绸之路经济带”产能合作融资平台和渠道，以保证丝路合作过程中资金的充足和持续供应。

在服务平台方面，建立专门的交流信息平台，帮助企业充分了解国内外信息。在国际上对外投资的潜在风险不可忽视，而我国企业对外直接投资尚处于初级阶段，企业对境外风险的预防、应对及管控缺乏经验，能力不足，由政府推动产能合作能降低潜在风险，帮助企业尽量规避境外产能合作中的潜在风险。积极动员各方力量，搭建以政府为主体的国际产能合作的情报平台与情报网络体系，如建立国际产能合作重大项目库，向相关企业提供境外项目信息。

在人才培养方面，培养各个领域的专业人才，帮助企业实现在“丝绸之路经济带”的产能合作。推进“一带一路”倡议，人才不足是短板，过去许多合作失败的项目都源于企业缺乏相应的发展人才。推进“丝绸之路经济带”沿线国际产能合作的建设涉及经济、政治、制度、社会等各方面的问题，因此不仅应培养高素质的工程技术人才，还应培养金融、财务、管理、法律等方面的服务型人才，以促进中国与中亚国家的产能合作顺利进行。

（三）利益驱动下的激励结构设置

在各方经济主体的利益驱动下，构建合适的激励结构来促进整体合作有序、自主开展。在完善的政策体系结构下，通过合适、有效的激励结构来实现产能合作，由早期政府推动的“被动式”向沿线国家积极响应、企业对外投资热烈开展的“主动式”转变，将促使整体产能合作最终向互利共赢的最大化利益目标长期不断迈进。从各个经济体相关的根本利益出发，构建利益驱动下的有效激励结构。

一是以互利共赢的产能合作项目为桥梁。在“丝绸之路经济带”沿线国家开展产能合作，以开放包容、互利共赢的产能合作项目为桥梁进行前期合作，打造样板工程，为我国与“丝绸之路经济带”沿线地区开展工业产能合作提供示范，在“丝绸之路经济带”形成示范效应。这有助于促进沿线国家提高合作认同感，使得对外投资企业更加积极参与。

二是在积极的产能合作中不断吸取经验。用“丝绸之路”的理念和精神将经济带的产能合作整合起来，使其相互连接、相互促进，共同促进沿线国家与地区共建“丝绸之路经济带”发展。在产能合作的不断推进中逐渐积累经验，规避风险和失误，进一步促进产能合作的长期、顺利开展。

参考文献

[1] 张梅 . 对外产能合作 . 进展与挑战 [J]. 国际问题研究，2016（1）：11-16.

[2] 何爱平 . 发展的政治经济学：一个理论框架 [J]. 经济学家，2013（5）：25-29.

[3] 唐宏，陈大波 . 中亚地区经济发展特征及时空演变 [J]. 中国科学

院大学学报，2015（3）:8–14.

[4] 白永秀，王泽润，王颂吉．丝绸之路经济带工业产能合作[J].经济纵横，2015（11）:33–37.

[5] 保健云．中亚五国的经济增长、国际贸易发展及与中国的经贸合作前景分析[J].俄罗斯中亚东欧市场，2009（6）：18–24.

[6] 王志民．“一带一路”战略中的多重互动关系推进[J].中国高校社会科学，2015（6）:29–33.

[7] 卢峰，李昕，李双双，等．为什么是中国——“一带一路”的经济逻辑[J].国际经济评论，2015（3）:12–16.

第十四章　马克思分配理论视域下共享发展理念的内涵及实现路径

赵任洁 *

（西北大学经济管理学院；陕西　西安　710127）

[内容提要]　共享发展要求人人参与发展过程、人人享有发展成果，是社会主义公平正义和发展效率的统一。实现共享发展，首先要解决分配问题，分配理论是马克思主义经济学的重要组成部分。本文首先按从一般到特殊的思想逻辑，对马克思主义经济学分配理论的主要内容进行了梳理和归纳，并在马克思分配理论视域下，从全民共享、全面共享、共建共享和渐进共享 4 个方面考察了共享发展理念的基本内涵和实现途径，体现了共享发展理念对马克思主义经济学分配理论的继承和创新，以期为推进共享发展和中国分配制度的改革提供相关理论支持和启示。

[关键词]　**共享发展　分配理论　中国特色社会主义政治经济学　马克思主义经济学**

* 赵任洁，西北大学经济管理学院硕士研究生。

一、引 言

党的十八届五中全会确立了创新、协调、绿色、开放、共享五大发展理念，是中国特色社会主义道路发展思路、发展方向和发展着力点的集中体现[1]。其中，共享发展不仅是当代中国发展的根本出发点和落脚点，更是中国特色社会主义的本质要求。共享发展坚持人民的主体地位，“发展为了人民、发展依靠人民、发展成果由人民共享，作出更有效的制度安排，使全体人民在共建共享发展中有更多获得感”[2]，强调社会公平正义，是实现共同富裕目标的重要途径。根据国家统计局发布的数据，2016年全国居民人均可支配收入23821元，城镇居民人均可支配收入33616元，农村居民人均可支配收入12363元，城镇居民人均收入是农村居民人均收入的2.72倍。在基尼系数方面，2010—2016年，中国基尼系数分别为0.481、0.477、0.474、0.473、0.469、0.462和0.465，虽然呈现出逐渐下降的趋势，但仍然连续7年超过国际公认的社会贫富差距“警戒线”0.4。这充分表明，目前中国在分配领域存在着严重的不公平现象，也正是推进共享发展必须解决的首要问题。关于利益分配问题的探讨，一直是马克思主义经济学的重要组成部分，对共同富裕的追求，也是马克思对未来社会的理想目标。因此，共享发展理念正是马克思分配理论的题中之意。已有关于共享发展理念的文献多是对中央文件的政策解读，缺乏理论依据，本文则基于对马克思经典文献中相关理论的提炼和梳理，从马克思分配理论视域下考察了当前共享发展理念的基本内涵和实现途径，为推进共享发展和中国分配制度改革提供了重要的理论支持。

二、马克思主义经济学的分配理论

马克思的分配理论是随着他对生产关系以及人与人之间物质利益关系研究的不断深入而逐渐发展和完善的，蕴含着一般到特殊的思想逻辑。从分配的一般规律来看，分配关系由生产关系决定，是生产关系的背面；从分配的特殊规律来看，马克思分别考察了资本主义社会和社会主义社会两种特殊社会形态下的分配规律，并提出了对未来社会分配方式的构想。

（一）分配的一般规律

“所谓的分配关系，是同生产过程的历史地规定的特殊社会形式，以及人们在他们的人类生活的再生产过程中相互所处的关系相适应的，并且是由这些形式和关系产生的。这些分配关系的历史性质就是生产关系的历史性质，分配关系不过表示生产关系的一个方面。”①马克思发现在普通的经济学著作里什么都被提出两次，“在分配上出现的是地租、工资、利息和利润，而在生产上作为生产要素出现的是土地、劳动、资本”②。人们总是从年产品分为工资、利润和地租这一分配结果出发，直觉地把分配形式看成是各生产要素得到实现的最确切表现，分配也被专门规定为经济学的对象，和生产处于同样的地位。但仔细考察就会发现，如果劳动作为劳动一般而不是雇佣劳动的形式，它参与产品分配的方式就不表现为工资；生产资料作为公共的生产资料而不是私人资本的形式，它参与产品分配的方式就不表现为利润；土地作为土地一般而不是地产的形式，它参与产品分配的形式也就不表现为地租。因此，“分配的结构完全决定于生产的结构。分配本身是生产的产物，不仅就对象说是如此，而且就形式说也是如此。就对象说，能分配的只是生产的成果，就形式说，参与生产的一定方式决定分配的特殊形式，决定参与分配的形式”③。分配关系和分配方式只是表现为生产条件一定的社会性质和生产当事人之间一定的社会关系的背面。

马克思进一步指出，分配是产品的分配之前，首先是生产工具的分配和社会成员生产关系的分配。既然生产必须从生产工具和生产关系的一定分配出发，仿佛从这个意义上分配先于生产，并且决定生产。马克思明确

① ［德］马克思.资本论：第3卷［M］.北京：人民出版社，2004：999-1000.

② 中共中央马恩列斯著作编译局，编译.马克思恩格斯选集：第2卷［M］.北京：人民出版社，1995：12.

③ 中共中央马恩列斯著作编译局，编译.马克思恩格斯选集：第2卷［M］.北京：人民出版社，1995：13.

否定了这种观点，“在所有的情况下，生产方式……总是决定新出现的分配。因此，虽然这种分配对于新的生产时期表现为前提，但它本身又是生产的产物，不仅是一般历史生产的产物，而且是一定历史生产的产物”[①]。因此，无论从生产结果的分配还是从生产前提的分配来看，分配都由生产决定，即分配的一般规律。

（二）资本主义条件下的分配理论

马克思在《资本论》第3卷“资本主义生产的总过程”中，通过对资本各种具体形式的考察，揭示了资本主义生产方式下的分配规律，即各资本家和土地所有者对劳动者剩余价值的瓜分。在资本主义条件下，社会产品总价值被不同的要素所有者分成3个部分，并采取3种不同的所得形态：一部分以利润的形式归属于资本所有者，一部分以地租的形式归属于土地所有者，一部分以工资的形式归属于劳动力的所有者。表面看来，好像资本、土地、劳动3个要素都参与了生产，都成了创造财富的源泉，因而“这些分配关系被认为是自然的关系，是从一切社会生产的性质，从人类生产本身的各种规律中产生出来的关系”[②]。实际上“工人生产的财富越多，他的产品的力量和数量越大，他就越贫穷。工人创造的商品越多，他就越变成廉价的商品”[③]。也就是说，工人生产的产品越多，创造的社会财富越多，他自身所得到的物质财富即工资反而越少。造成这一现象的原因是“劳动所生产的对象，即劳动的产品，作为一种异己的存在物，作为不依赖于生产者的力量，同劳动相对立”[④]。当考察工人与生产的关系时就会发现，如果工人不是在生产过程中就使自身异化，其生产的产品怎么会作

① 中共中央马恩列斯著作编译局，编译．马克思恩格斯选集：第2卷［M］．北京：人民出版社，1995：15.

② ［德］马克思．资本论：第3卷［M］．北京：人民出版社，2004：993.

③ 中共中央马恩列斯著作编译局，编译．马克思恩格斯选集：第1卷［M］．北京：人民出版社，1995：40.

④ 中共中央马恩列斯著作编译局，编译．马克思恩格斯选集：第1卷［M］．北京：人民出版社，1995：41.

为相异的东西同工人对立呢？因此，工人的异化首先表现在生产行为、生产活动本身中，表现为工人同其自身劳动的异化，即工人的劳动并不属于他自己。这是由于资本家占有全部生产资料，离开了生产资料，工人什么也不能创造，它是工人的劳动得以实现的材料。工人只能放弃对自己劳动的所有权，成为自己劳动产品的奴隶，以获得维持生存的工资。所谓“三位一体”的分配公式，实际上是资本家和土地所有者无偿占有了劳动者创造的剩余价值。

在资本主义生产过程中，资本发展成为劳动的主人，不是劳动工人使用生产资料，而是生产资料使劳动服从自己。资本对劳动的强制关系使工人隶属于资本，与自身生产的产品相异化，工人创造的产品越多，统治其的力量就越大，然而资本主义社会关系和生产关系的物化掩盖了这一事实。所以，只有当一定的生产形态消灭时，与之相对应的分配形态才能消灭，只有当资本主义私有制消灭时，劳动工人才能获得个人的自由，各资本家和土地所有者对工人的剥削才能最终消灭。

（三）社会主义条件下的分配理论

马克思在《资本论》中对社会主义的分配方式已经有了初步设想，在第1卷中，马克思第一次提出了按劳分配的思想，“设想有一个自由人联合体，他们用公共的生产资料进行劳动，并且自觉地把他们许多个人劳动力当作一个社会劳动力来使用……这个联合体的总产品是一个社会产品。这个产品的一部分重新用作生产资料。这一部分依旧是社会的。而另一部分则作为生活资料由联合体成员消费……我们假定，每个生产者在生活资料中得到的份额是由他的劳动时间决定的”①。在第2卷中，马克思进一步完善了按劳分配的具体方式，“社会把劳动力和生产资料分配给不同的生产部门。生产者也许会得到纸的凭证，以此从社会的消费品储备中，取走一个与他们的劳动时间相当的量”②。

① ［德］马克思．资本论：第1卷［M］．北京：人民出版社，2004：96.
② ［德］马克思．资本论：第2卷［M］．北京：人民出版社，2004：397.

在《哥达纲领批判》中，马克思全面阐释了社会主义条件下的分配理论，涉及经济、政治、社会多个方面。在经济上，社会生产以生产资料公有制为前提，他将社会主义的发展过程分为两个阶段，并认为这两个阶段的生产力水平和分配方式完全不同。在社会主义第一阶段，“每一个生产者，在作了各项扣除以后，从社会领回的，正好是他给予社会的。他给予社会的，就是他个人的劳动量”①，即按劳分配。在社会主义高级阶段，随着个人的全面发展，生产力高度发达，劳动不仅是谋生的手段，而且成了生活的第一需要，社会财富的一切源泉都充分涌流，“社会才能在自己的旗帜上写上：各尽所能，按需分配!”②在社会和政治上，马克思强调“随着阶级差别的消灭，一切由这些差别产生的社会的和政治的不平等也自行消失”③。

三、共享发展理念的内涵

党的十八届五中全会提出的共享发展理念，实质是以人民为中心，注重解决社会公平正义问题的发展思想，体现了社会主义共同富裕的根本原则。坚持共享发展，必须准确把握共享发展理念的基本内涵。在马克思分配理论视域下，从主体上，共享是全民共享，强调社会发展的成果要覆盖全体人民，是马克思分配理论的出发点；从内容上，共享是全面共享，要求经济、政治、文化、社会、生态各方面的建设成果都要共享，是马克思分配理论的对象；从方式上，共享是共建共享，注重机会均等、人人参与、人人尽力，是马克思分配理论的核心；从进程上，共享是渐进共享，需要一个逐步推进的过程，是马克思分配理论的实现过程。

① 中共中央马恩列斯著作编译局，编译．马克思恩格斯选集：第3卷[M]．北京：人民出版社，1995：304.

② 中共中央马恩列斯著作编译局，编译．马克思恩格斯选集：第3卷[M]．北京：人民出版社，1995：306.

③ 中共中央马恩列斯著作编译局，编译．马克思恩格斯选集：第3卷[M]．北京：人民出版社，1995：311.

（一）共享发展的主体是全民共享：马克思分配理论的出发点

习近平总书记指出："共享发展是人人享有、各得其所，不是少数人共享、一部分人共享。""绝不能出现'富者累巨万，而贫者食糟糠'的现象。"改革开放近40年来，我国经济社会在取得快速发展的同时，也出现了地区之间、城乡之间、行业之间收入分配差距较大，基本公共服务资源分布不均，社会保障制度覆盖面小，以及农村贫困人口脱贫任务艰巨等问题，成为实现全民共享的主要障碍。全民共享，就是要把社会发展的成果分享给全体人民，"在促进发展成果合理分配的同时，还要促进对落后地区的历史追偿，从空间和时间两个维度上保证发展利益的公平分配"[3]，防止出现贫富两极分化的现象，使人民群众有更多的获得感。共同富裕是全体人民的富裕，是全民共享的目的和方向所在。坚持全民共享，体现了以人为本、以民为本的根本思想，"这是马克思主义政治经济学的根本立场"。"工人革命的第一步就是使无产阶级上升为统治阶级，争得民主"①，马克思的分配理论始终以人民为出发点，确立了人民的社会主体地位，通过揭示资本主义生产方式下资本对劳动的剥削本质，维护广大劳动人民的根本利益。

（二）共享发展的内容是全面共享：马克思分配理论的对象

共享发展的内容是随着实践和人民群众各方面需求的增加而不断丰富的，不仅仅是指经济层面、物质财富分配层面的共享，更是"要共享国家经济、政治、文化、社会、生态各方面建设成果，全面保障人民在各方面的合法权益"。在政治和社会领域共享，要进一步维护权利公平、机会公平和规则公平，创造公平正义的社会环境，保障人民平等参与、平等发展的权利。在文化领域共享，要提高教育质量，推动文化、教育资源均衡，提升国民的整体素质和社会文明程度，增加社会的精神文化财富。在生态领域共享，要深入贯彻"环境就是民生，绿水青山就是金山银山"的环保理念，加快生态

① 中共中央马恩列斯著作编译局，编译．马克思恩格斯选集：第1卷［M］．北京：人民出版社，1995：293.

文明建设步伐，让人民共享美好的生活环境。坚持全面共享，体现了在分配对象上对马克思分配理论的继承。马克思分配理论的对象涉及经济、政治、社会、文化等多个方面，每个个人只有实现“建立在个人全面发展和他们共同的社会生产能力成为他们的社会财富这一基础上的自由个性”①，从人的依赖关系和物的依赖性中解放自己，才能最终实现人的全面自由发展。

（三）共享发展的方式是共建共享：马克思分配理论的核心

共享发展不是少数人“做蛋糕”，其他人只“分蛋糕”，而是需要全体人民共同奋斗。习近平总书记指出：“共建才能共享，共建的过程也是共享的过程。”“充分调动人民群众的积极性、主动性、创造性，举全民之力推进中国特色社会主义事业，不断把‘蛋糕’做大。”共建是共享的基础和前提，共享是共建的目的和方向。人民群众不仅是享有发展成果的主体，更是社会经济建设的主体力量。共享发展，不是不劳而获，而是要人人参与社会发展，人人付出艰苦的努力，营造团结奋进、人人有责、人人尽力的发展环境，共同为国家富强、民族振兴和个人全面自由发展贡献自己的力量。共建共享，是马克思分配理论的核心思想。在社会生产上，马克思设想一个自由人联合体用公共的生产资料进行劳动，这个联合体生产的总产品是社会的产品，分配是对人们共用生产资料所共同生产的社会总产品的分配；在个人发展上，“每个人的自由发展是一切人的自由发展的条件”②。无论从社会生产层面还是个人发展层面，都包含着人人参与的共建共享理念。

（四）共享发展的进程是渐进共享：马克思分配理论的实现过程

共享发展不是平均主义，允许合理范围内的差距，是一个渐进的过程。习近平总书记指出：“一口吃不成胖子，共享发展必将有一个从低级

① 中共中央马恩列斯著作编译局，编译．马克思恩格斯全集：第46卷上［M］．北京：人民出版社，1979：104.

② 中共中央马恩列斯著作编译局，编译．马克思恩格斯选集：第1卷［M］．北京：人民出版社，1995：294.

到高级、从不均衡到均衡的过程，即使达到很高的水平也会有差别。”坚持渐进共享，要正确认识共享发展的阶段性。一方面，立足于社会主义初级阶段的基本国情，从这一实际出发，实现低层次、不均衡、有差距的共享发展；另一方面，共同富裕是社会主义的本质要求，是共享发展的最终目的，要坚定方向，发展生产力，不断朝着全体人民共同富裕的目标前进。马克思关于社会主义分配理论的实现过程也是渐进的、阶段性的。“要避免所有这些弊病，权利就不应当是平等的，而应当是不平等的……权利决不能超出社会的经济结构以及由经济结构制约的社会的文化发展，”①在刚从资本主义社会产生出来的社会主义第一阶段，实行按劳分配的分配制度；随着个人的全面发展、生产力的高度发达，在社会主义高级阶段，才能实现各尽其能、按需分配的分配制度。

四、共享发展的实现途径

共享发展属于分配领域的问题。根据马克思对分配一般规律的论述，一定的分配关系，只是历史规定的生产关系的表现，由生产关系决定。因此，解决分配不公、实现共享发展和共同富裕要从生产关系入手。但是，我国现在仍处于社会主义初级阶段，生产力的发展水平与马克思的理想社会还有很大的差距，不能将马克思的理论照搬照抄。推进共享发展，要从实际出发，在制度层面上，坚持以公有制为主体、多种所有制经济共同发展的基本经济制度，与之相适应，实行以按劳分配为主体、多种分配方式并存的分配制度，这是符合我国社会主义性质和基本国情的制度。在具体措施层面上，要结合共享发展理念的基本内涵和马克思分配理论的指导思想，针对具体问题，兼顾公平与效率，探索共享发展的实现途径。

---

① 中共中央马恩列斯著作编译局，编译．马克思恩格斯选集：第3卷［M］．北京：人民出版社，1995：305.

（一）注重初次分配效率和起点公平，促进共建共享和渐进共享

1. 完善市场机制，坚持市场对资源的配置作用

收入分配就是各种要素的所有权的实现[4]。在社会主义市场经济体制下，遵循市场经济的规律，坚持以市场为主导的资源配置方式，必然要求劳动、管理、资本、技术、土地等各种生产要素的所有者，都按其在生产过程中的投入和贡献参与收益分配，这能够充分调动劳动者的积极性，提高效率，促进生产力的发展，激发经济发展活力。人们积极地参与到社会发展过程中来，经济“蛋糕”越做越大，社会发展越来越快，让每个人都能共享这一发展过程。然而，随着各生产要素向发达地区和发达生产部门的流动，不可避免地与落后地区和不发达生产部门产生收入差距。因此，政府必须进一步完善市场机制，加强对市场的监管力度，维护良好秩序，建立统一开放、竞争有序的市场体系，营造公平的市场竞争环境，保障各个市场参与主体的竞争起点公平，从而提高资源配置效率和合理性，实现市场评价要素贡献并按贡献分配的公平性。

2. 增加居民收入，提高劳动报酬所占比重

长期不均衡的分配格局使劳动要素与资本、土地、技术、管理等生产要素存在矛盾，劳动在要素市场竞争中处于劣势，但普通劳动者只能凭借劳动获得收入，造成劳动参与分配获得较低收入的现象。党的十八届五中全会报告指出：“缩小收入差距，坚持居民收入增长和经济增长同步、劳动报酬提高和劳动生产率提高同步。”根据马克思的分配理论，按劳分配是根据每个人的劳动量，从社会方面正好领回他所给予社会的一切，从而对个人消费品进行分配。现阶段，我国的分配制度以按劳分配为主体，普通劳动者仍然占据大多数，自然而然地，为了让广大劳动人民共享发展过程，必须提高劳动报酬在国民收入中所占的比重，从而调动普通劳动者的生产积极性，使其共同参与社会发展，促进社会发展，共享社会发展。同时，针对我国劳动力市场存在的工资报酬和福利待遇不公的现象，政府要从法律上、制度上维护劳动者的合法权益，进一步健全科学的工资水平决

定机制、正常增长机制、支付保障机制，完善最低工资增长机制。

3. 促进起点公平，切实保障发展机会均等

马克思关于社会主义的分配理论中，每一个人都是自由的个体，组成一个自由人联合体，用公共的生产资料平等地进行劳动，平等地分配社会产品。因此，共享发展不仅仅是让人们积极、主动地参与到发展中来，更进一步地，要让每一个参与发展的人享有公平的发展起点和均等的发展机会，实现个人自由全面的发展，而不会因为家庭、地域、宗教信仰、财富状况而有所不同。但现实社会中，有一些人由于家庭贫困、身体残疾、民族歧视而受到排挤，或者由于出生在偏远落后地区而享受不到良好的教育资源和就业机会，而另一些人却事事享有特权，从而导致发展机会和分配结果的不公平。要想实现共享发展的起点公平，首先，要消除特权。从个人发展层面，保障每一个公民的平等权，不允许少数人利用权力和金钱“走后门”；从社会经济发展层面，要破除行政垄断和行业垄断，抑制企业寻租行为，营造公平竞争的市场环境。其次，要均衡教育资源。加强对落后地区的教育扶植力度，确保落后地区的学生享受同等质量的教育。只有接受教育，才能真正实现个人的全面自由发展，共享人生出彩和梦想成真的机会。这也是我国现阶段解决现实中由劳动者的技术和受教育程度差别所产生的分配的不公平问题的重要路径[4]。最后，要保障就业机会均等。尽管我国已经取消城乡二元户籍制度，但依然存在对农民工的就业限制与就业歧视，必须打破劳动力市场的二元分割现象，促进劳动力要素的自由流动，实现就业机会均等。

（二）强调再分配效率和结果公平，保障全民共享和全面共享

1. 增加公共财政支出，实现基本公共服务均等化

马克思在《哥达纲领批判中》否定了拉萨尔“不折不扣的劳动所得”的观点，指出分配给个人的消费资料是“有折有扣”的，其中要扣除的一部分是“用来满足共同需要的部分，如学校、保健设施等。同现代社会比

起来，这一部分一开始就会显著地增加，并随着新社会的发展而日益增长”[①]。马克思不但明确指出了总产品在公共服务上的分配，而且正确地预测了这一分配的逐渐增加。因此，想要发展成果惠及全体人民，强调基本公共服务均等化和全覆盖的实现，必须增加公共财政支出，加强公共服务建设，提高公共服务共享水平，使全体人民共享发展成果。目前，随着公众对教育、医疗、基础设施等方面需求的增加，政府公共服务呈现出财政投入不足、供需不平衡、城乡公共服务资源配置严重不均等的问题。在市场机制的作用下，要素不断流向基础设施完善的地区，造成区域之间、城乡之间的差距越来越大，人们的收入差距也越来越大。因此，政府一方面要从量上增加基本公共服务建设的投入，扩大公共服务专项转移支付的比重，构建合理的公共服务供给体系；另一方面，要从质上优化财政支出结构，规范政府购买公共服务的行为，提高公共服务供给效率。除此之外，还要进一步在完善财税制度的基础上，拓宽资金渠道，加强资金管理，防止资金被贪污、挪用。

2. 健全社会保障制度，实现城乡社会保障一体化

马克思指出，消费资料分配给个人之前，还要扣除“为丧失劳动能力的人等设立的基金，总之，就是现在属于所谓官办济贫事业的部分”[②]。这一部分扣除使得丧失劳动能力的人也能分配到社会产品，和其他人一样享有平等自由的生活权利，这不仅反映出马克思人与人之间和谐相处的思想，更体现了马克思分配理论以人为本的出发点。党的十八届五中全会也指出，“建立更加公平更可持续的社会保障制度，实施全民参保计划，实现职工基础养老金全国统筹，划转部分国有资本充实社保基金，全面实施城乡居民大病保险制度”。因此，社会保障制度是实现分配结果公平、发展成果全民共享和全面共享的重要途径之一。根据目前我国社会保障制度主要存在的覆盖面小、城乡不均衡、管理机制不完善、资金监管机制不健

---

① 中共中央马恩列斯著作编译局，编译．马克思恩格斯选集：第 3 卷［M］. 北京：人民出版社，1995：303.

② 中共中央马恩列斯著作编译局，编译．马克思恩格斯选集：第 3 卷［M］. 北京：人民出版社，1995：303.

全等问题。进一步健全社会保障制度，首先，要建立城乡一体化的社会保障体系，实现全民参保，城乡居民享受同等的社会保障。其次，完善社会保障的管理机制，实行集中统一的社会化管理，明确各级管理部门的权利与责任，防止权力攀比和责任推诿。最后，加强社会保障资金的筹集和监管，拓宽社会保障资金的投资渠道，确保资金安全，严禁挤占、挪用社会保障资金的行为，并从法律和制度层面规范社会保障资金的管理。

五、结论和启示

习近平总书记在党的十八届五中全会上提出了共享发展理念，指明了中国特色社会主道路的发展方向，推进共享发展，核心是要解决分配问题。分配问题是市场经济条件下任何国家都要面临的一个经济发展中的重要问题，如何处理分配问题对于一个国家经济的长期健康发展来说具有重要意义。我国在改革实践中已经明确，社会主义初级阶段实行以按劳分配为主体、多种分配方式并存的分配制度。但随着市场经济的快速发展，市场对资源的配置作用使各类要素向发达地区倾斜，产生“马太效应”，逐渐造成两极分化，区域之间、城乡之间、行业之间的收入差距越来越大，这与我们全面建成小康社会、实现共同富裕的发展目标产生了背离。分配问题是马克思主义经济学研究的重点问题之一，马克思在研究中发现分配其实是物质利益的分配，物质利益问题的背后掩藏着人与人之间的关系，而生产关系是人与人之间最主要的关系，是一切社会关系中最根本、最本质的关系。因而从本质来看，分配关系只是生产关系的表现，分配的不公平，实际上是生产关系的不公平。生产关系要适应生产力的发展，因此，只有当生产力高度发达的时候，“在迫使个人奴隶般地服从分工的情形已经消失，从而脑力劳动和体力劳动的对立也随之消失之后；在劳动已经不仅仅是谋生的手段，而且本身成了生活的第一需要之后”[①]，每一个个人都

① 中共中央马恩列斯著作编译局，编译．马克思恩格斯选集：第3卷［M］．北京：人民出版社，1995：305.

得到解放，全面而自由地占有自己全部的本质，实现每一个个人的自由全面发展，才能实现人与人之间平等的权利，产生自由人平等联合劳动的生产关系，形成人人参与、人人尽力、人人享有的分配关系。这正是“共享发展”理念的本质内涵，马克思的分配理论不仅为共享发展理念提供了理论依据，更是为共享发展的实现路径提供了思路，对于解决当前中国的收入分配问题具有重要的指导意义。中国作为社会主义国家，只有通过马克思主义经济学的分配理论，从根本上解决问题，才能实现共享发展和社会主义共同富裕的目标。

立足于我国社会主义初阶段的基本国情，在收入分配改革中要兼顾效率与公平，既要坚持市场对资源配置的决定性作用，又要注重发展起点公平、过程公平和结果公平，从提高劳动报酬、促进机会均等、完善财税体制、健全社保制度等方面实现共享发展，把提高人民获得感和增强发展动力统一起来。

参考文献

[1] 习近平．关于《中共中央关于制定国民经济和社会发展第十三个五年规划的建议》的说明 [N]. 人民日报，2015-11-04（2）.

[2] 中共中央关于制定国民经济和社会发展第十三个五年规划的建议 [N]. 人民日报，2015-11-04（1）.

[3] 李雪娇，何爱平．政治经济学的新境界：从人的全面自由发展到共享发展 [J]. 经济学家，2016（12）:5-11.

[4] 洪银兴．《资本论》和中国特色社会主义经济学的话语体系 [J]. 经济学家，2016（1）:5-15.

第十五章　《资本论》与中国房地产经济虚拟性分析*

张良悦**

（安阳师范学院商学院；河南　安阳　455002）

［内容提要］　马克思在《资本论》中基于产业资本增殖的视角界定了虚拟资本，把虚拟资本看作是产业资本的“纸制复本”或者收入的虚拟化。虚拟资本一经产生便会形成独自的运动，但是，受产业资本平均利润的制约，虚拟资本的集聚会产生回流中断的风险，并最终在信用危机的基础上导致资产泡沫的破灭。房地产业具有实体经济与虚拟经济二重特征，中国房地产经济的虚拟性主要表现在对社会资本的过度吸纳、基于投机动机的期房购买的过度膨胀以及房价收入比的居高不下。房地产经济虚拟性的产生需要一定的经济环境和制度因素，中国城市化进程中的地方政府对“土地财政”的高度依赖、对房地产资本投资利得对冲的制度缺失，以及整个社会对城镇化发展的高度预期，促成了房地产经济由实体经济向虚拟经济的转换。房地产供给侧结构性改革必须定位于“房子是用来住的”基本功能，实施健康的城市化发展战略与房地产业发展的规制政策。

* 本文受河南省高等学校哲学社会科学研究优秀学者项目（2015-YXXZ-12）资助。

** 张良悦，博士，安阳师范学院商学院教授，河南师范大学精准扶贫与区域发展研究院研究员。主要研究方向：制度经济学与发展经济学，近年来研究关注点集中在农业发展和城乡一体化研究。

[关键词] **房地产经济　虚拟资本　供给侧结构性改革**

马克思在《资本论》中不仅分析了产业资本的产生、积累与运动，而且也对虚拟资本的产生、变异与运动进行了分析。虚拟资本运动的二重性表明，任何资产在一定的经济环境下都可以转化为资本，但虚拟资本一经产生，就会按照自己的内在要求强制运行，突破环境的约束，产生与实体经济相偏离的轨迹，最终在实体经济无法支撑的情况下导致资产泡沫的破灭。房地产业一方面具有实体经济的特征，另一方面也具有资产化收益虚拟经济的特征，即资产的二重性，在其发展过程中极易产生资产泡沫化的实体虚拟分离运动，必须对其进行适时监控才能保证其良性运行。今天，在纪念《资本论》发行150周年之际，重新阅读马克思关于虚拟资本运行的分析，对于中国房地产业去库存及实施供给侧结构性改革，对于资本"脱虚入实"及有效防止金融风险具有极其重要的意义。

一、虚拟资本的产生及其独立运动

虚拟资本是生息资本的一种，是可作为商品买卖和执行职能资本的"纸制复本"，是一种索取权的证明。虚拟资本是资本主义生产方式的产物，对虚拟资本的认识，必须基于产业资本的运动、资本主义的信用制度、资本主义的生产目的等概念范畴之上。

（一）虚拟资本的本质及来源

虚拟资本本质上是一种生息资本，是一种没有概念形式的运动。"作为纸制复本，这些证券只是幻想的，它们的价值额的涨落，和它们有权代表的现实资本的价值运动完全无关。"[①]没有概念形式是指资本的运动是单纯的货币运动，没有中间具体的生产和增殖过程，货币所有者把货币贷出

① ［德］马克思．资本论：第3卷［M］．北京：人民出版社，1975：540-541.

一定时期，然后把它连同利息一起收回，完成了资本的“增殖”运动。此时，“资本的回流不再表现为由生产过程决定的结果，而是表现为：好像贷出的资本从来没有丧失货币形式”[①]。这是虚拟资本最本质的特征。从产业资本的运动来看，产业资本只有经过生产和流通过程才能完成价值增值，而虚拟资本只是通过买卖就可以完成。这种买卖是对收入权证的买卖，权证成为虚拟资本的载体工具，有了这种收入权证，到期就会借此获得一定的收入。

从权证的形成上来看，虚拟资本具有两种来源：一种是有价证券的买卖，一种是收入的资本化。有价证券的交易是基于商业信用的虚拟资本。“空头支票，是指人们在一张流通的汇票到期以前又开出另一张代替它的汇票，这样，通过单纯流通手段的制造，就制造出虚拟资本。”[②]收入的资本化是对生息资本还原的一种假想。生息资本的形式造成这样的结果：每一个确定的和有规则的货币收入都表现为资本的利息，而不论这种收入是不是由资本生出，于是，每个价值额只要不作为收入花掉，都会表现为资本，也就是都会表现为本金。这样，就可以通过信用制度将收入与资本联系起来产生出虚拟资本，即收入的资本化。“人们把每一个有规则的反复取得的收入按平均利息率来计算，把它算作是按这个利息率贷出的资本会提供的收入，这样就把这个收入资本化了……和资本现实增殖过程的一切联系就彻底消灭干净了。资本是一个自行增殖的自动机的观念就牢固地树立起来了。”[③]马克思指出，公用事业、铁路、矿山等的所有权证书，在法律上有权索取这些资本应该获得的一部分剩余价值，“这种证书也就成为现实资本的纸制复本……不仅因为它们保证取得一定的收益，而且因为可以通过它们的出售而得到它们的资本价值的偿付”[④]。

---

① ［德］马克思 . 资本论：第 3 卷［M］. 北京：人民出版社，1975：390.

② ［德］马克思 . 资本论：第 3 卷［M］. 北京：人民出版社，1975：451.

③ ［德］马克思 . 资本论：第 3 卷［M］. 北京：人民出版社，1975：528–529.

④ ［德］马克思 . 资本论：第 3 卷［M］. 北京：人民出版社，1975：540.

（二）虚拟资本的产生及其运行保障

虚拟资本是在资本主义信用制度的基础上产生的。随着资本主义生产方式的发展，信用制度在商业信用高度发达的基础上进入了银行信用，并产生了信用货币，从而具备了虚拟资本产生的工具和制度环境。“银行家经营的是信用本身，而银行券不过是流通的信用符号。”①这样，信用货币形成之后服务于资本增殖的需要便产生了虚拟资本。“随着生息资本和信用制度的发展，一切资本好像都会增加一倍，有时甚至增加两倍，因为有各种方式使同一资本，甚至同一债权在不同的人手里以不同的形式出现。这种‘货币资本’的最大部分纯粹是虚拟的。”②

虚拟资本虽然是在银行信用的基础上产生的，但是资本主义整个信用的基础是商业信用，是产业资本的流通，取决于资本的回流。所以，货币作为资本被放贷必须具有一种属性和前提，即“要流回到它的起点，并且要在它所通过的运动中作为价值来保存和增殖”③。这一前提要求实际上就形成了虚拟资本运行的环境，即产业资本有保障的运动，包括单个资本的循环与周转和社会资本再生产的实现，或者说实体经济的健康运行。“只要再生产过程不断进行，从而资本回流确有保证，这种信用就会持续下去和扩大起来，并且它的扩大是以再生产过程本身的扩大为基础。一旦由于回流延迟、市场商品过剩、价格下降而出现停滞，产业资本就会出现过剩。”④“只要再生产过程的这种扩大受到破坏，或者哪怕是再生产过程的正常紧张状态受到破坏，信用就会减少。”⑤虚拟资本运行的环境表明，信用货币的基础是和生产方式本身的基础一起形成的，信用货币的贬值会动摇一切现有的关系。虚拟资本的运动必须限定在产业资本运动的限度内，或者说虚拟经济的运行必须仅仅附着在实体经济之上，才有其经济价值。

① ［德］马克思．资本论：第3卷［M］．北京：人民出版社，1975：454.
② ［德］马克思．资本论：第3卷［M］．北京：人民出版社，1975：533-534.
③ ［德］马克思．资本论：第3卷［M］．北京：人民出版社，1975：391.
④ ［德］马克思．资本论：第3卷［M］．北京：人民出版社，1975：546.
⑤ ［德］马克思．资本论：第3卷［M］．北京：人民出版社，1975：547.

（三）虚拟资本的运动

虚拟资本的运动是指虚拟资本权证的交易及其价值的膨胀。在生息资本中，资本作为资本是商品，货币资本家让渡了一种可以带来收入的使用价值，贷出者和借入者双方都是把同一货币额作为资本支出的。这样，“同一货币额作为资本对两个人来说取得了双重的存在，这并不会使利润增加一倍。它所以能对双方都作为资本执行职能，只是由于利润的分割，其中归贷出者的部分叫做利息”①。理论上讲，尽管从剩余价值中分割出来的利息也是通过市场竞争来确定的，但是，“必须把平均利润率看成是利息的有最后决定作用的最高界限”②。这样，双重资本的存在才有意义，也表明虚拟资本运动不可突破的红线。然而，事实并非如此，这些商品的价格有独特的运动和决定方法。一方面，“它们的市场价值，会随着它们有权索取的收益的大小和可靠程度而发生变化”③。收益的大小主要是指市场利息率对权证价值大小的影响，可靠程度主要是指其投机程度。“这种证券的市场价值部分地有投机的性质，因为它不是由现实的收入决定的，而是由预期得到的、预先计算的收入决定的。”④“所有这些证券实际上都只是代表已积累的对于未来生产的索取权或权利证书，它们的货币价值或资本价值，或者像国债那样不代表任何资本，或者完全不决定于它们所代表的现实资本的价值。”⑤另一方面，一切资本好像都会增加一倍，有时甚至两倍，以致变为纯粹幻想的怪物。“对贷款人来说，它已经转换为货币索取权，转换为所有权证书了。因此，同一数额的现实货币，可以代表数额极不相同的货币资本。”⑥在这种情况下可以想见，过多的虚拟资本参与平均利润的分割，必然会大幅度降低产业资本的利润率，最终无法实现资本的再生（无法弥补成本），导致资本回流的中断。

简言之，在这种偏离产业资本现实运动所形成虚拟资本的独立运动

① ［德］马克思 . 资本论：第 3 卷［M］. 北京：人民出版社，1975：396.
② ［德］马克思 . 资本论：第 3 卷［M］. 北京：人民出版社，1975：403.
③ ［德］马克思 . 资本论：第 3 卷［M］. 北京：人民出版社，1975：530.
④ ［德］马克思 . 资本论：第 3 卷［M］. 北京：人民出版社，1975：530.
⑤ ［德］马克思 . 资本论：第 3 卷［M］. 北京：人民出版社，1975：531.
⑥ ［德］马克思 . 资本论：第 3 卷［M］. 北京：人民出版社，1975：577.

中，“货币资本的积累，大部分不外是对生产的索取权的积累，是这种索取权的市场价格即幻想资本价值的积累”[①]。“它们价值额的涨落，和它们有权代表的现实资本的价值变动完全无关。”[②]

（四）虚拟资本的破灭

虚拟资本虽然可以独立运动，但是，最终仍然要被产业资本的运动所决定，并最终以破灭的形式获得重生。决定虚拟资本破灭的根本因素是投机所导致的资本回流的中断。马克思认为，“随着劳动生产力，从而大规模生产的发展，①市场会扩大，并且会远离生产地点，②因而信用必须延长，并且③投机的要素必然越来越支配交易”[③]。

首先，是空头汇票和空头信用造成了虚假信用的扩大。借贷货币资本的增加，并不是每次都表示现实的资本积累或再生产过程的扩大。在生产规模保持不变时，这种扩大只会引起借贷货币资本比生产资本充裕。“在没有任何现实积累的时候，借贷资本的积累，可以通过各种纯技术性的手段，如银行业务的扩大和集中，流通准备金或私人支付手段准备金的节约而实现。”[④]随着信用事业及其组织的发展，甚至收入的增加，即产业资本家和商业资本家消费的增加，也表现为借贷资本的积累。“一切收入，无论是用于消费还是用于积累，只要它存在于某种货币形式中，它就是商品资本转换为货币的价值部分，从而是现实积累的表现和结果，但不是生产资本本身。”[⑤]

其次，收入权证自身的积累。借贷资本起初总是以货币形式存在，后来却作为货币索取权而存在。“同一货币反复代表借贷资本时，它只是在一点上作为金属货币存在，而在所有其他点上，它只是以资本索取权的形式存在。按照假定，这种索取权的积累是由现实积累，也就是由商品资本等的价值转化为货币而产生的；虽然如此，这种索取权或权利证书本身的

① ［德］马克思．资本论：第3卷［M］．北京：人民出版社，1975：530–531.
② ［德］马克思．资本论：第3卷［M］．北京：人民出版社，1975：540–541.
③ ［德］马克思．资本论：第3卷［M］．北京：人民出版社，1975：544.
④ ［德］马克思．资本论：第3卷［M］．北京：人民出版社，1975：561.
⑤ ［德］马克思．资本论：第3卷［M］．北京：人民出版社，1975：570.

积累，既不同于它由以产生的现实积累，也不同于由发放的贷款实现的未来积累（新的生产过程）。”[①]“在现实积累不断扩大时，货币资本积累的这种扩大，一部分是这种现实积累扩大的结果，一部分是各种和现实积累的扩大相伴随但和它完全不同的要素造成的结果，最后一部分甚至是现实积累停滞的结果。仅仅由于这些和现实积累相独立但和它相伴随的要素扩大了借贷资本的积累，就总会在周期的一定阶段出现货币资本的过剩；并且这种过剩会随着信用的扩大而发展。”[②]

最后，信用突然的终止与泡沫的破灭。人为的使再生产过程猛烈扩大的信用体系，到一定的时候必然会破灭。“在再生产过程的全部联系都是以信用为基础的生产制度中，只要信用突然停止，……危机显然就会发生”，[③]乍看起来，好像整个危机只表现为信用危机和货币危机。当然这种危机的基础是资本主义的生产方式。但是，除此之外，还有虚拟资本的泡沫破灭。“汇票中有惊人巨大的数额，代表那种现在已经败露和垮台的纯粹欺诈营业；其次，代表利用别人的资本进行的已告失败的投机；最后，还代表已经跌价或根本卖不出去的商品资本，或者永远不会实现的资本回流。”[④]

总之，马克思对虚拟资本的分析表明，虚拟资本是资本主义信用制度的产物，虚拟资本由产业资本产生，由产业资本的需求而生成。但是，虚拟资本一经产生，便会形成脱离产业资本运动的独立运动，当这种运动膨胀到一定程度时，便会以破灭的方式重新回归产业资本的现实运动。同样，在经济发展中，虚拟经济产生于实体经济，但是，虚拟经济的运行必须服务于实体经济发展的需要。如果大量的资本脱离实体经济，进入虚拟经济，那么，整个经济的运行就会陷入危机之中。但问题是，如何把控虚拟经济并不是一件轻松的事情。因为“一切便利营业的事情，都会便利投机。营业和投机在很多情况下紧密地结合在一起，很难说营业在哪一点终止，投机从哪一点开始”[⑤]。这就需要我们在经济发展过程中必须对虚拟资

① ［德］马克思．资本论：第 3 卷［M］．北京：人民出版社，1975：576-577.
② ［德］马克思．资本论：第 3 卷［M］．北京：人民出版社，1975：575.
③ ［德］马克思．资本论：第 3 卷［M］．北京：人民出版社，1975：555.
④ ［德］马克思．资本论：第 3 卷［M］．北京：人民出版社，1975：555.
⑤ ［德］马克思．资本论：第 3 卷［M］．北京：人民出版社，1975：485.

本或虚拟经济保持高度的警觉，要通过对中间指标的监控加以调适。

二、房地产业的虚拟性及其运行特征

（一）房地产业的实体性及其对经济发展的贡献

房地产经济具有实体和虚拟双重经济特征，在合理的限度内，房地产业是经济发展中的重要产业，超出合理的限度，则极易产生资产泡沫。这种二重性是由房地产业的多功能性及居民需求的多样性决定的。

在工业化和城市化社会中，房地产具有提供居住服务、财富积累、资产投资等多种功用，可以满足消费者的不同需求。就居住服务来看，包括私人产品的消费和公共产品的消费。私人产品的消费是指消费者个人对建筑物空间的占有及其享用，甚至包括对邻里的选择；公共产品的消费是指消费者对城市政府提供的基础设施与基本服务的消费，特别是教育、医疗、生态环境等服务内容越来越成为购买者的首选。所以，对房地产业及住宅的消费必须拓展至公共产品领域，如果仅限于建筑物本身是极其不完整的。财富积累功能是指房地产的财富效应，房地产作为不动产具有较好的保值增值功能。在一定的限度内，房地产具有财产的稳定性和与社会财富一同增长的增值性。房地产是一种耐用性消费品，只要符合居住要求，就能保证其财产的完整性；房地产的价值评估是与经济发展状况高度相关的，作为一种存量资产，房地产随着社会财富的增加而增值，如果维护与修缮妥当，房地产的增值会大于其贬值程度。所以，对于居民来说，房地产是一种理想的理财工具与保值产品。也正是因为房地产的财富效应，促使房地产又成为一种投资工具，其投资的理论基础就是收入的资本化。即一套房产可以通过出租保证获得连续的收入，通过对权证（所有权证书）的出让获得资本的偿还利得。从而，作为一种纯粹的投资品，房地产就具有了虚拟资本的性质。当然，这种资产的资本化必须配之于必要的经济环境与制度安排，在我国，1998年房产货币化改革与住房信用制度以及城市化的大规模发展等形成了其虚拟化的基础条件。

（二）房地产业虚拟经济的运行表征

房地产经济的虚拟性是指对房地产资产功能的过度追求所导致的房地产业在某一时期的过度发展，且超出了“房子是用来住的”的基本功能，导致房产资产价格持续上涨，社会资本的大量聚集，进而影响产业资本的正常运动，产生具有高度资本回流中断风险的金融资产现象。在一定的发展时期，房地产业是经济发展的基础产业和关联性较强的产业，既可以在生产、投资和消费领域对国民经济增长做出重要的贡献，同样也可以在这些领域对国民经济增长产生反向作用。在经济发展过程中，如果过分倚重房地产，会出现房地产过热、房价上涨过快、房地产泡沫、房地产信贷风险等诸多问题，从而影响国民经济的持续、稳定、健康发展，显现出房地产虚拟经济的运行特征。总体上判断，我国房地产业已经具有虚拟经济的显著特征。

1. 资金的吸附效应

资金的吸附效应是指房地产业的超常发展导致社会资本快速、大量地涌入房地产行业，包括固定资本投资和消费资金转化。大量资本进入房地产业之后会造成如下结果：

（1）使房地产业的开发、销售和持有环节积聚大量资本，从而形成对其他产业资本的“挤出效应”，影响其他产业的发展。例如，1998—2013年，房地产开发企业到位资金中的国内贷款年均增长21.9%，占全部国内贷款的比重由21.4%提高到33.5%，上升了12.1个百分点。而同期制造业国内贷款年均增速为20.6%，比房地产开发低1.3个百分点；制造业国内贷款占全部国内贷款的比重由15.6%提高到21.9%，与房地产开发的差距由1998年的5.8个百分点扩大到11.6个百分点。[①]

（2）在房地产的持有环节形成大量虚拟资本，其资本回流的要求形

① 许宪春，贾海，李皎，等.房地产经济对中国国民经济增长的作用研究［J］.中国社会科学，2015（1）.

成对房产价格持续上涨的压力，其资本投资回报的期望形成对其他产业利润的严重侵蚀（即对平均利润分割的要求导致其他行业利润的下降）。尽管我们无法从存量上推算房产的空置率，但是，中国房产市场“高收入锁定”应是一个不争的事实。①

表1显示出，1998—2014年，流入房地产业的货币资本占城乡居民存款的比重逐年增加，特别是2010年之后，每年有1/4的居民储蓄进入房地产业，无形中将会影响其他产业对扩大再生产资本的需求。房地产业对资金的吸附效应会造成一种“荷兰病”的经济现象，造成对其他实体经济的严重侵蚀。

表1　房地产业货币资本占城乡居民存款的比重

年份	房地产开发企业国内贷款（亿元）	年末个人住房贷款余额（亿元）	城乡年末存款余额（亿元）	房地产开发吸纳存款余额（%）
1998	1053.17	491	53407.47	2.89%
1999	1111.57	1372	59621.8	4.17%
2000	1385.08	3305	64332.4	7.29%
2001	1692.20	5598	73762.4	9.88%
2002	2220.34	8258	86910.6	12.06%
2003	3138.27	11780	103617.3	14.40%
2004	3158.41	15922	119555.4	15.96%
2005	3918.08	18432	141051	15.85%
2006	5357.00	19854	161587.3	15.60%
2007	7015.64	27031	172534.2	19.73%
2008	7605.69	33000	217885.4	18.64%
2009	11364.51	49000	260771.66	23.15%
2010	13056.80	65000	303302.49	25.74%
2011	14778.39	75162	343635.89	26.17%
2012	19672.66	84990	399551.00	26.20%

① 冯燮刚、李子奈（2009）提出了一个“黑洞效应”的概念对这一现象进行描述：在住房升值预期下，高收入群体购入的相当部分住房既没有出售，也基本不住，也没有出租。这些住房进入高收入群体手中后就从市场上消失了，就像被“黑洞”吞吸了一样。参见：冯燮刚，李子奈．当前形势下化解中国经济金融困境的对策——兼论扩大内需应从房地产入手 [J]．经济学动态，2009（1）．

续表

年份	房地产开发企业国内贷款（亿元）	年末个人住房贷款余额（亿元）	城乡年末存款余额（亿元）	房地产开发吸纳存款余额（%）
2013	21242.61	103163	447601.57	27.79%
2014	20214.38	121169	485261.30	29.14%

资料来源：《中国统计年鉴》《国民经济和社会发展统计公报》。

2. 资产投机及其期房需求的过度膨胀

房地产业虚拟运行的另一个表现是对房地产的炒作，这种炒作主要表现在房地产的期房销售上。我国房地产真正意义上的市场化是从1998年开始的。在全面推行住房分配货币化改革和全面实施住房按揭信用制度，以及对城市化快速发展的良性预期的支撑下，房地产业出现了长达20年的快速增长。其中，期房销售是我国房地产市场销售的重要渠道和组成部分，且呈增长的趋势，不仅导致价格水平难以下降，而且推动房地产业强劲发展。图1显示出，1997—2004年，住宅现房交易呈上升趋势，2005年则大幅下降，之后呈稳定交易状态。期房交易从一开始就呈稳步增长之势，2005年之后超出现房交易，并逐步拉大与现房交易的差距，不仅超出现房销售，而且在2009年之后超过当年竣工面积，表现出异常的需求态势。

然而，这种期房交易并没有定位于“房子是用来住的”的基本的住宅功能，而是偏向于资产投资功能，是对资产效应的追求。

（1）期房销售助长了房地产开发商的短期性和盲目性。期房销售的初衷是为解决房地产企业发展融资困难问题。但是，房地产商在信息不对称的情况下，可以将住房延期交付进行“抵押房再预售、预售房再抵押”的融资循环，制造出多倍虚拟资本。①

（2）住宅投资需求。现有城镇居民认为城镇化的发展会增加更多的城市居民，城市居民的增加必然增加对住宅的需求，住宅的资产价格必定看涨；具有购买能力的非城镇居民认为城镇公共产品优于农村，但要获取城镇公共产品必须首先购买住宅（如教育），购买住宅等于部分购买城镇户

① 邵挺．2017年房地产市场趋势判断和政策建议［J］．财经智库，2017（1）．

籍福利。

（3）地方政府有意放大房地产的先导作用。在目前财税制度不完善的机制下，“土地财政”成为地方政府的主要来源，房地产业成为土地收入来源的通道。[①]地方政府“理性”地将房地产作为支柱产业甚至是独大产业。[②]

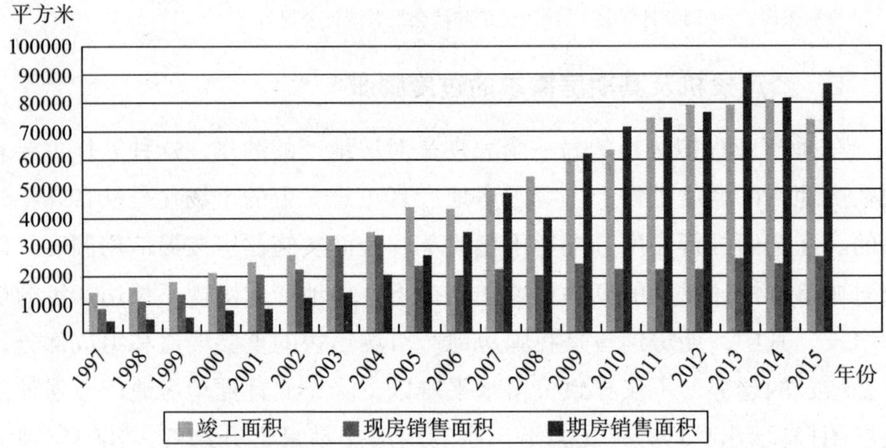

图 1　中国房地产市场 1997—2015 年住宅供给与需求状况

资料来源：《中国房地产统计年鉴》相关年份。

由于这三个方面的原因，在对“城镇化增长引擎”片面理解与非理性的驱动下，地方政府对“土地财政”的追逐与居民对房产“资产效应”渴

① “城市空间扩张—公共产品供给—土地财政依赖—城市土地出让”可概括为中国目前城市化的一般模式，包括预算内财政收入、土地出让收入和土地抵押与贷款。而这种收入的实现需要房地产的繁荣将土地价格大幅提升，所以，房地产就成为“土地财政”的管道。参见：张良悦，田广增，陈豹．房地产的健康发展与耕地保护 [J]．管理学刊，2013（5）．

② 关于房地产对地方政府收入的贡献，贾康给出了一个详细的分析：由于土地收入集中在土地及其附属物的交易环节，地方政府对“一次性”的土地出让收入预期很高，并往往要通过房产地价值的攀爬高价来实现，客观上使得地方政府对于推高地价、房价具有足够的动力。加之土地及其附属物保有环节税制缺失，对于买方而言，一次出价几乎是一劳永逸，无保有成本，购买意愿、投机意愿十分强烈，更是成为助推地价房价的动力。在这些因素的综合作用下，房地产市场对于地方政府收入客观上形成了某种“绑架效应”：当市场流动性充裕、房地产交易活跃时，地方政府收入自然受益于高地价和高房价并继而会投入其支出来支持战略重点；而当楼市出现降温、土地交易冷清时，地方政府出于收入的考虑，便面临巨大压力，甚至会采取政策性的救地市、救房市措施。参见：贾康，刘微．“土地财政”论析——在深化财税改革中构建合理、规范、可持续的地方“土地生财”机制 [J]．经济学动态，2012（1）．

求的相互推动，借助于房产金融，期房销售就成为放大市场空间的有效途径，从而使房地产业由实体经济为主转变为虚拟经济为主，形成了房产开发的“增长机器”。

3. 房价收入比及其资产泡沫

房地产经济虚拟化的另一个重要表现就是房地产资产的泡沫化。一般来说，房地产的资产泡沫化主要用房价收入比、房价租金比、住宅空置率来判断。但是在我国由于后两个指标无法取得，或者说不可能在全国范围内取得统一、客观的指标，我们只参考房价收入比来说明。

住房的可支付性（Housing Affordability）是国际上用来评价不同国家和地区住房状况的一个重要评判标准，反映了住房市场上的居住成本与家庭收入之间的关系。常用的指标是房价收入比（Housing Price to Income Ratio，PIR）和住房可支付指数（Housing Affordability Index，HAI）。房价收入比一般是指所有住房的中位数价格与城市居民中位住户年收入之比。联合国人类住区规划署认为，房价收入比在3~5属于合理范围[①]。任荣荣和满燕云[②]利用“2007年城镇住户基本情况抽样调查问卷”数据，计算出2007年中国主要城市房价收入比，其结论是：2007年全国房价收入比为5.56，超出了联合国人类住区规划署划定的3~5的合理范围。为了对此有一个更加全面、普遍的认识，本文对全国30个省、市、区（不包括西藏和港澳台地区）的房价收入比作了一个推算，尽管其中具有方差偏大的不准确性，但是总体情况还是能够说明问题的。

计算方法借鉴冯俊（2009）的计算公式，并根据数据的可获得性作如下调整[③]：

---

① 房价收入比在3.0以下属于可支付，在3.1~4.0属于适度不可支付，在4.1~5.0属于严重不可支付，在5.1以上属于极度不可支付。

② 任荣荣，满燕云．中国城市住房的可支付性评价［C］.北大—林肯研究中心工作论文，http://new.plc.pku.edu.cn/publictions_ch.aspx.

③ 60~90平方米的套房是住建部指导的住房价格的上限，本文取90平方米的面积符合这一规定，另一方面也便于比较。

$$房价收入比=\frac{每平方米住房价格\times一套住房面积}{家庭年收入}=\frac{每平方米平均住房价格\times 90平方米}{人均可支配收入\times户均人口}$$

表2　全国及30个省、市、区2001—2015年房价收入比

地区	2001	2005	2008	2009	2010	2011	2012	2013	2014	2015
全国	7.69	7.50	6.43	7.42	7.18	6.82	6.59	6.55	6.23	6.52
北京	12.60	12.82	16.43	17.60	21.64	17.54	16.15	15.27	13.78	16.28
天津	7.48	9.89	8.59	9.38	10.50	10.47	8.82	8.76	9.63	10.20
河北	5.57	5.54	5.53	5.97	5.67	5.57	5.57	5.83	5.81	6.36
山西	5.73	6.60	4.66	5.03	5.93	4.98	5.32	5.61	5.45	5.76
内蒙古	4.99	5.60	4.76	5.17	5.38	5.40	5.11	4.98	4.54	4.58
辽宁	9.82	9.47	7.87	7.73	7.85	7.34	6.80	6.36	6.01	6.13
吉林	7.37	6.23	5.55	5.82	6.94	7.23	5.99	6.17	6.85	6.92
黑龙江	8.35	7.69	7.23	7.63	7.96	7.52	6.82	7.43	6.73	6.87
上海	9.16	12.46	10.50	14.90	16.19	16.06	13.22	14.14	12.93	16.11
江苏	6.25	8.43	6.07	7.06	7.46	7.19	6.56	6.24	6.00	6.09
浙江	5.22	8.66	8.66	10.3	11.72	11.00	10.38	10.31	9.29	8.91
安徽	4.46	7.81	6.40	6.80	7.19	6.98	6.37	6.14	5.90	5.65
福建	5.42	7.72	7.39	8.33	8.43	0.96	9.52	9.25	9.63	8.09
江西	3.72	4.85	4.01	4.44	4.69	5.72	5.79	5.90	5.40	5.30
山东	5.36	7.00	5.32	5.75	5.76	5.85	5.47	5.46	5.45	5.66
河南	5.45	5.67	4.29	4.69	4.65	4.56	4.59	4.70	4.45	4.84
湖北	5.71	7.53	6.44	6.94	6.22	6.63	6.65	6.48	6.22	6.72
湖南	4.31	4.89	4.26	4.59	4.93	5.52	5.05	4.62	4.08	4.10
广东	7.21	7.96	7.65	8.04	8.24	7.60	7.00	7.31	7.48	8.23
广西	5.85	5.77	4.72	5.11	5.34	5.39	4.99	4.92	5.02	4.77
海南	7.14	8.45	10.36	10.98	14.00	12.57	9.23	9.63	9.48	9.29
重庆	4.70	6.63	5.74	6.79	7.49	7.18	7.05	7.03	6.70	6.29
四川	4.98	7.08	7.21	7.42	7.85	8.16	7.71	7.41	7.03	6.19
贵州	4.53	5.14	4.51	5.12	6.17	6.12	5.74	5.30	4.77	4.29

续表

地区	2001	2005	2008	2009	2010	2011	2012	2013	2014	2015
云南	6.56	5.86	4.57	4.75	4.59	4.96	5.06	4.93	5.00	5.09
陕西	6.43	6.87	6.19	6.28	6.54	7.34	6.79	6.44	5.80	5.98
甘肃	4.99	5.87	4.22	5.05	5.75	5.80	5.50	5.22	5.22	5.39
青海	4.36	5.58	5.02	4.84	5.43	5.11	5.57	5.42	5.43	4.95
宁夏	5.56	6.94	4.32	5.22	5.61	5.26	4.91	5.05	4.53	4.83
新疆	5.34	5.84	4.68	5.19	5.81	6.10	5.71	5.42	4.92	4.92

资料来源：根据《中国统计年鉴》相关年份整理。

表2为估算结果。从中可以看出，我国的房价收入比一直处于很高的水平，全国平均房价收入比一直维持在6.9左右。分地区来看：①北京、上海两地最高，超过两位数，特别是北京最高，2010年达到21.64；②天津、浙江、海南在9~10；③江西、湖南两省基本在5以下徘徊；④其余省份都在5~7波动。从房价比的合理范围来看，全国的房价运行都处于严重的泡沫之中，具有严重的虚拟经济特征。

三、房地产业供给侧结构性改革

（一）房地产虚拟资本生成的制度因素

房地产市场的虚拟化及其对实体经济的偏离，其根本原因在于社会资本对投机资产的追求，以及各级政府抑制投机需求有效制度的短缺。尽管中央政府对房地产发展的调控政策频频出台，但是，多数政策并没有从根本上阻止虚拟经济的产生，所以，政策效果最多只能是“扬汤止沸”，出现了房地产市场与政策调控逆向而行的趋势。

首先，房地产支柱产业的定位与地方政府对“土地财政”的高度依赖是房地产虚拟经济生成的根本。这种发展模式是地方政府与中央政府博弈的结果，获得了中央政府的默许。“城镇化—公共产品—政府融资”是一个发展的基本逻辑，目前，我国各地城镇化公共基础设施和公共服务提供的融资渠道主要来源于“土地财政”，即由土地出让收入和土地抵押收入构成的政府投资。然而，这种融资方式具有不可克服的缺陷：首先，依靠土地出让收入和土地抵押收入，形成了“公共基础设施建设—土地出让和抵押收入—农地非农化—城市框架拉大—城市公共基础提供”的恶性循环。其次，严重依赖房地产支柱产业。土地出让和土地抵押都需要房地产的开发，否则，没有土地的需求方，土地资产就不会显现。同时，城市基础设施的投资也需要通过房地产价值来体现，如果不能通过居民住宅显现出来，城市基础设施的投资就成为完全沉淀的投资。所以，土地的出让、开发、价值显现都离不开房地产业。

1998—2003年中央政府房地产调控政策决策的逻辑起点是一种单向的GDP增长逻辑。2003年之后，考虑到居民的消费承受能力，尽管已经开始注重对房价的调控，防止房价过快上涨，但是，发展经济的基本基调并没有放弃。2003年中央《关于促进房地产市场持续健康发展的通知》认为房地产业已经成为国民经济的支柱产业，能够“促进消费、扩大内需、拉动投资增长，保持国民经济持续、快速、健康发展”。2008年在反危机政策中，房地产业更是承担了重要的产业工具。[①]特别是在经济新常态下，一些城市没有按照供给侧结构性改革的方案正确实施“去库存”，反而采取了加杠杆方式消化库存。例如，2015年以来，各类中介机构通过提供“首付贷”“过桥贷”“赎楼贷”等金融业务、推广众筹买房等行为，违反了房地产贷款业务规则和国家金融调控政策。加上住房金融信贷政策过度宽松，造成全社会流动性过剩，刺激了投机投资需求，加上大量资金从实体部门转到房地产领域，共同推动房价过快、过高上涨。[②]

其次，对房地产投机资产的有效规制不足导致了房地产投资资本的稳定预期。房地产业的规制政策包括金融政策、税收政策、土地政策、住房

① 黄新华，屈站．中央政府房地产调控政策决策逻辑的理论解释——基于1998—2013年间相关政策文本的研究［J］．厦门大学学报（哲学社会科学版），2014（4）．

② 邵挺．2017年房地产市场趋势判断和政策建议［J］．财经智库，2017（1）．

保障政策，但在实施过程中，过度依赖限购及信贷调整等短期政策，没有建立起调控的长效机制。之所以依赖限购和信贷政策，是因为这些政策不仅容易操作，而且效果立竿见影；不仅易于决策，而且有利于中央政府与地方政府形成合意。税收政策需要从总体上加以改进，出台较为困难，土地政策和住房保障政策都有博弈的空间。实际上，在对房地产的规制中，房产的税收政策才是有效的措施。房产的税收包括财产税、交易税和所得税三大类，其中，财产税为资产税，主要从持有成本上为地方政府提供公共产品进行融资，对投机资本的利息回报进行对冲。作为融资渠道有助于减少或消除地方政府对“土地财政”的依赖，作为对冲手段有助于抑制房产的过度投机，特别是有些国家还实施了惩罚性税收政策。我国在这一方面至今仍未推出覆盖全部个人住房的房产税，只是在交易税上进行了调整，这是一个严重的缺陷。回顾过去十多年的调控政策，每次都是出台最严厉的限购、限价、限贷政策，但是，每次在房价短暂的降温之后紧接着又是一轮强劲的反弹。这就给了投资资本一个稳定的预期，即房价必涨无疑。

最后，城镇化制度的滞后与人口城镇化的不畅为投机资本提供了“套现”的政策空间。尽管我国提出了“经济发展引擎”的城镇化定位，出台了多项促进城镇化发展的政策，但是，至今未从根本上打破“户籍制度”的约束与红利，导致我国的城镇化不能形成正常的人口流动。城乡之间、城市之间人口流动的不畅，以及首位城市的过度集聚，就会形成对住宅需求的稳定预期，从而形成对房产投机“套利”的政策空间。如果说一、二线城市由于人口的高度集聚会形成对住宅的需求压力，导致房价持续上涨，那么，三、四线城市不该有需求缺口过大带来的压力。事实上确实如此，三、四线部分城市开始出现人口的净流出现象。但是，由于中国农村人口基数过大，城市化发展的引擎定位，以及对一、二线城市的跟风效应等因素，也必然会导致对三、四线城市住宅的投机追求。

（二）房地产供给侧结构性改革

中国房地产发展的一个突出特点在于受政策性的影响大于经济基本面

的影响，表现出发展轨迹政策外生性的特征。目前，无论是经济增长的引擎功能，还是“居者有其屋”的民生功能，都不再具有外生增长动能的发展空间。我国房地产市场进入了“供求基本平衡、城市深度分化、风险快速积累”的新阶段。2014年，城镇家庭户均住房超过1套，拥有多套住房（2套及以上）的比率在2013年达到18.6%，显著高于美国（14.4%）、加拿大（9.0%）、法国（11.0%）等发达经济体水平。[2]在经济新常态和供给侧结构性改革的发展背景下，中国房地产业的发展必须遵循新的发展理念，回归基本面的产业发展轨道。

首先，必须做好房地产业发展的基本定位。2016年中央经济工作会议提出了“房子是用来住的，不是用来炒的”的基本定位。这就要求在房地产业的发展中，不能再将房地产业作为支柱产业，不能再将房地产业作为“土地财政”的变现通道。

其次，做好房地产资产的规制政策，谨防虚拟资本膨胀的经济环境出现。城市房地产业的发展包括两个方面：一是房地产本身的发展，要根据城市人口的增长需要，根据城市居民对房产更新的需要实施开发，要尽快推出房产税政策，有意增加投机资本的成本，保持房地产业的健康发展；二是公共住房政策方面，要从公共产品的角度解决低收入群体的住房问题，减少房产的炒作空间，如增加住宅的租赁面积等。

最后，制定好城镇化发展的制度政策，有效解决房地产存量库存与房价持续上涨问题。从区域分布看，未来住房需求会更多集中在人口净流入的城市。一些转型较快、结构调整成效显著的城市，会吸引人才尤其是高素质人才持续流入，住房供不应求的矛盾将长期存在，推动房价上涨的因素也仍然存在。另外一些城市产业集聚能力不强，教育、医疗、市政基础设施等资源薄弱，三、四线城市普遍面临人口流入速度放缓甚至净流出的现象，“去库存”将成为一项长期任务。面对“控房价”和“去库存”的双重压力，既要做好房地产“去库存”工作，又要切实做好热点城市的“控房价、防泡沫、防风险”工作。[1]

① 邵挺．2017年房地产市场趋势判断和政策建议［J］．财经智库，2017（1）．

第十六章 《资本论》三大理论视域下中国房地产业健康发展问题分析*

徐红梅**

（西安建筑科技大学；陕西 西安 710055）

[内容提要] 通过马克思《资本论》中虚拟资本理论、马克思社会资本再生产比例理论、生产与消费关系三大理论，审视和剖析当今中国房地产业发展问题。首先指出了当前国内房地产发展存在的六方面问题。再以马克思虚拟资本理论为视角，剖析了房地产业应当警惕的三方面风险。结合资本论社会资本再生产比例理论，从5个方面分析了房地产业过热发展对实体经济产生的抑制性影响。在此基础上，结合资本论生产与消费理论，从3个方面对房地产失衡产生的抑制消费、破坏生产与消费比例关系的问题进行了深入分析。指出我国目前的经济发展需要认真遵循马克思资本论中有关经济发展规律的论述，规避房地产虚拟经济过热引发的风险，以保证经济的良好、健康运行。

[关键词] **马克思 中国房地产业 社会资本再生产比例 虚拟经济 生产与消费**

---

* 本文受陕西省社科基金（11H054）资助。

** 徐红梅，西安建筑科技大学副教授，主要研究方向：中国经济问题研究。

近几年国内房地产业"一枝独秀"，带领着国民经济快速增长，充当了经济发展"领头羊"的角色。鉴于房地产业属于资金密集性行业，具有短期投资回报率高、交易成本低的特点，同时住房又是涉及社会民生的基本产品，在房地产业过热发展拉动经济增长的同时，也产生了诸多社会经济问题。近两年，国家对房地产业实施了史上最为严厉的宏观调控政策。鉴于抑制房地产泡沫，中国经济在短期内出现了低迷的情况，地方经济发展速度放缓，一些地方政府仍寄希望于重新刺激房地产发展以振兴经济。如何认识当前情况，中国房地产业发展该何去何从，已成了摆在中国社会经济面前亟须解决的重大课题。其实相关问题在马克思虚拟资本理论、社会资本再生产比例理论、生产与消费等理论中早已有说明，必须认真维护房地产业发展与其他产业发展的健康比例关系，规避房地产过热发展引发的经济风险，打造经济健康、良好运行所需的环境。今天我们借鉴马克思的有关理论，剖析中国房地产问题，对于正确认识房地产业发展的社会经济影响、探索下一步中国经济发展的健康道路都有着极其重要的理论与现实意义。

一、近几年我国房地产市场失衡发展现象透视

（一）房价快速上升

根据国家统计局的统计数据，2001年全国住宅平均价格为1000元/平方米，到了2016年达到7000元以上，涨幅700%，增幅每年达43%。其中部分城市房价上涨程度大大超过了全国平均水平。以2016年12月为例，作为北京市中心的东城区，商品房均价就高达95013元/平方米；作为北京8个远区县之一的平谷，商品房均价也高达16398元/平方米。面对相对快速增长的房价，国土资源部也公开承认房价存在泡沫。[①]

① 刘小蕙．聚焦房价——北京［J］．中国市场，2017（16）．

（二）房价快速上升，与居民收入不成比例

随着房价的大幅度攀升，内陆许多城市的房价已远远超出居民的购房承受力。据国际货币基金组织（IMF）发布的全球房价观察报告，2016年上半年全球各大城市的房价收入比深圳以38.36位居第1；北京以33.32位居第5；上海以30.91位居第6；广州以25.85位居第10。①上述地区的房价已远远超出居民收入的承受力，房价收入比的国际标准为6年，而上述地区都在20～30年的时间，房价过高的特征非常明显。

（三）房地产业土地出让金占财政收入比例过高

2015年全国土地出让金达3.36万亿，占当年财政收入的32%。比例之高前所未有。地方政府财政收入对土地出让金的过度依赖是导致房价过高的重要因素之一。②

（四）房地产业消费占居民消费的比例过高

由于房价太高，目前居民收入的一半以上被住房消费占用。中国2015年社会消费品零售总额达30万亿元，而同期2015年中国商品房销售额达11.7万亿元，全国二手房销售总额达到5万亿元，即全国人民全年买东西用的一半的钱都花在住房消费上了。住房占用居民如此高的消费比例在中国经济发展史上是前所未有的。③

---

① 45大中城市房价收入比排名出炉：深圳泡沫最大［EB/OL］. 凤凰财经综合网，［2015-11-22］，http://finance.ifeng.com/a/20161122/15024857_0.shtml.

② 高伟，孙韶华 . 2015年土地出让金降逾两成 地方财政收支有压力［N］. 经济参考报，2016-04-10.

③ 2016年我国商品房卖了近12万亿元 同比增长34.8%［N］. 北京青年报，2017-01-21.

（五）房地产业占国民收入分配比例居高

房价太高，导致国民收入再一次在房地产业及社会各阶层中被重新分配，社会财富大量向房地产业转移，地产富豪不断产生。在福布斯2017年华人富豪榜上，万达集团董事长王健林以净资产规模313亿美元位居榜首。从行业整体分布来看，每5.28个华人富豪中就有一个是房地产富豪。①

（六）房地产业投机性不断增强

一些商人到处炒作房地产业，房地产需求逐渐脱离刚性需求，投机性不断增强。三亚房地产市场最火的时候，很多购房者都是直接拖着装有现金的行李箱去购房，一次全部付清房款，一买就是多套。在房价居高不下的大、中城市，一方面是老百姓买不起房、没有房住；另一方面是大批投机房被闲置，等着房价上涨抛售，投机性气氛很浓厚。

房地产业是国民经济的支柱产业，但其发展需要与国民经济保持合理的比例关系，过热运行的房地产业对国民经济发展的负面影响是显而易见的。根据马克思虚拟资本理论，随着房价的不断走高，房地产业投机性不断增强，会不断增加现实经济运行中的金融风险。

二、马克思虚拟资本理论视域下房地产业失衡发展风险分析

（一）虚拟资本理论

马克思是第一个系统阐述虚拟资本理论的人，他在《资本论》第三卷中，用大量的篇幅对虚拟资本的实质、存在形式进行了分析，科学预见了虚拟资本的产生、发展对国民经济的重大影响。马克思有关虚拟资本的理

① 2017华人富豪榜：每5.3个富豪就有1个搞房地产［N］.财经日评，2017-04-19.

论主要有如下几个方面[①]。

1. 虚拟资本

根据马克思关于虚拟资本的论述，虚拟资本有狭义和广义两种含义：狭义的虚拟资本一般专指债券和股票等有价证券，它们是最一般的虚拟资本。广义的虚拟资本包括银行的借贷信用（期票、汇票、存款货币等）、各类有价证券、名义存款准备金等投机票据等组成的资本总称。马克思明确指出了虚拟资本的重要特性是“生息的证券”。虚拟资本是从有价证券这些不动产抵押单发展起来的，虚拟资本本身没有价值，但是可以通过循环运动产生利润，即以生息资本的形式产生利润。在房价上升较快的时候，单纯地买卖房屋就可以获取暴利，这样的获利资本也具有虚拟资本的特性。

2. 虚拟资本的产生

首先，生息资本的产生与发展是虚拟资本产生的前提条件。生息资本的存在和利息范畴的独立化，是虚拟资本形成并存在的客观经济基础。其次，信用制度的发展是虚拟资本产生的重要条件。信用的发展，也使社会财富越来越为少数人所占有，加剧了生产各部门之间发展的不平衡，促使一些部门生产过度膨胀，促成社会资本在生产中的比例严重失调，引起信用膨胀和通货膨胀，引起金融风险，从而加速经济危机的爆发。

马克思认为虚拟资本本身并不具有价值，它代表的实际资本已经投入了生产领域或消费过程，而其自身却作为可以买卖的资产滞留在市场上。虚拟资本一旦产生，就必然会在一定程度上脱离实际资本产生独立运动，由此产生虚拟经济。

3. 虚拟经济

虚拟经济是指虚拟资本以金融平台为依托所进行的各种活动。虚拟经济是相对于实体经济而言的，是从具有信用关系的虚拟资本衍生出来的，

① ［德］马克思．资本论：第 3 卷［M］．北京：人民出版社，1975：437-536.

并随着信用经济的高度发展而发展。一个现代国家的经济发展是决然离不开虚拟经济发展的，虚拟经济能够解决资本要素有序地自由流动和高效利用问题。但由于虚拟资本的独立运动形式本身已经包含着严重脱离其所代表的实体资本的可能性，虚拟资本与实物资产的增长往往不同步，一旦运作不当，就可能对实体经济发展产生巨大的破坏作用。

在信用膨胀的推动下，虚拟资本的价格可以普遍背离其所代表的现实资本价值，超常规上涨并引发泡沫经济，这种虚假繁荣一旦崩溃，就会导致经济生活的剧烈震荡，带来严重的经济社会后果。由于房地产业在房价快速攀升时期可以获取巨额利润，银行在一定时期内常常具有向房地产业进行信贷支持的冲动，必然会引发房产泡沫。由房地产业过快发展导致的美国次贷危机正是全球金融危机产生的深刻根源。在新自由主义经济理论指导下的美国金融业，借助房地产业泡沫进行了一轮又一轮的金融创新，使资本极度虚拟化，并将虚拟经济推高到失控状态。

近几年我国房地产发展的泡沫性，使得住房发展正逐渐偏离百姓基本安居的需要，成了投机经营的场所，大批参与者希望单纯地借助房屋、地皮买卖等虚拟资本、生息资本的炒作就可以“钱生钱”，赚得盆满钵满；同时，银行为利益所驱，也积极地向房地产业提供大量信用支持，必然由此引发地产泡沫、信用膨胀和现实的金融风险。

（二）马克思虚拟资本理论视域下失衡发展房地产业的金融风险分析

1. 房价升高，对银行资金的依赖度增大

随着房价的不断攀升，房地产业对银行资金的需要量也水涨船高，不断增长。由于房价过高，国内普通百姓买房均需要通过银行按揭支付房款。若第一套住房首付额为房价款的20%，则意味着剩余80%的资金需要通过银行获取，房价越高，对银行资金的依赖度越大。以2016年为例，进入楼市的信贷资金增幅为25.24%，国内25家银行涉房贷款余额破20万亿元。[①]目

① 2016 年楼市钱太多：25 家上市银行涉房贷款突破 20 万亿 [N]. 证券日报，2017-05-02.

前国内购房资金45%直接来自银行贷款。如果把现有统计口径下的“自筹”和“其他”加总，则房地产资金来源平均大约有60%来自于银行贷款。没有银行巨额资金的支持，地产商的楼盘将难以支撑。①

2. 银行出于自身追逐高额赢利的需要，会产生向房地产业不断放贷的冲动

相对于其他行业的贷款而言，房地产业贷款在短期内回报高，银行有向开发商及购房人投放信贷资金的冲动。同时，只有房价不断走高，买房卖房的人能挣到钱，才能保证银行的高额回报，因此，银行就会倾向于通过信贷资金扶持房价继续上涨。2016年上半年银行新增信贷调查显示，50%投向了住房按揭，大大超过国家规定的房地产业信贷不能超过银行信贷总额30%的上限。如果银行对房地产业信贷比例继续增加，必然会引发破坏经济健康运行的金融风险。②

3. 引发金融风险

随着房价的不断上涨，当房价高到一定程度时，每月大额按揭会使工薪阶层对于购房望而却步，天价房必然会滞销。房价下滑，会使得银行坏账增加，银行必然要收紧银根，按揭的减少会促使房价进一步下跌，使得炒房人无利可图，产生“断供潮”，进一步加剧银行的金融风险。因此，为了银行的资金安全，房价“只能涨，不能跌”，但往往事与愿违，一旦发生突发事件，人们对房价上涨的预期会大幅度逆转，银行系统蕴含的金融风险就会全面爆发。导致房价下跌，房地产公司破产，“断供潮”出现，银行坏账增加，银根收紧，银行出现挤兑风潮，金融危机就会演变为蔓延全社会的经济危机。马克思当年借助虚拟资本所作的预言都会一一发生。

因此房地产业一旦过热发展，必然会走向一条“绑架”中国经济的危险道路。必须吸取美国次贷危机的深刻教训，给目前过热的房地产业降

① 中国房地产高杠杆之谜：45% 来自银行贷款 [N]. 21 世纪经济报道，2016-11-28.

② 2016 年上半年银行新增信贷调查：50% 投向住房按揭 [N]. 21 世纪经济报道，2016-08-31.

温，使其与国民经济稳步、配套发展，避免再一次重蹈1997年亚洲金融危机和2008年美国次贷危机的覆辙。

三、《资本论》社会资本再生产比例理论视域下我国房地产业失衡发展风险分析

（一）《资本论》社会资本再生产比例理论

关于社会资本再生产比例问题，马克思在《资本论》第二卷中用大量的篇幅进行了论证，主要包括以下内容：马克思将社会生产分成生产资料（Ⅰ）和消费资料（Ⅱ）两大部类，又将社会总产品在价值形态上分为c+v+m三部分，在实物形态上分为生产资料和消费资料两部分。在产业划分理论基础上，马克思具体分析了社会总产品的实现过程，得出了社会资本简单再生产和扩大再生产的实现条件：

社会资本简单再生产的实现条件是：$\text{I}(v+m)=\text{II}c$

社会资本扩大再生产的实现条件是：$\text{I}(v+\Delta V+m/X)=\text{II}(c+\Delta c)$

马克思社会资本再生产比例理论认为各产业（两大部类及各部门内部）必须有计划、按比例协调发展，社会总供给必须与社会总需求平衡，只有各产业按比例协调发展，保持社会总供求基本平衡，社会再生产才能正常进行。当社会再生产的各个部门以及各部门内部的比例不协调时，就会对社会经济发展产生不良影响。根据马克思各产业按比例发展理论，作为资金密集性行业，房地产业过热发展必然会导致生产要素及经济资源大量向房地产业集中，会在同期抑制其他行业的发展，破坏社会不同产业正常发展所需的比例关系。[①]

① ［德］马克思．资本论：第2卷［M］．北京：人民出版社，1975：435-590.

（二）房地产业过热发展产生的对实体经济的抑制作用分析

1. 资金挤出效应

银行受利益驱动把大量资金贷给房地产业，在信贷资金总量一定的情况下，给房地产企业的资金多了，留给非房地产企业的贷款资金数量必然会减少，对实体经济的发展必然会产生不利的资金挤出效应。

2. 加息牵连效应

房地产业过热发展会引发银根吃紧、利率上升，增加实体经济的运营成本，抑制实体经济的有效发展。为控制房地产业的过热发展，2011年中央银行加息3次，上调存款准备金率6次，这无形中加重了传统产业的融资成本，牵制了其他行业的发展，导致实体经济大幅度滑坡，社会就业受到影响。随着近两年房地产的发展，房价又开始升温，一线城市的房价不断攀高，经济运行风险不断加大。促使央行2017年又在酝酿新一轮的加息政策，这在抑制房地产发展的同时，必然导致对实体经济的挤出效应，加大了政府宏观调控的难度。

3. 房地产业的巨额利润吸引着传统产业将资金投向房地产业，造成实体经济发展后劲不足

目前能够快速创造财富的房地产已经将浮躁蔓延到传统行业，使得利润微薄的制造业、零售业的企业家们开始转向投资房地产。许多在通信、航空、家电、船舶、钢铁等行业知名的企业，如中国人寿、中国电信、南方航空、联想、海信、鲁能、海尔等企业已开始涉足房地产业。大批传统制造业开始进军房地产业，抢占了中国很大一部分投资，使得社会总体对于实体经济，尤其是农业、制造业、社会公共产品的投资呈现出资金不足的状态。

4. 成本方面，房地产价格上升会引发经营成本增加风险

随着内地房地产价格的大幅度上升，企业在经营场地方面的成本必

然会增加，这会削弱国内企业的竞争实力。目前国内几大一线城市每平方米的房价已经到了很高的峰值: 北京6万元、深圳5万元、上海5万元、广州3万元。上述一线城市居高不下的房价，拉动了长三角和珠三角地区房屋均价和土地均价的快速攀升，而北京2016年地王土地楼面价已上升到3.8万元/平方米。①土地价格的提高必然会大大增加企业的运营成本，削弱我国企业的出口竞争力，再加上不断面临的人民币升值压力，对于中国这样一个外贸依存度较大国家的未来经济发展是一个极大的隐患。

房地产业发展对实体经济发展的抑制效应可明显地由2009年国家财政收入的结构比例反映出来。2014年全国土地出让金4.26万亿元，占财政收入比率高达30%。形成鲜明反差的是，当年财政收入中企业税收的增长只有9.7%，低于同期财政收入的增长速度。这反映出目前经济发展过程中的结构性矛盾仍未消除，过于注重房地产业的拉动效应，影响了实体经济的发展。②

5. 实业受打击，使得国民经济陷入不能有效依靠实体经济拉动，而要继续依赖房地产业拉动的恶性循环境地

实业发展越滞后，规模、能力、利润上不去，上缴地方政府的利税必然无法有效增长，更增加了地方财政对房地产收益的依赖。目前房地产业对整个经济增长的贡献率高达1/3，土地出让金收入已占了一些地方政府财政收入很高的比例，少则30%，多则50%还多。由于实体经济受到抑制，政府扩大内需目标的实现需要继续依赖房地产业拉动来实现，使经济发展陷入对房地产业依赖进退维谷的两难境地，加大了当前国家宏观调控的难度。③

面对金融危机，我们需要通过扩大内需来拉动经济增长，但经济增长不能以牺牲各部门经济发展所应遵循的比例为代价，否则，最终的调整成本会大过我们一切所得，这是我们在房地产发展形势大好的时候需要足够警惕的。

---

① 北京现“地王潮”：59宗历史地王累积地价近2000亿［N］. 北京商报，2016-06-23.

② 去年全国土地出让金4.26万亿［N］. 韶关日报，2015-02-05.

③ 杭州土地出让金达地方财政收入3倍［N］. 21世纪经济报道，2010-01-15.

四、《资本论》生产与消费理论视域下我国房地产业失衡发展的批判分析

（一）马克思的生产与消费关系理论

过热的房地产业对国民经济发展的负面影响还表现在拉大了两极分化趋势，扭曲了国民收入分配比例，扰乱了生产与消费的关系。这一点借鉴马克思的生产与消费关系理论可以清楚地看到。

在《政治经济学批判》导言中，马克思认为社会生产关系包括生产、分配、交换、消费4个基本环节，这4个环节存在作用与反作用的辩证关系。在生产和消费的关系中，首先，生产对消费起着决定作用，生产决定着消费的对象、消费方式、消费的质量和水平，生产为消费创造动力。同时，消费对生产也具有积极的推动作用。适合生产力发展的消费方式，能够调动生产者的积极性，促进生产力的发展，反之，则起阻碍作用；消费使生产出来的产品最终得到实现，消费为生产的发展创造出动力，反之，消费滞后、消费发展落后于生产的发展，则会阻碍生产力的发展。①

在《资本论》中，马克思进一步深化了消费性质理论，马克思指出资本主义私有制追求剩余价值的本质割裂了生产和消费的同一性关系，导致了生产无限扩大和工人消费不足的矛盾。“生产资本越增加，它就越是迫不得已地为市场而生产，生产就越是超过消费，供给就越是力图强制需求，结果危机的发生也就越猛烈而且越频繁。”马克思还进一步指出：“随着资本主义生产的发展，生产资料越是大量集中，工人就相应地越是聚集在同一个空间，因此，资本主义的积累越迅速，工人的居住状况就越悲惨。”马克思认为资本主义社会中广大无产阶级劳动者无法形成有效的消费购买力，资本主义的生产无法扩大市场，消费资本与再生产资本之间存

① 中共中央马恩列斯著作编译局，编译．马克思恩格斯全集：第30卷［M］．北京：人民出版社，1995：22-53.

在着严重的代差。这种以资本增殖为目的的生产使资本主义社会中的生产和消费存在着内在的矛盾。[①]

借鉴马克思的生产与消费关系理论，综观目前的房地产热，可以看出在房价迅速攀升的过程中，社会生产和消费的比例关系遭到了严重破坏。鉴于住房不是普通的商品，而是涉及千家万户的基础民生产品，住房的消费需求价格弹性都比较低，当房地产过热、房价不断攀升之际，普通购房消费者就必须要倾其所有去购房，使得房地产业在发挥拉动经济增长积极作用的同时，又极大地抑制了百姓的消费水平，引发种种社会经济问题。

（二）对房地产失衡产生的抑制消费、破坏生产与消费比例关系等负面效应的批判分析

1. 高房价加重了百姓负担，产生了抑制消费的负面效应，造成内需不足的事实

高房价加重了百姓的生活负担，在收入既定的情况下，百姓对住房的过度投资，意味着对当期其他商品消费的削减，由此生活水平必然会降低。许多家庭由于房价过高，小两口的收入不足以支付房价，购房行为已演变为“全家总动员”，需要动用父母甚至祖辈的收入来支付房价，受到挤压的消费范围已扩大到了三代人，抑制消费的负面效应十分明显。

目前国内消费需求不足的事实表现在近年不断下降的居民消费率上。居民消费率是指一个国家在一定时期内居民个人消费占当年GDP的比率。近年来，包括房价在内的种种因素，使得我国居民消费率由20世纪90年代的50%降到2014年的40%，大大低于60%的世界平均水平，消费抑制的负面效应十分明显，间接地破坏了国民经济发展所需的比例关系[②]。

过高的房产支出所带来的民众中长期消费挤出效应，造成内需不足的

① 中共中央马恩列斯著作编译局，编译．马克思恩格斯文集：第 1 卷［M］．北京：人民出版社，2009.

② 调查显示我国居民消费率偏低［J］．小康，2011（2）.

事实，导致在历次经济疲软的情况下，无论国家如何采取多种刺激消费的措施，居民消费拉动的作用依然十分有限，扩大内需的宏观调控目标难以顺利实现。

2. 高房价改变了财富分配比例，降低了普通购房者的消费及生活水平

房地产热使得大量社会财富向房地产业转移，与房地产业相关的个人或企业财富剧增，而同时，广大工薪阶层因购房导致的生活水平下降不计其数。这使我们在追求经济高速增长目标的同时，提高广大民众物质文化生活水平的目标无法得到有效实现。

3. 增大通货膨胀、物价上涨的隐患，不利于改善普通民众在国民收入分配中的不利处境，使得消费提升进一步面临通胀压力

首先，与国民生计相关的传统产业由于房价的上升导致生产经营成本增加，引发成本推动型的物价上涨。

其次，房地产业发展需要大量依赖银行资金，银行对房地产业放贷比例加大，会导致未来几十年要发行的货币全部转移到当下，这些贷款经过银行系统货币化之后，必然会产生泡沫财富感，货币贬值难免带来通货膨胀和物价上涨的隐患，使得消费提升还要继续面临通胀压力。

最后，内需不足需要国家扩大财政支出来振兴经济，必然会在一定时期增加社会的信贷投放，引发通货膨胀、物价上涨风险。为扩大内需，2014年全年新增贷款9.78万亿元，M2增长12.2%；2015年12月新增贷款5978亿元，M2同比增长13.3%，均远远超过当年GDP的增幅。使得物价上涨、通货膨胀的压力越来越大。物价上涨无形中使得劳动者的实际收入和生活水平下降，使得消费提升进一步面临通胀压力，无助于帮助中国经济从内需不足的境况中及时走出。①

总之，虽然房地产业目前是拉动中国经济增长非常重要的支柱产业，但无论如何也要遵循国民经济发展的规律和比例。如果房地产业发展过

① 中国12月新增贷款5978亿元 同比少增3453亿元[N]. 证券时报，2016-01-15.

热，破坏了国民经济发展的规律和比例，我们往往需要付出巨额的调整代价。要认真遵循马克思《资本论》中有关经济发展规律的论述，坚持正确的产业发展政策，不断规避虚拟经济中隐含的多种风险，认真维护房地产业发展与其他产业发展的比例关系。不能继续回到通过刺激房地产抬高房价来振兴经济发展的老路上，必须将房价调整到合理程度，不因房地产过热发展抑制实体经济和民众消费。在发挥房地产业对中国经济增长的积极作用的同时，将其对经济发展的负面影响降到最低，为真正实现我国经济的可持续增长作出努力。

西北大学成功举办“《资本论》与新时代中国特色社会主义政治经济学”研讨会

在中国共产党第十九次全国代表大会胜利召开之际，时值西北大学建校115周年、经济管理学院商科建立105周年、《人文杂志》创刊60周年，“《资本论》与新时代中国特色社会主义政治经济学研讨会”于2017年10月21日在西北大学隆重召开。本次论坛为陕西省中国特色社会主义理论体系研究中心、陕西省社科院《人文杂志》社、陕西宏观经济与经济增长质量协同创新研究中心以及西北大学经济管理学院联合主办，由西北大学经济管理学院承办。本次研讨会也是《人文杂志》创刊60周年系列庆祝活动之一。

西北大学校长郭立宏教授在致辞中首先欢迎与会的嘉宾与专家，介绍了学校历史、人才培养成就等情况，并指出此次会议在十九大召开之际举办，背景和主题都非常好。郭校长进一步指出，考察《资本论》的研究周期可以发现，大概每过50年，我们所处的研究背景、时代背景和环境就会发生一个大的变化。在当前经济全球化和资本主义生产方式发生剧烈变动的大背景下，做出符合中国现实的时代解读和思考，无疑是我们经济学人的重要任务。陕西省社科院院长任宗哲则在致辞中指出：“当我们致力于构建中国特色社会主义政治经济学、努力对中国特色社会主义道路做出原创性阐释的时候，《资本论》依然是我们思想灵感的源泉和理论资源的宝库。”同时，陕西省中国特色社会主义理论体系研究中心主任何军介绍了

《资本论》这一光辉巨著，指出西北大学经济管理学院在政治经济学研究中的优势与作用。论坛开幕式由教育部长江学者、西北大学经济管理学院院长任保平教授主持。

在专家主题发言阶段，武汉大学经济管理学院颜鹏飞教授围绕中国特色社会主义政治经济学研究的方法论与逻辑起点作了演讲，着重强调资本主义条件下劳动是一种变形的商品。《中国社会科学》经济编辑室主任许建康研究员分析了社会主义初级阶段的划分问题与市场经济特征，并重点阐述了生产力和生产关系。中国人民大学经济学院李义平教授在发言中，首先介绍了自身与西北大学经济管理学院的学脉传承，分析了研究方法中抽象法的重要性，指出马克思主义政治经济学的研究应当具有浓重的历史感，并且应该针对现实问题让马克思主义活起来。中国《资本论》研究会副秘书长、中国政治经济学年会总干事、复旦大学经济学院孟捷教授从历史唯物主义的概念重构、生产关系的两重功能谈起，结合自身学术著作展开了分析。厦门大学经济学院杨继刚教授在发言中，重点回答了中国特色社会主义政治经济学是姓“马”还是姓“中”的问题，指出二者并不矛盾，进而强调了当前中国特色社会主义政治经济学研究中的方法论问题，介绍了分层次的方法论划分体系。外国专家——挪威国家统计局高级经济师、高级统计师Anders Ekeland在报告中，阐述了工业革命的起源不是蒸汽机，而是从水利的发展开始的，从能源层面对木材使用、森林种植面积与村落分布等问题进行了详细分析。陕西省《资本论》研究会会长、陕西师范大学孔祥利教授首先分析了中国特色社会主义政治经济学目前的教学情况，然后指出构建该理论体系的时机已经成熟，并就如何构建指出了4个基本原则。随后，西北工业大学马克思主义学院胡红安教授重点强调指出目前的现代化建设需要中国特色社会主义政治经济学的理论指引。最后，西北大学经济管理学院院长任保平教授发言，他首先指出政治经济学研究需要借鉴法国调节学派的理论体系、学术思想和研究方法，并就十九大提出的重要理论问题分析了中国特色社会主义政治经济学研究。进而关于中国特色社会主义政治经济学，他提出，第一，在方法论上要以重大问题为导向；第二，研究主线是研究发展问题。西北大学经济管理学院副院长何爱平教授主持了专家发言阶段的研讨。

21日下午，研讨会安排了三个分组研讨。西北工业大学马克思主义学院胡红安教授，华南师范大学马克思主义学院、政治与行政学院吴靖教授，西安财经学院学科建设办公室主任李丽辉教授，以及陕西省委党校政经部主任钟卫国教授主持和评论了分组讨论。《世界经济》编辑部副主任宋志刚，《人文杂志》社韩海燕副研究员，《上海经济研究》副主编、编辑部主任李正图研究员，《经济纵横》编辑部主任张佳睿，《西北大学学报》卫玲教授，《西大经济评论》执行主编宋宇教授等与参会教师们就论文选题与投稿等问题展开了热烈讨论。

来自中国人民大学、南京大学、西安交通大学、中国农业大学、内蒙古大学、江苏大学、山西大学、山东理工大学、西安建筑科技大学、北京建筑大学、安阳师范学院、四川省社会科学院、陕西省委党校的专家学者，以及西北大学100余名专家、学者参与了本次论坛。